제 2 판

로스쿨

회 사 법

정 찬 형 저

박영사

Cases and Materials on Corporation Law

Second Edition

By

Dr. Chan-Hyung Chung
Professor of Law,
Korea University

Seoul

Parkyoung Publishing & Company

제 2 판 서문

초판을 출간한 지(2010. 3. 10) 벌써 3년이 되었고 2011년에는 회사법이 대폭 개정되었다. 초판 출간 이후 새로 나온 대법원판례를 반영하고, 그동안 이 책으로 로스쿨에서 강의하면서 미흡하였거나 보충이 필요한 부분을 수정 · 보완하였으며, 또한 2011년 개정된 회사법의 내용을 반영하여 이번에 제 2 판을 출간하게 되었다.

개정된 제 2 판에 의하여 애독자들이 많은 도움을 받고 계속 회사법에 대하여 깊은 관심과 흥미를 갖기를 바란다.

제 2 판의 출간을 위하여 도와준 고려대학교 대학원(법학과) 박사과정에 있으면서 본인의 연구실 조교로 있는 이진효 군과 어려운 출판업계의 현실에서도 제 2 판의 출간을 흔쾌히 승낙하여 주신 박영사 안종만 회장님 및 실무적으로 항상 도와주신 조성호 전략기획부장과 편집부 엄주양 대리에게 깊은 감사를 드린다.

2013. 2.

정찬형 씀

서 문

이번에 로스쿨 교재용으로 「로스쿨 회사법」을 간행하게 된 것을 로스쿨에서 공부하는 학생들과 더불어 매우 기쁘게 생각한다.

이 책에서는 로스쿨에서의 교육은 케이스 중심의 교육이라는 점을 염두에 두고, 우리나라 회사법에 관한 대표적인(또는 중요한) 대법원판례를 50여 개 발췌하여 각 주제별로 A. 기본판례 · B. 이론요약 · C. 관련판례 · D. 관련논점의 순으로 집필하였다.

이 책을 통하여 회사법의 실무에서 구체적으로 무엇이 문제가 되고, 그러한 문제가 상법에 의하여 어떻게 해결되고 있는가를 실감있게 공부할 수 있을 것으로 본다. 그러나 이러한 실무상 문제점을 잘 해결할 수 있기 위하여는 먼저 회사법의 내용 및 이론을 상법강의 등 이론서를 통하여 숙지하고 있을 것이 전제된다. 따라서 이 책만으로 회사법을 전반적으로 숙지할 수 있는 것으로 볼 수는 없고, 이 책은 판례에 나타난 사항(실무)을 중심으로 회사법을 이해시키고자 하는 책 중의 하나라고 볼 수 있다.

아무쪼록 이 책을 통하여 독자들이 회사법에 대하여 더 큰 관심과 흥미를 갖고 이를 보다 쉽고 정확하게 이해하여 실무에서 발생하는 문제를 잘 해결할 수 있게 된다면, 이 책의 저자인 본인은 큰 보람과 무한한 긍지를 갖게 될 것으로 본다.

끝으로 이 책의 출간을 위하여 도와준 고려대학교 법학전문대학원에 재학중인 차영훈 군과 출판을 맡아주신 박영사 안종만 회장님 · 출판을 위하여 도와주신 기획부 조성호 부장 및 이 책의 편집부터 출간까지 제반업무를 맡아 수고하여 주신 노현 부장에게 깊은 감사를 드린다.

2010. 2.

정찬형 씀

차 례

제 1 장 회사법 통칙

제 2 장 합명회사

제 3 장 합자회사

제 4 장 유한책임회사

제 5 장 주식회사

제 6 장 유한회사

법령약어

〔民〕 민법
〔民訴〕 민사소송법
〔商〕 상법
〔商施〕 상법 시행령

판결전거약어

〔判商 [143]〕 정찬형, 「판례상법(상)(제 2 판)」(박영사, 2007), 판례번호 [143]

제 1 장 회사법 통칙

제 1 절　회사의 개념

제 1　회사의 의의

1. 영 리 성

2. 사 단 성

3. 법인성(법인격부인론)

A. 기본판례

▣ 대판 2001. 1. 19, 97 다 21604(判商 [143])[법인격부인론을 인정한 경우]

[사실관계]

X는 1991. 6. 19. A회사로부터 오피스텔 건물 중 5층 2호를 금 423,832,500원에 분양받고, 1992. 3. 30.까지 계약금과 1, 2차 중도금 합계 금 254,280,000원을 지급하였는데, X는 위 분양계약 당시 A회사와 입주시 잔금 84,972,500원을 지급하기로 약정하였을 뿐 위 건물의 완공 및 입주 예정일에 관하여는 별도의 약정을 하지 아니하였다. A회사는 위 분양계약에 앞서 1991. 6. 10. B주식회사와의 사이에 이 사건 건물 신축공사에 관하여 공사대금 16,649,600,000원, 공사완공일 1993. 8. 10.까지, 공사대금은 기성고 10% 완성시마다 같은 비율의 공사대금을 지급하기로 하는 내용의 공사도급계약을 체결하였다. A회사는 당초 이 사건 건물을 분양하여 그 분양대금으로 공사대금을 지급할 예정이었는데, 예상과 달리 분양이 저조하여 일부 공사대금의 지급을 지체하자 B주식회사는 1992. 8. 현재 지하 5층 지상 7층까지의 골조공사만 시행한 채 그 후 공사를 중단하여 현재까지 공사가 사실상 중단된 상태이다. 한편 X는 2차 중도금을 지급한 1992. 3. 30. A회사 분양업무 담당자인 L에게 건물 완공 및 입주 예정일을 확정하여 줄 것을 요구

하자 위 L은 분양계약서에 입주 예정일을 1993. 7. 10.로 기재하여 주었고, 이에 따라 X는 그 무렵이면 입주가 가능한 것으로 알고 있었다.

따라서 X는 1996. 5. A회사의 채무불이행을 이유로 분양계약 해제의 의사표시를 하고, 위 계약금 및 중도금의 반환청구를 A회사에 하면서 동시에 A회사는 변제능력이 없고 A회사를 사실상 지배하면서 변제능력이 있는 A회사의 사실상 1인주주인 Y를 상대로 하여 회사의 법인격을 부인하여 계약금 및 중도금의 반환을 청구하였다.

이에 대하여 원심은 X의 계약해제 및 법인격의 부인을 모두 인정하여 Y는 X에게 계약금 및 중도금을 반환하도록 판시하였다. 따라서 Y가 상고하게 된 것이다.

[판결요지]

회사는 그 구성원인 사원과는 별개의 법인격을 가지는 것이고, 이는 이른바 1인회사라 하여도 마찬가지이다. 그러나 회사가 외형상으로는 법인의 형식을 갖추고 있으나 이는 법인의 형태를 빌리고 있는 것에 지나지 아니하고 그 실질에 있어서는 완전히 그 법인격의 배후에 있는 타인의 개인기업에 불과하거나 그것이 배후자에 대한 법률적용을 회피하기 위한 수단으로 함부로 쓰여지는 경우에는 비록 외견상으로는 회사의 행위라 할지라도 회사와 그 배후자가 별개의 인격체임을 내세워 회사에게만 그로 인한 법적 효과가 귀속됨을 주장하면서 배후자의 책임을 부정하는 것은 신의성실의 원칙에 위반되는 법인격의 남용으로서 심히 정의와 형평에 반하여 허용될 수 없다 할 것이고, 따라서 회사는 물론 그 배후자인 타인에 대하여도 회사의 행위에 관한 책임을 물을 수 있다고 보아야 할 것이다.

기록에 의하면, Y는 종전부터 U유통 주식회사, J산업 주식회사 등 여러 회사를 사실상 지배하면서 이들 회사를 내세워 그 회사 명의로 또는 자신의 개인 명의로 빌딩 또는 오피스텔 등의 분양사업을 하여 왔고, 이러한 사업의 일환으로 이 사건 건물의 분양 및 관리를 위하여 1991. 5. 3. A회사 전 대표이사인 C로부터 A회사의 주식을 양수한 다음 자신이 A회사의 대표이사로 취임하였고, A회사 주식은 모두 5,000주인데, 현재 외형상 Y 등 4인 명의로 분산되어 있으나 실질적으로는 Y가 위 주식의 대부분을 소유하고 있고, 주주총회나 이사회의 결의 역시 외관상 회사로서의 명목을 갖추기 위한 것일 뿐 실질적으로는 이러한 법적 절차가 지켜지지 아니한 채 Y 개인의 의사대로 회사 운영에 관한 일체의 결정이 이루어져 온 사실, A회사 사무실은 현재 폐쇄되어 그 곳에 근무하는 직원은 없고, A회사가 수분양자들로부터 지급받은 분양대금 약 78억원 중 30억원 가량은 Y가 임의로 자신의 명의로 위 C로부터 이 사건 건물의 부지인 이 사건 대지를 매입하는 자금으로 사용하였고 회사채권자들에 의한 강제집행에 대비하여 위 대지에 관하여 제 3 자 명의로 가등기를 경료하였다가 이를 말소하는 등 A회사의 재산과 Y 개인 재산이 제대로 구분되어 있지도 아니한 사실, A회사가 시행하는 이 사건 공사는 공사 발주금액만도 166억원 가량에 이르는 대규모 공사이고 이 사건 건물의 분양대금도 수백억원에 이르는 데에 반하여 A회사의 자본금은 5,000만원에 불과할 뿐만 아니라 이마저도 명목상의 것에 불과하고 위 분양대금으로 매수한 이 사건 대지는 Y 개인 명의로 소유권이전등기가 경료되어 있고 나머지 분양대금 역시 그 용도가 명확히 밝혀지지 아니한 채 모두 사용되어 버려 A회사의 실제 자산은 사실상 전혀 없다시피 한 사실을 인정할 수 있다.

이와 같은 Y의 A회사 주식양수 경위, Y의 A회사에 대한 지배의 형태와 정도, Y와 A회사의 업무와 재산에 있어서의 혼융 정도, A회사의 업무실태와 지급받은 분양대금의 용도, A회사의 오피스텔 신축 및 분양사업의 규모와 그 자산 및 지급능력에 관한 상황 등 제반 사정에 비추어 보면 A회사는 형식상은 주식회사의 형태를 갖추고 있으나 이는 회사의 형식을 빌리고 있는 것에 지나지 아니하고 그 실질은 배후에 있는 Y의 개인기업이라 할 것이고 따라서 A회사가 분양사업자로 내세워져 수분양자들에게 이 사건 건물을 분양하는 형식을 취하였다 할지라도 이는 외형에 불과할 뿐이고 실질적으로는 위 분양사업이 완전히 Y의 개인사업과도 마찬가지라고 할 것이다.

그런데 Y는 아무런 자력이 없는 A회사가 자기와는 별개의 독립한 법인격을 가지고 있음을 내세워 이 사건 분양사업과 관련한 모든 책임을 A회사에게만 돌리고 비교적 자력이 있는 자신의 책임을 부정하고 있음이 기록상 명백한바, 이는 신의성실의 원칙에 위반되는 법인격의 남용으로서 심히 정의와 형평에 반하여 허용될 수 없다 할 것이고, 따라서 A회사로부터 이 사건 오피스텔을 분양받은 X로서는 A회사는 물론 A회사의 실질적 지배자로서 그 배후에 있는 Y에 대하여도 위 분양계약의 해제로 인한 매매대금의 반환을 구할 수 있다 할 것이다.

같은 취지의 원심의 사실인정과 판단은 위에서 본 법리에 따른 것으로서 옳다 할 것이고, 거기에 상고이유에서 지적하는 바와 같이 채증법칙에 위배하여 사실을 잘못 인정하였거나 법리를 오해한 위법이 없다. 그러므로 상고를 모두 기각한다.

B. 이론요약

(1) 상법상 회사라 함은「상행위나 그 밖의 영리를 목적으로 하여 설립한 법인」을 말한다(商 169조). 따라서 우리 상법상 회사가 되기 위하여는「영리성」및「법인성」을 필수불가결의 요소로 하고 있다. 그런데 외국의 입법례에서 보면「법인성」은 회사의 필수불가결의 요소이지만,「영리성」및「사단성」은 회사의 요소가 아닌 경우가 많다(독일주식법 3조 등 참조). 따라서 2011년 4월 개정상법에서는 회사의 의의에서 개정 전 상법 제169조에 있었던「사단성」을 삭제하였다.

따라서 회사의 의의에서 가장 중요한 요소는「법인성」이라고 볼 수 있다.

(2) (어느) 회사를 법인으로 할 것인가는 입법정책의 문제인데, 우리 상법은 모든 회사(인적 회사 · 물적 회사 및 유한책임회사)를 법인으로 규정하고 있다(商 169조). 우리 상법상 물적 회사를 법인으로 하는 점에 있어서는 의문의 여지가 없으나, (모든) 인적 회사 및 유한책임회사를 법인으로 하는 점은 입법론상 검토의 여지가 있다고 본다(독일 및 영미의 입법 참조).

(3) 회사를 법인으로 하는 것은 회사에게 독립된 권리의무의 주체로서의 지위(자격)를 부여하여 사원(구성원)과 독립된 인격자로서 대외활동을 하도록 한 것인데, 이를 악용하여 사원이 그의 재산을 보호하는 수단으로 회사의 법인격을 남용하는 경우에는 이를 규제할 필요가 있다. 따라서 이러한 법인격의 남용을 규제하고자 하는 이론이 법인격부인론인데, 이는 법인격 자체를 박탈하지 않고 그 법인격이 남용된 특정한 경우에 한하여 그 회사의 독립적인 법인격을 제한함으로써 회사 형태의 남용에서 생기는 폐단을 교정하고자 하는 이론으로 특정한 경우에 회사와 사원간의 분리원칙의 적용을 배제함으로써 회사와 사원을 동일시하여

구체적으로 타당한 해결을 하고자 하는 것이다. 그러나 이러한 법인격부인론을 남용하게 되면 회사제도의 근본(회사와 사원의 독립된 인격으로 인한 사원의 유한책임)이 붕괴되기 때문에 법인격부인론은 극히 예외적인 경우에 엄격한 요건하에서만 적용하도록 하여야 할 것이다.

따라서 법인격부인론에서 가장 중요하고 어려운 문제는 그 요건인데, 이에 대하여는 일반적으로 (i) 지배요건(회사의 독립된 법인격이 사원 개인과 분리하여 존재하지 않는다는 이해 및 소유의 일치가 있거나, 사원에 의한 회사의 지배가 있어야 한다는 요건)과, (ii) 자본금 불충분요건(그 행위에 대하여 회사의 자본금이 매우 불충분하여 그 행위가 회사의 행위로 인정되면 형평에 반하는 결과가 발생하여야 하는 요건)을 들고 있다.

법인격부인론은 계약과 불법행위에서 모두 적용되는데, 계약에서 적용할 때에는 자본금 불충분요건에 대한 상대방의 「인식 또는 상대적 인식」을 고려하여 그에게 엄격한 증명책임을 부담시켜야 한다.

법인격부인론을 인정하는 법적 근거가 무엇이냐에 대하여, 우리나라의 대부분의 학설은 민법 제 2 조 제 1 항(신의성실의 원칙 위반) 또는 민법 제 2 조 제 2 항(권리남용)에서 구하고 있는데, 사견으로는 상법 제169조(법인격의 개념에 내재하는 한계)에서 찾는 것이 가장 타당하다고 본다. 또한 법인격부인론은 우리나라와 같은 성문법주의 국가에서는 다른 사법이론(民 2조 등)과 명백히 상충되지 않는 한 인정되어야 할 것으로 본다.

법인격부인론에 의하여 회사의 법인격이 부인되면 회사와 사원은 동일체로 취급되어 사원은 회사의 채무에 대하여 책임을 지거나 또는 회사는 사원의 채무에 대하여 책임을 진다. 그러나 회사에 대한 판결의 기판력 및 집행력이 사원에게까지 확장되는 것은 아니다.

(4) 우리나라에서 법인격부인론의 인정여부에 대하여 1977. 9. 13.자의 대법원판결이 이의 인정을 거부한 이래 우리나라의 대법원판례의 입장이 명백하지 않았다. 또한 이를 인정하는 경우 가장 중요한 것이 그 적용요건인데, 이에 대하여 대법원은 하등의 설시가 없었다. 그런데 위의 기본판례에서 대법원은 법인격부인론을 채택하는 점을 명백히 하고 이와 함께 그 적용요건에 대하여 지배요건 및 자본금 불충분요건을 명백히 설시함으로써 앞으로 법원이 법인격을 부인하기

위한 실질적인 명백한 기준을 제시하였다. 우리 대법원이 늦게나마 이와 같이 법인격부인의 적용요건을 제시하면서 법인격부인론을 명백히 (최초로) 채택한 점에 대하여는 그 의의가 매우 크다고 볼 수 있다. 이러한 대법원판례는 앞으로 우리나라의 불건전한 기업풍토를 쇄신하는 데 크게 기여할 것으로 보며, 또한 이의 적용을 위하여 명백한 기준(적용요건)을 제시함으로써 향후 법원이 구체적인 사안에서 법인격을 부인하는 데 많이 활용할 것으로 기대된다. 또한 위의 대법원판결은 법인격부인론의 인정근거를 원래는 가장 추상적이고 포괄적인 규정인 민법 제 2 조에서 구하고 있으나 직접적이고 구체적으로는 상법 제169조에서 구하고 있는 것으로 볼 수 있는데, 이와 같이 법인격부인론의 실정법적 근거를 (직접적으로 명백히 밝히고 있지는 않으나) 제시하고 있는 점에서도 그 의의가 있다고 볼 수 있다[이에 관한 상세는 정찬형, "법인격부인론(대판 2001. 1. 19, 97 다 21604)," 「고려법학」(고려대 법학연구원), 제37호(2001), 293~311면 참조].

C. 관련판례

(1) 대판 2008. 8. 21, 2006 다 24438(원심은 법인격을 부인하였으나, 대법원은 다른 사정을 충분히 고려하지 아니하고 신설회사가 기존회사의 대표이사에 의하여 지배되고 있다는 사정에 기초하여 채무면탈의 목적으로 신설회사를 설립한 경우로 볼 수 없다고 하여 원심판결을 파기한 경우).

동지: 대판 2008. 9. 11, 2007 다 90982(법인격을 부인하기 위하여는 법인격 형해화의 정도 및 거래상대방의 인식이나 신뢰 등 제반사정을 종합적으로 고려하여 개별적으로 판단하여야 하는데, 채권 발생 당시를 기준으로 하면 법인격을 남용하였다고 볼 수 없다고 한 경우); 동 2006. 8. 25, 2004 다 26119(判商[141])(Y는 공법인인데, Y는 그가 100% 출자한 필리핀 소재 자회사인 A회사의 채권자 X에 대하여 책임이 없다).

(2) 대판 2004. 11. 12, 2002 다 66892(判商 [142])(A회사가 채무를 면탈할 목적으로 Y회사를 설립한 경우, A회사의 채권자 X는 Y회사에 대하여 채무이행을 청구할 수 있다는 원심을 인정함).

(3) 대판 1995. 5. 12, 93 다 44531(判商 [144])(Y회사가 A회사의 채무를 면탈

할 목적으로 설립된 경우에도 A회사에 대한 판결의 기판력 및 집행력의 범위를 Y회사에게까지 확장하는 것은 허용되지 아니한다고 본 경우).

(4) 대판 1988. 11. 22, 87 다카 1671(判商 [145])(선박의 편의치적을 위하여 형식상 설립된 외국회사인 Y회사가 동 선박의 실제상의 소유회사인 A회사의 선박수리대금을 면탈하기 위하여 별개의 법인격을 가진 회사라고 주장하는 것은 신의성실의 원칙에 위반하거나 법인격을 남용하는 것으로 허용될 수 없다고 한 경우).

동지: 대판 1989. 9. 12, 89 다카 678.

(5) 대판 1977. 9. 13, 74 다 954(判商 [146])(A회사는 Y가 설립한 가족회사 형태의 주식회사인데 A회사의 채권자 X가 Y에게 채무이행을 청구한 경우, 원심이 채택한 법인격부인론을 채택하지 않은 경우).

D. 관련논점

(1) 만일 A회사의 자본금이 100억원이라면 이 경우에도 X는 A회사의 법인격을 부인하여 Y에게 계약금 및 중도금의 반환을 청구할 수 있겠는가?

(2) X는 A회사에 대한 집행권원(채무명의)으로써 A회사의 법인격부인을 주장하여 Y명의의 이 사건 대지에 대하여 강제집행을 할 수 있는가?

(3) Y는 X에 대하여 불법행위에 기한 손해배상책임을 부담하는가?

(4) 만일 A회사가 합명회사이고 Y가 그 회사의 사원이라면 X는 어떠한 주장을 하여 채권을 회수할 수 있는가?

제 2 회사의 능력

1. 회사의 권리능력

A. 기본판례

▣ 대판 1987. 10. 13, 86 다카 1522(判商 [149])[목적범위 내의 행위로 인정한 경우]

[사실관계]

A주식회사가 X로부터 금원을 차용하고, 이를 담보하기 위하여 약속어음을

발행하였는데, 이에 Y투자금융주식회사의 대표이사인 B가 그 지급을 담보하기 위하여 배서를 하였다. Y회사는 단기금융업법의 적용을 받는 단기금융회사로서, 동법 제 7 조에 어음 및 채무증서의 발행 · 어음의 할인과 매매 · 어음의 인수 및 보증 · 어음 매매의 중개 등을 그 업무로 규정하고 있고, 또 이러한 사항을 그 정관에 목적으로 규정하고 있었다. A회사가 그 차입금을 변제기일에 X에게 상환하지 않자, X는 Y회사에 대하여 소구의무의 이행을 청구하였고, 이에 대하여 Y회사는 B의 배서가 회사의 목적범위 외의 행위이고 또 X가 권한남용의 행위임을 알고 있었으므로 이는 무효라고 주장하였다.

이에 대하여 원심은 Y회사의 대표이사인 B의 배서행위는 Y회사의 정관에 명시된 목적 그 자체는 아니라 할지라도 그 행위의 객관적 성질에 비추어 보아 그 목적수행에 필요한 행위로서 Y회사의 목적범위 내의 행위라는 취지로 판시하였다. 따라서 Y회사가 상고하게 된 것이다.

[판결요지]

(1) 회사도 법인인 이상 그 권리능력이 정관으로 정한 목적에 의하여 제한됨은 당연하나 정관에 명시된 목적 자체에는 포함되지 않는 행위라 할지라도 목적수행에 필요한 행위는 회사의 목적범위 내의 행위라 할 것이고, 그 목적수행에 필요한 행위인가의 여부는 문제된 행위가 정관기재의 목적에 현실적으로 필요한 것이었던가 여부를 기준으로 판단할 것이 아니라 그 행위의 객관적 성질에 비추어 추상적으로 판단할 것이다. 따라서 Y회사의 대표이사인 B가 본건 어음에 보증목적으로 배서한 행위는 Y회사의 목적범위 내의 행위라고 할 것이다.

(2) 주식회사의 대표이사가 그 대표권의 범위 내에서 한 행위는 설사 대표이사가 회사의 영리목적과 관계 없이 자기 또는 제 3 자의 이익을 도모할 목적으로 그 한계를 남용한 것이라 할지라도 일응 회사의 행위로서 유효하고, 다만 그 행위의 상대방이 그와 같은 정을 알았던 경우에는 그로 인하여 취득한 권리를 회사에 대하여 주장하는 것이 신의칙에 반하므로 회사는 상대방의 악의를 입증하여 그 행위의 효과를 부인할 수 있을 뿐이다.

본건에서 Y회사의 대표이사인 B가 이 사건 어음에 위와 같이 배서한 것은 오로지 A회사의 자금조달의 편의를 돌보아 주기 위하여 대표이사로서의 권한을 남용한 행위에는 해당하나, 거래의 상대방인 X가 그러한 사정을 알았거나 중대한 과실로 알지 못하였음을 인정할 증거가 없으므로 X에 대한 관계에서 위 배서의 효력을 부인할 수 없다. 따라서 원심판단은 정당하고, 논지는 이유 없다.

B. 이론요약

(1) 우리 상법상 모든 회사는 법인이므로(商 169조) 권리능력(권리와 의무의 주체가 될 수 있는 자격)이 있다. 이러한 권리능력을 일반적(추상적) 권리능력이라고 하는데, 회사(법인)는 자연인과는 다른 특성이 있기 때문에 회사(법인)의 개별적(구체적) 권리능력은 성질(신체 · 생명에 관한 권리, 친권, 상속권, 부양의무 등) · 법률(商 173조)에 의하여 제한을 받는다.

(2) 민법상 법인(비영리법인)은 정관의 목적범위 내에서 권리능력이 제한되는데(民 34조), 상법상의 회사도 이러한 민법 제34조가 적용 또는 유추적용되어 정관상 목적범위 내로 권리능력이 제한되는지 여부가 문제된다. 이에 대하여 학설은 정관의 목적에 의하여 회사의 권리능력이 제한된다는 제한설(제한긍정설)과 제한되지 않는다는 무제한설(제한부정설)로 나뉘어 있는데, 사견으로는 민법 제34조는 그 성질상 비영리법인에게만 적용되고 거래의 안전을 중시하는 것이 상법의 이념이며 비교법적으로 볼 때도 무제한설이 일반적이라는 점 등에서 볼 때 무제한설이 타당하다고 본다.

그러나 우리나라의 판례는 제한설의 입장에서 일관되게 판시하고 있고, 다만 목적범위를 넓게 해석하여 거래의 안전을 도모하고 있다.

C. 관련판례

(1) 대판 1999. 10. 8, 98 다 2488(회사의 권리능력은 회사의 설립 근거가 된 법률과 회사의 정관상의 목적에 의하여 제한되나 그 목적범위 내의 행위라 함은 정관에 명시된 목적 자체에 국한되는 것이 아니라, 그 목적을 수행하는 데 있어 직접 · 간접으로 필요한 행위는 모두 포함되고 목적수행에 필요한지의 여부는 행위의 객관적 성질에 따라 판단할 것이고 행위자의 주관적 · 구체적 의사에 따라 판단할 것은 아니다[대판 1991. 11. 22, 91 다 8821; 동 1988. 1. 19, 86 다카 1384 등 참조]. 원심이 같은 취지에서 이 사건 연대보증행위가 정리회사의 목적범위 내에 포함되는 것으로 판단한 조치는 정당하고, 거기에 지적하

는 바와 같은 회사의 권리능력의 범위에 관한 법리오해 등의 잘못이 없다. 따라서 이 부분 상고이유도 받아들일 수 없다).

(2) 대판 1991. 11. 22, 91 다 8821(법인의 권리능력은 법인의 설립근거가 된 법률과 정관상의 목적에 의하여 제한되나 그 목적범위 내의 행위라 함은 법률이나 정관에 명시된 목적 자체에 국한되는 것이 아니라, 그 목적을 수행하는 데 있어 직접·간접으로 필요한 행위는 모두 포함되는 것이다. 따라서 구 신용협동조합법 [1988. 12. 31. 법률 제4070호로 개정되기 전의 것] 제70조에 규정된 신용협동조합연합회〈X〉의 업무범위에 조합원〈Y〉과의 거래가 포함되어 있지 않다고 하더라도 신용협동조합연합회는 위 법조에 의하여 조합에 대한 자금의 대출 등을 할 수 있게 되어 있으므로 조합을 통한 조합원과의 거래를 당연히 예상하고 있는 것이라고 볼 수 있을 뿐만 아니라 조합에 대한 대여금 채권의 확보행위는 그 목적 수행에 필요한 것이므로 조합원이 한 변제약정은 그 목적범위 내의 행위에 속한다).

(3) 대판 1988. 1. 19, 86 다카 1384(회사의 권리능력은 회사의 설립근거가 된 법률과 회사의 정관상의 목적에 의하여 제한되나 그 목적범위 내의 행위라 함은 정관에 명시된 목적 자체에 국한되는 것이 아니라 그 목적을 수행하는 데 있어 직접·간접으로 필요한 행위는 모두 포함되고, 목적수행에 필요한지의 여부는 행위의 객관적 특성에 따라 판단할 것이고 행위자의 주관적·구체적 의사에 따라 판단할 것은 아니다. 따라서 Y투자금융회사의 대표이사가 한 어음보증행위는 유효하다).

동지: 대판 1987. 12. 8, 86 다카 1230(회사의 권리능력은 회사의 설립근거가 된 법률과 회사의 정관상의 목적에 의하여 제한되나 그 목적범위 내의 행위라 함은 정관에 명시된 목적 자체에 국한되는 것이 아니라 그 목적을 수행하는 데 있어 직접 또는 간접으로 필요한 행위는 모두 포함되고, 목적수행에 필요한지의 여부도 행위의 객관적 성질에 따라 추상적으로 판단할 것이지 행위자의 주관적·구체적 의사에 따라 판단할 것이 아니다. 따라서 Y투자금융회사의 대표이사가 한 어음보증행위는 유효하다).

(4) 대판 1987. 9. 8, 86 다카 1349(회사의 권리능력은 회사의 설립근거가 된 법률과 회사의 정관상의 목적에 의하여 제한되나 그 목적범위 내의 행위라 함은 정관에 명시된 목적 자체에 국한되는 것이 아니고 그 목적을 수행하는 데 있어 직접

또는 간접으로 필요한 행위는 모두 포함되며, 목적수행에 필요한지 여부도 행위의 객관적 성질에 따라 추상적으로 판단할 것이지 행위자의 주관적 · 구체적 의사에 따라 판단할 것은 아니다. 따라서 단기금융업을 영위하는 회사로서 회사의 목적인 어음의 발행 · 할인 · 매매 · 인수 · 보증 · 어음매매의 중개를 함에 있어서 어음의 배서는 행위의 객관적 성질상 위 목적수행에 직접 · 간접으로 필요한 행위라고 하여야 할 것이다)[이 판결의 결론에는 찬성하나 무제한설의 입장에서 평석한 것으로는 정찬형, "회사의 권리능력," 「판례월보」, 제217호(1988. 10.), 51~59면 참조].

(5) 대판 1975. 12. 23, 75 다 1479(判商 [150])(X는 극장을 A에게 위탁관리하도록 함에 있어 Y_1회사〈대표이사 B〉와 Y_2가 이에 대하여 계약상 의무를 연대보증하는 의미로 신원보증서를 X에게 제출하였다면, 이는 Y_1회사의 목적범위 외의 행위로 인정한 경우).

D. 관련논점

(1) Y회사의 대표이사인 B가 A회사의 X에 대한 채무를 담보하기 위하여 Y회사의 부동산에 근저당권을 설정하여 준 경우에도 동일한가?

(2) 위 기본판례의 경우 Y회사는 X에 대하여 보증책임을 부담하는가?

(3) 위 기본판례의 경우 Y회사는 대표이사인 B에게 어떠한 책임을 물을 수 있는가?

(4) X가 악의인 경우, 무제한설에 의하면 Y회사는 X에게 책임을 부담하는가?

(5) 만일 Y회사가 X에게 정치헌금을 하였다면, 이는 Y회사의 행위로서 유효한가?

2. 회사의 의사능력 · 행위능력

3. 회사의 불법행위능력

제 2 절　회사의 기구변경(구조조정)

제 1　회사의 조직변경

제 2　회사의 합병

A. 기본판례

▣ 대판 2003. 2. 11, 2001 다 14351(判商 [151])[회사 합병의 의미 및 합병으로 소멸되는 회사의 사원(주주)의 지위의 이전]

[사실관계]

Y주식회사가 D건설(합자회사)을 흡수합병함에 있어 (합병비율에 따라) D건설의 사원인 C에게 Y회사의 주식을 배정한 경우, C는 D건설의 소멸에 따라 D건설로부터 퇴사하는 결과가 발생하는지 여부가 문제되었다.

[판결요지]

회사의 합병이라 함은 두 개 이상의 회사가 계약에 의하여 신회사를 설립하거나 또는 그 중의 한 회사가 다른 회사를 흡수하고, 소멸회사의 재산과 사원(주주)이 신설회사 또는 존속회사에 법정 절차에 따라 이전·수용되는 효과를 가져오는 것으로서, 소멸회사의 사원(주주)은 합병에 의하여 1주 미만의 단주만을 취득하게 되는 경우나 혹은 합병에 반대한 주주로서의 주식매수청구권을 행사하는 경우 등과 같은 특별한 경우를 제외하고는 원칙적으로 합병계약상의 합병비율과 배정방식에 따라 존속회사 또는 신설회사의 사원권(주주권)을 취득하여, 존속회사 또는 신설회사의 사원(주주)이 되는 것이다.

기록에 비추어 살펴보면, Y회사가 2000. 6.경 D건설을 흡수합병함에 있어 그 합병비율이 Y회사와 D건설 사이에 1:1의 비율로 결정됨으로써 소멸되는 D건설 사원에게 배정되는 Y회사의 주식에 단주가 발생할 여지가 없었고, D건설은 합자회사로서 합병에 반대하는 사원의 주식매수청구권이 발생할 여지도 없어서, D건설의 사원이던 C는 위 합병일자에 정상적으로 Y회사의 주식을 배정받아 Y회사의 주주가 되었음을 알 수 있다.

그럼에도 불구하고, D건설이 Y회사에 흡수합병되어 소멸됨으로써 D건설의 사원이던 C가 D건설에서 당연히 퇴사하는 효과가 생겼다고 판단한 원심은 필경 회사의 합병에 관한 법리를 오해한 위법을 범하였다고 할 것이다. 더구나 원심은, C가 위 합병에 따라 D건설에 대한 출자이행금 환급채권에 상응하는 Y회사의 주식을 배정받고 Y회사의 이사에 취임한 사실을 인정하고서도, D건설의 사원으로서의 지위와 Y회사의 주주 및 이사로서의 지위는 법적 성격이 서로 다르다는 이유 설시만으로 C가 D건설의 소멸에 따라 D건설로부터 퇴사하는 결과가 발생하였다고 단정하고 있어 도저히 그 설시가 수긍되지 아니한다. 이를 지적하는 상고이유의 주장은 이유 있다.

B. 이론요약

(1) 회사의 합병이란 「2개 이상의 회사가 상법의 특별규정에 의하여 청산절차를 거치지 않고 합쳐져 그 중 한 회사가 다른 회사를 흡수하거나(흡수합병) 신회사를 설립함으로써(신설합병), 1개 이상의 회사의 소멸과 권리의무(및 사원)의 포괄적 이전을 생기게 하는 회사법상의 법률요건」이다. 따라서 합병에는 흡수합병(Merger)과 신설합병(Consolidation)이 있는데, 실무에서는 흡수합병이 많다. 대상회사의 지배권(경영권)을 취득할 목적으로 대상회사의 주식을 취득하여 흡수합병하는 형태를 기업매수(Merger and Acquisition, M&A)라고 한다.

(2) 상법상 회사는 어느 종류의 회사와도 합병할 수 있는 것이 원칙인데(商 174조 1항), 이에 대하여는 일정한 제한이 있다(商 174조 2항·3항, 600조 1항·2항). 이 기본판례의 경우에도 주식회사와 합자회사가 합병한 경우이다.

(3) 합병절차는 합병당사회사의 대표기관이 합병계약을 체결하고, 합병당사회사가 인적 회사 또는 유한책임회사이면 총사원의 동의에 의한 승인을 받아야 하고(商 230조, 269조, 287조의 41) 물적 회사이면 주주(사원)총회의 특별결의에 의한 승인을 받아야

한다(商 522조 1항·3항, 598조). 합병당사회사가 주식회사인 경우에 합병절차를 간소화하기 위하여 주주총회의 승인결의를 요하지 아니하고 이사회결의만으로 하는 합병이 있는데, 주식회사의 흡수합병에서 소멸회사의 주주총회 승인결의를 이사회의 승인으로 갈음하는 「간이합병(약식합병)」(商 527조의 2)과 존속회사의 주주총회 승인결의를 이사회의 승인으로 갈음하는 「소규모합병」(商 527조의 3)이 있다. 또한 주식회사의 합병에서 합병결의에 반대하는 소수주주를 보호하기 위하여 이러한 주주에게 그가 소유하는 주식을 회사로 하여금 매수하게 하는 주식매수청구권이 인정되고 있다(商 522조의 3).

합병당사회사가 물적 회사인 경우에는 회사는 합병결의를 위한 주주(사원)총회 회일 2주 전부터 합병을 한 날 이후 6월이 경과하는 날까지 합병계약서 등 일정한 사항을 공시하여야 하고(商 522조의 2, 603조), 합병당사회사는 (어느 회사인 경우에도) 회사채권자에 대하여 이의를 제출할 수 있는 조치를 취해야 한다(商 232조, 269조, 287조의 41, 527조의 5, 603조).

합병의 최종절차는 합병등기인데(商 233조, 269조, 287조의 41, 528조, 602조), 이는 단순한 대항요건이 아니고 합병의 효력발생요건이다. 주식회사의 경우는 합병에 관한 일정한 서류를 사후에 공시하도록 하고 있다(商 527조의 6).

(4) 합병의 효과로서 (청산절차 없이) 1개 이상의 회사의 소멸과(商 227조 4호, 269조, 287조의 38, 517조 1호, 609조 1항 1호) 회사의 설립(신설합병) 또는 변경(흡수합병)이 발생하고, 존속회사 또는 신설회사는 소멸회사의 모든 권리의무를 포괄적으로 승계한다(商 235조, 269조, 287조의 41, 530조 2항, 603조). 또한 합병의 성질상 소멸회사의 사원은 원칙적으로 존속회사 또는 신설회사의 사원이 된다(商 523조 3호, 524조 2호, 603조 참조).

(5) 합병절차에 하자(흠)가 있는 경우에, 이를 민법의 일반원칙에만 맡겨 무효·취소를 주장할 수 있게 한다면 이해관계인이 다수인 회사에서는 법률관계의 혼란과 불안을 초래할 것이므로, 상법은 법률관계를 획일적으로 확정하기 위하여 합병무효의 소에 대하여 별도로 규정하고 있다(商 236조~240조, 269조, 287조의 41, 529조~530조, 603조).

C. 관련판례

대판 2008. 1. 10, 2007 다 64136(법령에 정한 요건과 방법 및 절차 등에 기하여 합병가액을 산정하고 그에 따라 합병비율을 정하였다면 그 합병가액 산정이 허위자료에 의한 것이라거나 터무니없는 예상수치에 근거한 것이라는 등의 특별한 사정이 없는 한, 그 합병비율이 현저하게 불공정하여 합병계약이 무효로 된다고 볼 수 없다고 한 경우).

D. 관련논점

(1) 기본판례에서 D건설의 채권자의 보호방안은 무엇인가?

(2) 기본판례에서 D건설(합자회사)의 무한책임사원과 유한책임사원의 D건설에 대한 지분비율은 어떻게 결정하는가?

(3) 기본판례에서 C는 D건설(합자회사)에 대한 출자지분을 환급받아 Y회사에 현물출자하여 주식을 받는 경우와 본 판례에서와 같이 합병하여 Y회사의 주식을 받는 경우, 어느 쪽이 유리한가?

제 3 회사의 분할

A. 기본판례

▣ 대판 2004. 8. 30, 2003 다 25973(判商 [408])[「알고 있는 채권자에 대한 개별최고의 절차」를 누락한 경우, 신설회사와 분할되는 회사의 채권자에 대하여 연대책임을 인정한 경우]

[사실관계]

Y는 전력산업구조개편촉진에 관한 법률에 따라 그 발전사업부문을 상법 제530조의 12(물적 분할)의 규정에 의하여 권역별로 6개의 별도 회사를 신설하는 방식으로 회사를 분할하기로 하고, 분할계획서를 작성하여 2001. 3. 16. 정기주주총회에서 특별결의에 의한 승인을 얻은 다음 2001. 3. 30. 산업자원부장관의 인가를 받아 Y의 발전사업부문을 6개의 신설회사로 분할하였다. Y는 상법 제530조의 9 제 2 항의 규정에 기하여 위 각 신설회사가 Y의 채무 중에서 출자받은 재산에 관한 채무만을 승계하여 부담한다는 원칙에 따라 Y의 분할계획서 제6.1.조(총칙)에서 「Y가 도서지역을 제외한 나머지 국내의 지역에서 영위하고 있는 기존의 발전사업부문에 속하거나 주로 관련되는 일체의 적극재산(재산적 가치 있는 사실관계를 포함한다)과 소극재산, 본 분할계획이 별도로 명시하는 소극재산 그리고 동 사업에 주로 관련되는 Y의 권리와 의무 일체는 각 신설회사에 이전되며, 이전되는 적

극 및 소극재산 기타의 권리의무와 사실관계 일체에 대한 계산은 설립등기일로부터 신설회사가 한 것으로 간주한다」라고 규정하고, 제6.2.1.조(계약의 승계)에서 「종전의 본부, 처, 발전소, 건설소 등 사업소의 장 명의로 체결된 모든 계약, 약속, 합의, 양해각서, 의향서 또는 입찰, 입찰참가제안, 오퍼 등에 관한 Y의 권리 · 의무는 당해 신설회사가 승계한다」고 규정하였으며, 이에 따라 Y 산하 하동화력본부에 속하는 재산과 권리 · 의무는 제 4 신설회사인 A남부발전주식회사가 이를 승계하기로 정하였고, A남부발전은 같은 해 4. 2. 그 설립등기를 마쳤다. X는 하동화력본부와 관련된 이 사건 손실보상채무는 Y가 부담한다고 하여 Y에 대하여 약정금의 이행을 청구하였다.

이에 대하여 원심(서울고판 2003. 4. 24, 2002 나 27448)은 Y가 하동화력본부에 속하는 모든 재산을 출자하여 A남부발전을 신설하였고, 「설립되는 회사가 분할되는 회사의 채무 중에서 출자한 재산에 관한 채무만을 부담할 것을 정할 수 있다」라는 상법 제530조의 9 제 2 항의 규정에 따라 그 분할계획서에서 하동화력본부에 속하는 모든 권리 · 의무는 A남부발전이 승계하는 것으로 정하여 상법 제530조의 3 제 2 항의 규정에 의한 주주총회의 특별결의를 거쳐 전력산업구조개편촉진에 관한 법률에서 정한 산업자원부장관의 인가를 받아 그 분할절차를 완료한 이상, Y의 X에 대한 이 사건 발전소 가동으로 인한 손실보상채무는 분할로 인하여 설립된 신설회사인 A남부발전에 이전되었고, 분할되는 회사인 Y는 이제 그 채무를 면하였다고 판단하여 X의 청구를 기각하였다. 따라서 X가 대법원에 상고하게 된 것이다.

[판결요지]

(1) 전력산업구조개편촉진에 관한 법률 제 2 조 제 1 호는 Y의 분할을 상법 제530조의 12의 규정에 의한 회사분할로 정의하고 있고, 상법 제530조의 12는 회사분할 중 이른바 「물적 분할」에 관한 규정으로서 일반적인 회사분할에 관한 상법 제530조의 2 내지 제530조의 11의 규정을 준용한다고 규정하고 있으며, 그 준용되는 규정들에 의하면 회사분할에 있어서는 분할로 인하여 설립되는 회사(이하 「신설회사」라고 한다)는 분할 전의 회사채무에 관하여, 분할되는 회사와 연대하여 변제할 책임이 있고(商 530조의 9 1항), 다만 주주총회의 특별결의로써 신설회사가 분할되는 회사의 채무 중에서 출자한 재산에 관한 채무만을 부담할 것을 정할 수 있

고, 이 경우 분할되는 회사가 분할 후에 존속하는 때에는 신설회사가 부담하지 아니하는 채무만을 부담하며(商 530조의 9 2항), 이 때에는 회사가 알고 있는 채권자에게 일정한 기간 내에 이의를 제출할 것을 최고하는 등의 채권자보호절차를 취하여야 하고(商 530조의 9 4항, 527조의 5), 한편 채권자가 이의기간 내에 이의를 제출하지 아니한 때에는 분할을 승인한 것으로 본다(商 530조의 9 4항, 527조의 5 3항, 232조 2항)라고 규정하고 있다.

(2) 이러한 규정을 종합하여 보면, 상법은 회사가 분할되고 분할되는 회사가 분할 후에도 존속하는 경우에, 특별한 사정이 없는 한 회사의 책임재산은 분할되는 회사와 신설회사의 소유로 분리되는 것이 일반적이므로 분할 전 회사의 채권자를 보호하기 위하여 분할되는 회사와 신설회사가 분할 전의 회사채무에 관하여 연대책임을 지는 것을 원칙으로 하고, 이 경우에는 회사가 분할되더라도 채권자의 이익을 해할 우려가 없으므로 알고 있는 채권자에 대하여 따로 이를 최고할 필요가 없도록 한 반면에, 다만 만약 이러한 연대책임의 원칙을 엄격하게 고수한다면 회사분할제도의 활용을 가로막는 요소로 작용할 수 있으므로 연대책임의 원칙에 대한 예외를 인정하여 신설회사가 분할되는 회사의 채무 중에서 출자받은 재산에 관한 채무만을 부담할 것을 분할되는 회사의 주주총회의 특별결의로써 정할 수 있게 하면서, 그 경우에는 신설회사가 분할되는 회사의 채무 중에서 그 부분의 채무만을 부담하고, 분할되는 회사는 신설회사가 부담하지 아니하는 채무만을 부담하게 하여 채무관계가 분할채무관계로 바뀌도록 규정하였다고 해석된다. 그리고 이와 같이 분할되는 회사와 신설회사가 분할 전 회사의 채무에 대하여 연대책임을 지지 않는 경우에는 채무자의 책임재산에 변동이 생기게 되어 채권자의 이해관계에 중대한 영향을 미치므로 채권자의 보호를 위하여 분할되는 회사가 알고 있는 채권자에게 개별적으로 이를 최고하도록 규정하고 있는 것이고, 따라서 분할되는 회사와 신설회사의 채무관계가 분할채무관계로 바뀌는 것은 분할되는 회사가 자신이 알고 있는 채권자에게 개별적인 최고절차를 제대로 거쳤을 것을 요건으로 하는 것이라고 보아야 하며, 만약 그러한 개별적인 최고를 누락한 경우에는 그 채권자에 대하여 분할채무관계의 효력이 발생할 수 없고 원칙으로 돌아가 신설회사와 분할되는 회사가 연대하여 변제할 책임을 지게 되는 것이라고 해석하는 것이 옳다.

(3) 그런데 기록에 의하면, X가 Y를 상대로 하동화력발전소 1호기 내지 4호

기의 가동으로 인하여 손실을 입었다고 주장하면서 그 보상을 지속적으로 요구해 왔고, 상당한 기간의 협상과정을 거쳐 1998. 7. 14. X의 위탁판매수수료 감소분에 관하여 「평가는 실시하고 손실분 지급에 대해서는 관계 기관의 유권해석에 따른다」는 합의를 하기에 이르렀으며, 위 합의에 따라 X · Y 쌍방이 합의하여 선정한 중앙감정평가법인과 정일감정평가법인이 Y가 분할되기 이전인 2000. 11. 7.경 X의 위탁판매수수료 감소분이 모두 6억 2,253만원이라고 평가하였고, Y가 분할된 이후인 2001. 5. 25.경 해양수산부장관은 「X는 관계법령에 근거하여 수산물의 위탁판매사업을 전담 수행하여 왔으므로 하동화력발전소의 건설 · 가동으로 인한 위탁판매수수료 감소분에 대하여는 손실보상이 이루어져야 한다」는 취지의 회신을 한 사실을 인정할 수 있는바, 위 인정 사실과 기록에 의하여 알 수 있는 Y의 발전소 가동 및 그로 인하여 X가 손실을 입은 내역, X · Y 사이에 Y의 발전소 가동으로 인한 손실보상채무를 둘러싼 위 합의에 이른 과정과 합의의 내용, 감정평가를 거쳐 피해액이 확정된 상황, X의 손실보상 주장의 객관적 타당성 여부 등 제반 사정을 종합하여 보면, 비록 손실보상의 대상이 되는지 여부에 대한 관계기관의 유권해석이 Y의 회사분할 이후에 이루어졌다고 하더라도, X는 분할되는 회사인 Y가 회사분할사실을 개별적으로 최고하여야 하는 상법 제530조의 9 제 4 항, 제527조의 5 제 1 항 소정의 「알고 있는 채권자」에 해당된다고 할 것인바, 그렇다면 원심으로서는 마땅히 Y가 회사를 분할함에 있어 X에 대한 개별적인 최고절차를 다하였는지 여부를 가려본 다음에 Y의 회사분할에도 불구하고 여전히 Y가 X에 대한 변제책임을 지는지 여부를 판단하였어야 할 것인데, 이에 이르지 아니한 채 단순히 Y가 회사분할을 하면서 주주총회의 특별결의로써 X에 대한 이 사건 손실보상채무를 Y로부터 A남부발전으로 이전하기로 정하였다는 이유만으로 Y가 이제 그 채무를 면하였다고 단정하여 X의 청구를 배척하고 말았으니, 원심판결에는 회사분할에 관한 법리를 오해하고 심리를 다하지 아니하여 판결에 영향을 미친 위법이 있고, 이 점을 지적하는 상고이유 제 1 점의 주장은 이유 있다.

B. 이론요약

(1) 우리 상법은 회사의 분할에 관하여는 주식회사에 대해서만 인정하고 있

다. 회사의 분할이란 「1개의 회사가 2개 이상의 회사로 나누어져, 분할 전 회사(피분할회사)의 권리의무가 분할 후 회사에 포괄승계되고 (분할 전 회사가 소멸하는 경우에는 청산절차 없이 소멸되며) 원칙적으로 분할 전 회사의 사원이 분할 후 회사의 사원이 되는 회사법상의 법률요건」을 말한다.

회사분할의 종류에는 크게 합병과 관련을 갖지 않는 단순분할(商 530조의 2 1항), 합병과 관련을 갖는 분할합병(商 530조의 2 2항) 및 단순분할과 분할합병을 결합한 형태(商 530조의 2 3항)가 있다. 또한 분할 전 회사의 사원(주주)이 분할 후 회사의 사원(주주)이 되는 인적 분할과, 분할 전 회사가 분할 후 회사의 사원(주주)이 되는 (자회사를 설립하는) 물적 분할(商 530조의 12)이 있다.

(2) 상법상 주식회사는 원칙적으로 자유롭게 분할할 수 있는데(商 530조의 2 1항~3항, 530조의 12), 다만 해산 후의 회사는 분할 전 회사가 존속할 수 없는 점에서 존립중의 회사를 존속회사로 하거나 새로 회사를 설립하는 경우에 한하여 분할할 수 있다(商 530조의 2 4항).

(3) 분할절차는 분할계획서(단순분할의 경우) 또는 분할합병계약서(분할합병의 경우)의 작성을 기초로 하여 진행되는데, 이는 주주총회의 특별결의에 의한 승인을 얻어야 한다(商 530조의 3 1항 · 2항). 그런데 분할합병의 경우에 분할합병 전 회사의 총주주의 동의가 있거나 또는 그 회사의 발행주식총수의 100분의 90 이상을 분할합병 후 회사가 소유하고 있는 경우에는 분할합병 전 회사의 주주총회의 승인은 이사회의 승인으로 갈음할 수 있고(간이분할)(商 530조의 11 2항, 527조의 2 1항), 분할합병 후 회사가 분할합병으로 인하여 발행하는 신주의 총수가 그 회사의 발행주식총수의 100분의 10을 초과하지 아니한 때에는 그 분할합병 후 회사의 주주총회의 승인은 이사회의 승인으로 갈음할 수 있다(소규모분할)(商 530조의 11 2항, 527조의 3 1항).

분할 전 회사의 이사는 분할을 승인하기 위한 주주총회의 회일의 2주 전부터 분할의 등기를 한 날 또는 분할합병을 한 날 이후 6월간 분할계획서 또는 분할합병계약서 등을 본점에 비치하여 공시하여야 한다(商 530조의 7 1항). 또한 이사는 합병에 관한 서류를 사후공시하여야 한다(商 530조의 11 1항, 527조의 6).

분할합병의 경우 당사자인 회사는 회사채권자 보호절차를 취하여야 하나(商 530조의 11 2항, 527조의 5 1항), 단순분할의 경우에는 분할 후 회사가 분할 전 회사의 채무 중에서 출자한 재산에 관한 채무만을 부담하는 경우에 한하여 채권자 보호절차를 취하여야 한다(商 530조의 9 4항, 527조의 5).

분할의 최종절차는 분할등기인데(商 530조의 11 1항, 528조), 회사의 분할은 분할 후 회사가 그 본점소재지에서 분할등기를 함으로써 그 효력이 생긴다(商 530조의 11 1항, 234조).

(4) 분할의 효과로서 분할 또는 분할합병으로 인하여 설립되는 회사 또는 존속하는 회사는 분할 전 회사의 권리와 의무를 분할계획서 또는 분할합병계약서가 정하는 바에 따라 포괄적으로 승계한다(商 530조의 10). 인적 분할의 경우에는 사원(주주)의 이전이 있으나, 물적 분할의 경우에는 사원(주주)의 이전이 없다.

분할로 인하여 설립되는 회사 또는 존속하는 회사는 분할 전 회사의 모든 채무를 원칙적으로 연대하여 변제할 책임이 있으나(商 530조의 9 1항), 예외적으로 분할승인에 관한 주주총회의 결의로 분할 후 회사(단순분할의 경우에는 신설회사이고, 분할합병의 경우에는 존속회사)가 분할 전 회사의 채무 중에서 출자한 재산에 관한 채무만을 부담할 것을 정한 경우에는 분할 후 회사는 분할로 인하여 출자받은 재산에 관한 채무만을 부담하고(商 530조의 9 2항 본분, 3항 본문) 분할 전 회사(존속하는 경우에 한함)는 분할 후 회사가 부담하지 아니하는 채무만을 부담한다(商 530조의 9 2항 단서, 3항 단서).

(5) 분할절차에 하자가 있는 경우에 상법은 단체법상의 법률관계를 획일적으로 확정하기 위하여 합병무효의 소에 관한 규정을 준용하여 분할무효의 소를 별도로 규정하고 있다(商 530조의 11 1항, 529조).

(6) 위 기본판례에서 대법원은 분할되는 회사와 신설회사가 분할 전 회사의 채무에 대하여 연대책임을 지지 않는 경우에는 채무자의 책임재산에 변동이 생기게 되어 채권자의 이해관계에 중대한 영향을 미치므로 채권자의 보호를 위하여 분할되는 회사가 알고 있는 채권자에게 개별적으로 이를 최고하도록 규정하고 있는 것이고, 따라서 분할되는 회사와 신설회사의 채무관계가 분할채무관계로 바뀌는 것은 분할되는 회사가 자신이 알고 있는 채권자에게 개별적인 최고절차를 제대로 거쳤을 것을 요건으로 하는 것이라고 보아야 하며, 만약 그러한 개별적인 최고를 누락한 경우에는 그 채권자에 대하여 분할채무관계의 효력이 발생할 수 없고 원칙으로 돌아가 신설회사와 분할되는 회사가 연대하여 변제할 책임을 지는 것이라고 판시한 것으로서, 상법 제530조의 9 제 4 항에서 제527조의 5의 규정을 준용하여 이러한 채권자보호절차를 거치도록 하고 있으므로 타당하다고 본다.

C. 관련판례

(1) 대판 2008. 2. 14, 2007 다 73321(상법 제530조의 9 제 1 항에 따라 분할 후 회사가 분할 전 회사와 연대하여 변제할 책임이 있는 분할 전 회사의 채무에는, 회사분할 또는 분할합병의 효력발생 전에 발생하였으나 분할 또는 분할합병 당시에는 아직 그 변제기가 도래하지 아니한 채무도 포함된다고 한 경우).

(2) 대판 2010. 2. 25, 2008 다 74963(상법 제530조의 9 제 2 항 제 1 문에서 「출자한 재산」이란 분할되는 회사의 특정재산을 의미하는 것이 아니라 조직적 일체성을 가진 영업 즉 특정의 영업과 그 영업에 필요한 재산을 의미한다고 하고, 채권자가 회사분할에 관여되어 있고 회사분할을 미리 알고 있는 지위에 있으며 사전에 회사분할에 대한 이의제기를 포기하였다고 볼 만한 사정이 있는 등 예측하지 못한 손해를 입을 우려가 없다고 인정되는 경우에는 개별적인 최고를 누락하였다고 하여 그 채권자에 대하여 신설회사와 분할되는 회사의 연대책임이 되살아난다고 할 수 없다고 한 경우).

동지: 대판 2010. 8. 19, 2008 다 92336(상법 제530조의 9 제 2 항 제 1 문에서 「출자한 재산에 관한 채무」란 신설회사가 분할되는 회사로부터 승계한 영업에 관한 채무로서 당해 영업 자체에 직접적으로 관계된 채무뿐만 아니라 그 영업을 수행하기 위해 필요한 적극재산과 관련된 모든 채무가 포함된다. 또한 분할 전 회사의 분식회계로 손해를 입었음을 주장하는 일부 실질주주명부상 주주들은 상법 제530조의 9 제 4 항 및 제527조의 5에서의 「알고 있는 채권자」에 해당한다고 볼 수 없다).

(3) 대판 2011. 9. 29, 2011 다 38516(분할 전 회사가 발행한 약속어음의 소지인은 분할 전 회사에 알려져 있는 채권자이다).

D. 관련논점

(1) 신설분할합병과 흡수분할합병에도 물적 분할이 인정될 수 있는가?

(2) 상법 제530조의 9 제 2 항에서 「출자한 재산에 관한 채무」란 구체적으로 무엇인가?

제 3 절 회사의 해산 · 청산

제 1 회사의 해산(해산명령)

A. 기본판례

▣ 대결 1980. 3. 11, 80 마 68(判商 [152])[법원의 회사 해산명령을 인정한 경우]

[사실관계]

Y합승자동차합자회사(재항고인)는 1963. 2. 16. 자동차운수사업 · 자동차임대사업 · 자동차부속품매매사업 · 유류저장 및 판매사업 및 위 각 사업의 부대사업을 그 설립목적으로 하여 설립된 회사이다. 이 회사는 위 사업을 경영하던 중 부채가 늘어나 이를 변제할 방법이 없게 되자 그 채무의 청산방법으로 1964. 4. 17. 그 채권자이며 동시에 위 합자회사에 소속되어 있는 자동차 13대의 지입차주이기도 한 A 외 12인에게 그가 가지고 있던 영업 일체를 양도하기로 하는 약정을 하였다. 그 후 Y회사가 위 약정에 따른 제반절차를 이행하지 아니하자 위 A 외 12인은 위 Y회사를 상대로 하여 춘천지방법원에 위 Y회사는 위 A 외 12인에게 위 영업권 일체를 양도한 사실을 확인하라는 취지의 소송까지 제기하여 위 Y회사가 위 청구를 인낙(認諾)하였으며, 이에 근거하여 위 A 등이 위 Y회사와 사이에 가칭 B운수주식회사라는 이름으로 위 영업권 양도양수의 인가신청을 강원도지사에게 하였다. 강원도지사는 자동차운수사업법 제28조 제 1 항에 따라 1967. 1. 26. 위 Y회사와 위 B회사 사이의 합승여객자동차운수사업양도양수를 인가하였다.

이에 X(검사)는 Y회사는 1974. 1. 이래 현재까지 1년 이상 정당한 사유 없이 영업을 휴지하고 있을 뿐만 아니라, 사무소도 존재하지 아니하고, 자본금 등 자산도 전혀 없는 속칭 유령회사임을 이유로 상법 제176조 제 1 항 제 2 호의 사유에 해당한다 하여 법원에 이 Y회사(사건 본인)의 해산명령의 청구를 하기에 이르렀다.

이에 Y회사는 법원에 이 회사에 대하여 해산명령을 하기 위하여는 자동차운수사업법 제30조의 취지에서 교통부장관(현재는 국토해양부장관: 저자 주)의 인가를 받아야 한다고 주장하여, 대법원에 재항고를 하게 된 것이다.

[결정요지]

자동차운수사업법 제30조의 취지는 자동차운송사업을 하는 법인이 스스로 해산결의를 하거나 총사원의 동의로써 해산을 하는 경우에는 교통부장관(현재는 국토해양부장관: 저자 주)의 인가를 얻어야 한다는 것으로 풀이되나, 본건과 같이 상법 제176조의 규정에 따라 법원이 해산명령을 하는 경우에는 교통부장관의 인가를 필요로 하는 것이 아니다.

기록에 의하면 이 사건 Y회사가 1974. 1.경부터 정당한 사유 없이 여태까지 영업을 휴지하고 있는 점을 짐작할 수 있으니, 이런 취지에서 한 원심판단은 정당하다고 시인되어, 논지는 이유 없어 재항고를 기각한다.

B. 이론요약

(1) 회사의 해산이란 「회사의 법인격(회사의 권리능력)을 소멸시키는 원인이 되는 법률요건」을 말하는데, 회사는 해산에 의하여 그 목적사업인 영업을 수행할 수는 없으나 이로 인하여 바로 법인격 자체가 소멸하는 것은 아니다.

(2) 우리 상법은 합명회사(商 227조) · 합자회사(商 269조 · 227조, 285조 1항) · 유한책임회사(商 287조의 38) · 주식회사(商 517조) 및 유한회사(商 609조)의 해산사유에 대하여 개별적으로 규정하고 있는데, 법원에 의한 해산명령과 해산판결은 모든 회사에 공통되는 해산사유이다.

회사의 해산명령이란 「공익상 회사의 존속이 허용될 수 없는 경우에 법원이 직권 또는 신청에 의하여 회사의 해산을 명하는 재판」이고(商 176조 1항), 회사의 해산판결이란 「사원의 이익을 보호하기 위하여 회사의 존속이 사원의 이익을 해하는 경우에, 사원의 청구에 의하여 법원이 판결로써 회사의 해산을 명하는 재판」이다(商 241조, 269조, 287조의 42, 520조, 613조 1항).

(3) 회사의 해산명령제도는 회사의 설립준칙주의의 폐단을 사후에 규제하기 위한 제도로서, 민법상 법인의 설립허가취소제도(民 38조)나 회사의 설립면허주의에 있어서의 면허취소에 해당한다고 볼 수 있다.

회사의 해산명령사유는 (i) 회사의 설립목적이 불법인 경우, (ii) 회사가 정당한 사유 없이 설립한 후 1년 내에 영업을 개시하지 아니하거나 1년 이상 영업을 휴지(休止)하는 때, (iii) 이사 또는 회사의 업무를 집행하는 사원이 법령 또는 정관에 위반하여 회사의 존속을 허용할 수 없는 행위를 한 때이다(商 176조 1항 1호~3호).

법원은 이해관계인이나 검사의 청구에 의하여 또는 직권으로 회사의 해산명령을 할 수 있는데(商 176조 1항), 이는 비송사건으로 비송사건절차법에 의하여 결정으로써 하며(동법 90조 이하), 이러한 해산명령재판의 확정에 의하여 회사는 해산한다.

C. 관련판례

(1) 대결 1987. 3. 6, 87 마 1(회사의 대표이사가 주금납입을 가장하고 약정한 투자도 하지 않을 뿐만 아니라 회사 건축물공사에 따른 공사보증금까지 횡령하는 등의 행위를 하고 또 자본금을 끌어들이는 과정에서 사기행위를 하여 형사처벌을 받는 등의 행위를 하였다면, 이는 상법 제176조 제 1 항 제 3 호에 해당한다고 한 경우〈재항고를 기각함〉).

(2) 대결 1979. 1. 31, 78 마 56(判商 [153])(Y회사는 원래 계쟁 부동산에 대하여 명의신탁을 받은 사실이 인정될 뿐 소유권을 가지고 있지 못하였고 또 자신의 의사에 의하여 적법하게 Z회사에 소유권이전등기를 넘겨주었음에도 불구하고 이와 상반되는 무근한 사실을 내세워 부당한 소송을 제기하였다면, 영업휴지에 관하여 정당한 사유가 없다고 한 경우[商 제176조 제 2 호]).

(3) 대결 1978. 7. 26, 78 마 106(判商 [154])(시장경영 목적의 회사가 시장건물 신축중 그 소유권을 둘러싼 소송으로 수년간 그 기능을 사실상 상실하고 정상적인 영업수행을 하지 못하다가 그 후 확정판결에 기하여 위 신축건물을 회수하고 그 기능을 회복하여 위 상인들과의 거래관계를 정산하는 등 정상적인 업무수행을 할 수 있는 위치로 복귀하였다면, 이는 상법 제176조 제 1 항 제 2 호 후단 소정의 회사 해산명령사유에 해당한다고 볼 수 없다고 한 경우).

D. 관련논점

(1) 회사의 해산명령과 해산판결 · 해산의제 · 법인격부인론과의 차이점

(2) 회사의 영업면허(인가)와 회사의 해산명령과의 관계

제 2 회사의 청산(청산인)

A. 기본판례

▣ 대결 2000. 10. 12, 2000 마 287(判商 [409])[감사는 청산인이 될 수 없다고 본 경우]

[결정요지]

원심결정 이유 및 기록에 의하면, 상법 제520조의 2(휴면회사의 해산)의 규정에 의하여 해산된 채무자(재항고인)(Y) 회사의 감사인 C는 자신이 채무자 회사의 대표자라고 주장하면서 경매개시결정에 대한 이의신청을 하였는데, 원심은 이 이의신청을 기각한 제 1 심결정에 대한 즉시항고를 판단함에 있어, 제 1 심결정에 채무자의 주장과 같은 위법이 없고 달리 어떠한 위법사유도 찾아볼 수 없다는 이유로 제 1 심결정을 유지하고 있다.

상법 제520조의 2의 규정에 의하여 해산된 주식회사의 경우 정관에 다른 규정이 있거나 주주총회에서 따로 청산인을 선임하지 아니한 이상 그 해산 당시의 이사는 당연히 청산인이 되고, 그러한 청산인이 없는 때에는 이해관계인의 청구에 의하여 법원이 선임한 자가 청산인이 되며, 이러한 청산인만이 회사의 청산사무를 집행하고 대표하는 기관이 된다(대판 1994. 5. 27, 94 다 7607 참조).

그런데 기록에 의하면 채무자가 1997. 12. 16. 해산될 당시의 대표이사로 A · B가 등기되어 있었고, C는 감사로 있었음에 불과하며, 달리 채무자의 정관에 감사를 청산인으로 한다는 규정이 있거나 그 주주총회에서 위 C를 청산인으로 선임하였음을 인정할 아무런 자료가 없다.

그렇다면 C에게는 채무자를 대표할 자격이 없다 할 것이므로, C가 채무자를 대표하여 제기한 이 사건 경매개시결정에 대한 이의신청은 권한 없는 자에 의하여 제기된 것이어서 각하하여야 할 것임에도 이를 간과한 채 이의신청의 당부에까지 나아가 판단한 제 1 심 및 원심의 조치는 위법하여 이를 그대로 유지할 수 없다.

B. 이론요약

(1) 청산이란 「회사가 해산 후 재산적 권리의무를 정리한 후 회사의 법인격을 소멸시키는 것」을 말한다. 합병(분할합병을 포함)과 파산이 해산사유인 경우에는 청산을 필요로 하지 않는다.

(2) 청산회사의 업무집행기관은 청산인인데, 이 청산인은 제 1 차적으로 자치적으로 선임되고 이와 같이 자치적으로 선임되지 않으면 제 2 차적으로 해산 전의 회사의 업무집행기관(인적 회사의 경우는 업무집행사원, 유한책임회사의 경우는 업무집행자, 물적 회사의 경우는 이사)이 된다(商 251조, 287조, 287조의 45, 531조 1항 본문, 613조 1항).

그러나 사원이 1인이 되어 해산한 경우(유한책임회사, 주식회사 및 유한회사는 제외)와 해산을 명하는 재판(해산명령 및 해산판결)에 의하여 해산한 경우에는 위와 같은 회사의 자치는 인정되지 않고, 법원이 이해관계인이나 검사의 청구에 의하여 또는 직권으로 청산인을 선임한다(商 252조, 269조, 287조의 45, 542조 1항, 613조 1항). 물적 회사의 경우에는 이 외에도 위의 원칙에 의하여 청산인이 되는 자가 없는 경우에는, 이해관계인의 청구에 의하여 법원이 청산인을 선임한다(商 531조 2항, 613조 1항).

(3) 청산인의 직무권한은 (i) 현존사무의 종결, (ii) 채권의 추심과 채무의 변제, (iii) 재산의 환가처분, (iv) 잔여재산의 분배이다(商 254조, 269조, 287조의 45, 542조 1항, 613조 1항).

(4) 청산절차에는 임의청산(商 247조)과 법정청산(商 250조 이하)이 있는데, 임의청산은 인적 회사에서만 이용할 수 있고, 법정청산은 유한책임회사와 물적 회사 및 인적 회사에서 임의청산을 이용하지 않는 경우에 이용하는 방법이다.

(5) 법정청산의 경우에는 잔여재산의 분배를 포함한 모든 청산사무를 종결하였을 때에 청산인은 총사원(인적 회사의 경우) 또는 주주(사원)총회(물적 회사의 경우)의 승인을 얻은 후 청산종결의 등기를 하여야 한다(商 264조, 269조, 287조의 45, 542조 1항, 613조 1항).

청산이 사실상 종결되지 않은 경우에는 청산종결의 등기를 하였더라도 그 등기에는 공신력이 없고 또한 회사의 법인격도 소멸되지 않는다.

주식회사의 경우에는 휴면회사에서 청산종결의제가 있다(商 520조의 2 4항).

C. 관련판례

(1) 대판 1994. 5. 27, 94 다 7607(상법 제520조의 2의 규정〈휴면회사의 해산의제〉에 의하여 주식회사가 해산되고 그 청산이 종결된 것으로 보게 되는 회사라도 어떤 권리관계가 남아 있어 현실적으로 정리할 필요가 있으면 그 범위 내에서는 아직 완전히 권리능력이 소멸하지 않는다고 본 경우〈이 때 X회사의 감사 D는 X를 대표할 자격이 없다 하여 그가 X회사의 대표대행자라 하여 제기한 이 사건 항소를 부적법하다고 판단하여 각하한 원심은 타당함〉).

동지: 대결 1991. 4. 30, 90 마 672(상법 제520조의 2 제 1 항 내지 제 4 항에 의하여 회사가 해산되고 그 청산이 종결된 것으로 보게 되는 회사라도 권리관계가 남아 있어 현실적으로 정리할 필요가 있는 때에는 그 범위 내에서는 아직 완전히 소멸하지 않으므로, 청산인 선임만을 목적으로 한 주주총회 소집을 허가한 것은 정당하다고 한 경우); 대판 1968. 6. 18, 67 다 2528(청산종결의 등기를 한 경우에도 채권채무가 남아 있는 이상 청산은 종료되지 아니한 것이므로, 그 한도에서 청산법인은 당사자능력을 가지므로 청산법인은 수표반환 등 의무가 있다고 한 경우).

(2) 대판 1989. 9. 12, 87 다카 2691(判商 [410])(청산인의 수에는 제한이 없고, 청산법인의 주주총회에서 선임된 이사는 청산인이 된다고 본 경우).

(3) 대판 1981. 9. 8, 80 다 2511(判商 [411])(해산 당시의 일시이사 및 일시대표이사는 원칙적으로 청산인 및 대표청산인이 된다고 본 경우).

(4) 대결 1959. 5. 6, 4292 민재항 8(청산중의 법인은 적극적인 권리의 취득 등은 직무권한 외의 행위이므로 부동산을 경락취득할 수 없다고 한 경우).

D. 관련논점

(1) 청산회사의 권리능력

(2) 청산인의 해임

제 2 장 합명회사

현재까지 적절한 판례가 없어 게재하지 않았으나,
향후 적절한 판례가 있으면 보완할 예정입니다.

제 3 장 합자회사

제 1 절 설 립

제 2 절 기 구

제 1 출 자

제 2 업무집행

제 3 경업피지의무와 자기거래제한

제 4 손익의 분배

제 5 지 분

A. 기본판례

▣ 대판 1996. 10. 29, 96 다 19321(判商 [157])[미등기 무한책임사원의 동의 없이 다른 총사원의 동의만을 얻어 한 무한책임사원의 지분양도를 유효로 본 경우]

[사실관계]

(1) A합자회사(이하 「회사」라 한다)는 B가 1970. 8. 13. 설립한 회사인데, 업무집행사원 겸 대표사원인 위 B가 뇌막염으로 쓰러진 1990. 12. 3. 현재 회사의 사원과 출자지분은 「무한책임사원 B의 출자지분 46,450,000원, 유한책임사원 C(B의 5남)의 출자지분 26,900,000원, 유한책임사원 D(B의 4남)의 출자지분 36,650,000원」이었다.

(2) B는 1991. 3. 8. 사망하였는데, 위 C는 B가 사망하기 직전인 같은 해 1. 30. 임의로 자신이 B로부터 무한책임사원 지분 46,450,000원을 양도받고 B

는 자신으로부터 유한책임사원 지분 26,900,000원을 양도받은 것으로 등기함으로써, 회사등기부에는 「무한책임사원 C 출자지분 46,450,000원, 유한책임사원 B 출자지분 26,900,000원, 유한책임사원 D 출자지분 36,650,000원」으로 등재됨과 동시에 C가 대표사원으로 등재되었다.

(3) B가 사망한 후 그의 2남인 X와 3남인 E가 위 변경등기를 이유로 C를 사문서위조 등으로 고소하였으며, 그 고소사건에 관한 수사가 진행중이던 같은 해 9. 28. X와 E · C · D 등 B의 상속인 9명 전원이 모여, C에 의하여 임의로 변경된 등기부상의 사원 및 출자지분은 인정하지 않기로 하고, 위 변경등기 전의 사원 및 출자지분에 관한 등기를 기준으로 B의 무한책임사원 지분 46,450,000원을 상속재산 협의분할의 대상으로 하여, X와 E가 각 13,935,000원의 지분을, C가 18,580,000원의 지분을 상속하고 나머지 상속인들은 상속을 포기하기로 하되, X와 E를 무한책임사원으로 하는 회사등기는 편의상 회사등기부상의 C의 무한책임사원 지분을 양도받는 형식을 취하기로 하였다.

(4) 그런데 B의 무한책임사원의 지위를 상속한 X 등의 상속인들은 회사에게 상법 제269조, 제219조 제 1 항에서 정한 통지를 하지 않음으로써 B를 승계하여 무한책임사원이 될 수 있는 권리를 상실하였으나, 위 상속재산 협의분할의 합의에는 X · C 및 E가 B로부터 상속한 지분환급청구권을 출자의 목적으로 전환하여 그들을 무한책임사원으로 가입시키고 회사를 계속하기로 합의한 것이라 할 것이므로, 위 합의에 의하여 X · C 및 E는 각 무한책임사원으로서의 지위를 취득하였다.

(5) 그런데 C가 위 (3)의 합의사항의 이행을 지체하므로, X와 E는 C · D 및 회사를 상대로 X와 E가 회사의 무한책임사원 지분 13,935,000원씩의 지분권자임의 확인과 X · E 및 C를 무한책임사원으로 하는 회사등기절차이행을 구하였는데, 1993. 7. 1. 제 1 심법원에서 승소판결을 선고받고 그 판결은 같은 달 31일 확정되었다.

(6) 그런데 C는 자신이 회사의 무한책임사원으로 등기부에 등재되어 있음을 기화로 위 판결에 따른 등기가 경료되기 전인 같은 해 8. 10. 유한책임사원인 D의 동의를 받아 H에게 회사를 금 640,000,000원에 양도하는 계약을 체결하고 등기부상 자신의 지분과 D의 지분 전부를 Y_1들 및 H · I · J · K에게 각 양도함으로써,

같은 달 14일 회사등기부에 「무한책임사원 Y_1 출자지분 8,310,000원, 무한책임사원 Y_2 출자지분 24,930,000원, 유한책임사원 H 출자지분 13,000,000원, 유한책임사원 I 출자지분 16,620,000원, 유한책임사원 J 출자지분 11,930,000원, 유한책임사원 K 출자지분 8,310,000원」으로 각 지분변경등기가 경료되었다.

(7) 회사의 정관에는 「사원은 그 지분을 총사원의 동의가 없으면 타에 양도할 수 없다. 단 동일 사원간에게는 그러하지 아니하다」(5조), 「총사원의 동의가 없으면 신사원으로 입사할 수 없다」(15조), 「사원이 사망한 때에는 퇴사한다」(17조)고 규정되어 있었다. 이에 X는 Y_1들 및 A회사에 대하여 업무집행정지 및 업무대행자선임가처분을 청구하였다. 이에 원심은 X의 청구를 인용하여, Y_1들이 상고하게 된 것이다.

[판결요지]

(1) 합자회사는 무한책임사원과 유한책임사원으로 구성된 2원적인 회사이므로, 무한책임사원 또는 유한책임사원 전원이 퇴사한 때에는 해산되는 것이지만(商 285조 1항), 이 경우 잔존한 무한책임사원 또는 유한책임사원은 전원의 동의로 새로 유한책임사원 또는 무한책임사원을 가입시켜서 회사를 계속할 수 있고(같은 조 2항), 한편 합자회사 성립 후에 신입사원이 입사하여 사원으로서의 지위를 취득하기 위하여는 정관변경을 요하고 따라서 총사원의 동의를 얻어야 하지만(商 179조 · 204조 · 269조 · 270조, 회사 정관 15조), 정관변경은 회사의 내부관계에서는 총사원의 동의만으로 그 효력을 발생하는 것이므로, 신입사원은 총사원의 동의가 있으면 정관인 서면의 경정이나 등기부에의 기재를 기다리지 않고 그 동의가 있는 시점에 곧바로 사원으로서의 지위를 취득한다 할 것이다.

원심이 확정한 사실관계에 의하면, 이 사건 회사는 유일한 무한책임사원인 B의 사망으로 해산되었으나, 유한책임사원인 C와 D 전원이 X와 E 및 C의 지분환급청구권을 출자의 목적으로 하여 그들을 무한책임사원으로 받아들여 회사를 계속하기로 합의함으로써, X와 E 및 C는 각 무한책임사원으로서의 지위를 취득하였다고 할 것이다. 나아가 그 지분에 관하여 보면, X와 E 및 C는 그들이 상속재산 분할협의에 의하여 취득한 지분환급청구권을 그대로 출자의 목적으로 하기로 하였으므로, X와 E는 무한책임사원으로서 각 13,935,000원의 지분을, C는 무한책임사원으로서 18,580,000원의 지분을 각 가지게 되었는데, 한편 C는 종전에 유한책임사원으로서 26,900,000원의 지분을 가지고 있었으므로, C의 무한책임사원으로서의 지분은 45,480,000원이 된다고 할 것이다.

그러므로 X가 정관이나 등기부에 무한책임사원으로 등재되었는지의 여부와는 관계 없이 무한책임사원으로서의 지위를 취득하였다고 본 원심의 판단은 정당하고 원심판결에 논하는 바와 같은 법리오해의 위법이 있다고 볼 수 없으며, 회사등기에는 공신력이 인정되지 아니하므로 Y_1들이 부실등기를 믿고 C와 D의 지분을 양수하였다고 하여 회사 사원들의 지분을 전부 양수한 것으로는 될 수 없는 것이므로, 같은 취지로 판단한 원심판결에 논하는 바와 같은 법리오해나 이유불비의 위법이 있다고 볼 수 없다.

(2) 원심은 Y_1들이 C로부터 D의 동의를 얻어 무한책임사원의 지분을 양도받기는 하였으나, 그에 관하여 나머지 무한책임사원인 X와 E의 동의를 받은 바가 없으므로 그 지분양수는 효력이 없고, 따라서 Y_1들은 회사의 무한책임사원으로서의 지위를 취득하였다고 볼 수 없다는 이유로, X의 Y_1들에 대한 이 사건 직무집행정지신청을 받아들였다.

그러나 등기할 사항은 등기와 공고 후가 아니면 선의의 제 3 자에게 대항하지 못하는 것이므로(商 37조 1항), X와 E가 무한책임사원으로서의 지위를 취득하였다고 하더라도 그에 관한 등기가 마쳐지기 전에는 등기 당사자인 회사나 X 및 E로서는 선의의 제 3 자에게 X와 E가 무한책임사원이라는 사실을 주장할 수 없는 것이므로, 만약 Y_1들이 C만이 유일한 무한책임사원이라고 믿은 데 대하여 선의라면 회사나 X 등으로서는 Y_1들이 X 등의 동의를 받지 아니하였음을 주장하여 위 지분양도계약이 효력이 없다고 주장할 수 없다고 할 것이다.

그럼에도 불구하고 원심은 이 점에 관하여 심리판단하지 아니한 채 이 사건 지분양도계약이 X 등의 동의를 얻지 못하여 회사에 대한 관계에서 효력이 없다고 판단하고 말았으니, 원심판결에는 상업등기의 효력에 대한 법리를 오해한 나머지 심리를 제대로 다하지 아니한 위법이 있고, 그러한 위법은 판결에 영향을 미쳤다고 할 것이므로, 논지는 이유가 있다.

B. 이론요약

(1) 상법에서 사용하는 합명회사 및 합자회사에서의 지분이란 (i) 사원권을 뜻하는 지분(商 197조 등)과, (ii) 회사의 해산 또는 사원의 퇴사의 경우에 사원이 사원자격에 기하여 회사로부터 지급받거나(적극지분) 또는 회사에 지급할(소극지분) 계산상(재산상)의 수액을 뜻한다(商 222조 등). 그런데 (ii)의 의미의 지분은 (i)의 의미의 지분(사원권) 중 자익권을 의미하는 것이므로, 합명회사 및 합자회사에서의 지분이란 일반적으로 사원권을 뜻한다.

(2) 합명회사의 사원의 지분의 (전부 또는 일부의) 양도에는 다른 사원 전원의 동의가 있어야 한다(商 197조). 합자회사에서 무한책임사원의 지분(전부 또는 일부)의 양도에는 유한책임사원을 포함한 모든 사원의 동의를 요하지만(商 269조, 197조), 유한책임사원의 지분(전부 또는 일부)의 양도에는 무한책임사원 전원의 동의만 있으면 충분하고 다른 유한책임사원의 동의를 요하지 않는다(商 276조).

(3) 합자회사의 무한책임사원의 사망(정관의 규정으로 상속을 정하지 않은 경우) 및 금치산은 (당연)퇴사원인이 되나(商 269조, 218조 3호·4호, 219조), 유한책임사원의 사망 및 금치산은 (당연)퇴사원인이 되지 않는다(商 283조 1항, 284조).

합자회사의 무한책임사원이 사망한 경우에 정관으로 그 상속인이 회사에 대한 피상속인의 권리의무를 승계하여 사원이 될 수 있음을 정한 때에는, 상속인은 상속의 개시를 안 날로부터 3월 내에 회사에 대하여 승계 또는 포기의 통지를 발송하여야 하는데(商 269조, 219조 1항), 상속인이 이러한 통지 없이 3월이 경과한 때에는 사원이 될 권리를 포기한 것으로 본다(商 269조, 219조 2항). 그러나 청산중의 합자회사의 무한책임사원이 사망한 경우에는 이러한 정관의 규정이 없더라도 당연히 지분을 상속한다(商 269조, 246조 참조).

(4) 합자회사의 사원의 지분도 재산적 가치를 가지는 것이므로 그 입질(권리질)과 압류가 가능하다고 본다.

이러한 지분의 입질방법에 관하여는 상법에 규정이 없으나, 지분의 양도방법(商 269조·197조, 276조)에 의하여 질권을 설정할 수 있다고 본다(통설). 이 경우 지분의 질권자는 지분에 대한 경매권은 없고, 사원의 장차 구체화될 이익배당청구권과 지분환급청구권 및 잔여재산분배청구권에 그 질권의 효력을 갖는다고 본다(民 342조).

지분의 압류에 관하여는 상법이 사원의 채권자를 보호하고자 하는 입법정책적 배려에서 명문의 규정을 두고 있다. 즉, 사원의 지분의 압류채권자는 사원을 퇴사시켜 그 퇴사에 의하여 발생하는 지분환급청구권을 전부(轉付)함으로써 채권의 만족을 얻을 수 있고(商 224조, 222조), 사원의 지분에 대한 압류의 효력은 사원이 장래 배당받을 이익인 구체적 배당금청구권과 지분환급청구권에도 미치며(商 223조), 임의청산의 경우에는 사원의 지분에 대한 압류채권자의 동의를 얻도록 하고 있다(商 247조 4항).

(5) 위 기본판례는 X와 E는 총사원의 동의만으로 A회사와의 관계에서는 무한책임사원의 지위를 갖는데, 등기되지 않았으므로 C의 지분을 양수한 Y_1 등에 대하여 무한책임사원임을 주장하지 못한다고 하여 X와 E의 동의가 없는 경우에도 C의 지분이 Y_1들에게 양도된 것은 유효하다고 판시하고 있다. 즉, 이 판결은 합자회사 신입사원(무한책임사원)의 사원으로서의 지위 취득 시점(총사원의 동의시)과 이러한 사원이 등기되지 않은 경우에는 선의의 제 3 자에게 대항하지 못한다는 점(商 37조 1항)을 밝히고 있다. 결국 X와 E가 사원의 등기가 없어도 무한책임사원의 지위를 취득한 것도 유효하고, 또한 X와 E가 사원의 등기가 없기 때문에 그들의 동의가 없어도 Y_1들이 C로부터 지분을 양수하여 무한책임사원의 지위를 취득한 것도 유효하다는 것이다.

따라서 A합자회사는 앞으로 X · E 및 Y_1들의 무한책임사원들이 원칙적으로 각자 회사의 업무를 집행하고 회사를 대표하여야 할 것이다(商 273조, 278조, 269조, 207조).

C. 관련판례

(1) 대판 1989. 11. 28, 88 다카 33626(判商 [158])(합자회사의 〈정관규정에 따라〉 지분권에 대한 명의신탁의 해지에 총사원의 동의를 요한다고 한 경우).

(2) 대판 1989. 5. 23, 88 다카 13516(상법 제224조 제 2 항에서 「담보를 제공한 때」라 함은 담보물권을 설정하거나 보증계약을 체결한 때를 말하는 것이므로, 중첩적 채무인수계약이 압류채권자와의 사이에서 체결되거나 또는 압류채권자가 그 채무인수를 승낙한 때에는 이에 해당한다고 한 경우).

(3) 대판 1971. 10. 25, 71 다 1931(判商 [159])(무한책임사원의 지분은 이를 양도할 수 있다고 한 경우).

(4) 대판 1968. 10. 29, 68 다 1088(判商 [166])(합자회사의 무한책임사원이 채무담보를 위하여 동 회사에 대하여 가진 지분을 양도한 경우에 위 지분양수인은 대외적으로 그 지분권자임을 주장할 수 있는 지위에 있으므로 회사에 대하여 사원변경등기를 청구할 수 있다고 한 경우).

(5) 대판 1962. 5. 3, 4294 민상 1590(합명회사의 사원은 단지 합명회사의 지분을 가졌음에 불과하고 회사재산에 대하여는 직접 아무런 권리가 없으므로 그 재산의 인도를 청구할 수 없다고 한 경우).

D. 관련논점

(1) 합자회사의 (설립)등기에 있어서는 각 사원의 성명 · 주민등록번호 및 주소를 등기하고(商 271조 1항 전단, 180조 1호, 179조 3호) 또한 각 사원의 무한책임 또는 유한책임인 것을 등기하여야 하는데(商 271조 1항 후단), 무한책임사원의 (변경)등기를 하지 않은 경우 그 효력은 어떠한가?

(2) 기본판례에서 A합자회사의 유일한 무한책임사원 B의 사망시 B의 상속인이 B의 지분을 상속할 수 있는가?

(3) 기본판례에서 1991. 1. 30.자 지분양도등기가 유효하기 위하여는 어떠한 절차를 밟았어야 했는가?

(4) 기본판례에서 무한책임사원인 B의 지분 일부를 상속받은 유한책임사원인 C의 경우, 상속받은 일부 지분에 대하여 유한책임사원이 되는가 또는 무한책임사원이 되는가?

제 6 회사대표

A. 기본판례

▣ 대판 1966. 1. 25, 65 다 2128[합자회사의 유한책임사원의 회사대표권을 부정한 경우]

[사실관계]

합자회사 X는 주로 두부 · 콩나물 등 군용부식물을 육군 제 2 훈련소에 납품해 왔다. 이 회사는 출자재산 중 각 900분의 435씩의 지분을 가진 A 및 Y_1인 2명의 무한책임사원과 900분의 30의 지분을 가진 B 및 1명의 유한책임사원으로 구성되었다. 그런데 군납업의 실적을 가진 유한책임사원 B를 형식상 회사대표자로 하여 놓고, 동인(同人)의 인장을 무한책임사원인 위의 A가 소지·행사하여 사실상 회사의 대외·대내적인 제반업무를 집행하였다.

Y_2가 Y_1의 지분을 매수한 후 (실질적인: 저자 주) 회사의 사실상의 대표자인 A에 대하여 자기의 매수지분과 동 A의 지분은 피차 동액이므로 각자의 지분을 교환하자고 요청하면서 만약 불응하는 때에는 회사에 대한 자기의 채권을 행사하겠다고 하였다. 이에 1961. 10. 20. A는 부득이 이를 승낙하고 Y_2가 지분교환에 필요한 서류라고 제시하는 서류를 자세히 검토하지 않고 회사대표자인을 날인하여 주었던바, Y_2는 동 서류를 악용하여 회사 소유의 부동산에 대하여는 동 Y_2명의로 2분의 1 지분 이전등기를 필함과 동시에 그 부동산에 대하여는 X회사와 동 Y_2의 공유보존등기를 하였다. 이에 X회사는 유한책임사원 B 및 무한책임사원 A를 대표자로 하고 Y_1 및 Y_2를 피고로 하여 동 등기는 그 원인을 결한 무효의 등기이므로 소유권이전등기 말소청구의 소를 제기하자, Y_1 · Y_2 등이 B의 X회사의 대표자격에 관한 본안전 항변을 제기하였다.

[판결요지]

상법 제278조에 의하면 합자회사에 있어서 유한책임사원은 회사의 업무집행이나 대표행위를 하지 못한다고 규정하고 있고, 같은 법 제273조에 의하면 무한책임사원은 정관에 다른 규정이 없는 때에는 각자가 회사의 업무를 집행할 권리와 의무가 있다고 규정하는바, 합자회사에 있어서 유한책임사원이 정관 또는 총사원의 동의로써 회사의 대표자로 지정되어 그와 같은 등기까지 경유되었다 하더라도 회사대표권을 가질 수 없다.

따라서 본건에서 유한책임사원인 B는 X회사의 대표권이 없다.

B. 이론요약

(1) 합명회사의 대표기관은 원칙적으로 각 사원인데(자기기관의 원칙)(商 207조 1문), 예외적으로 정관의 규정에 의하여 수 인의 업무집행사원을 정한 경우에는 각 업무집행사원이 대표기관이 되고(商 207조 2문) 또한 이 경우에 정관 또는 총사원의 동의로

업무집행사원 중에서 특히 회사를 대표할 자(대표사원)를 정할 수도 있다(商 207조 3문).

합자회사의 무한책임사원은 원칙적으로 각자가 회사의 업무를 집행할 권리와 의무가 있으므로(商 273조) 대표기관도 원칙적으로 각 무한책임사원이고(商 269조, 207조 1문), 예외적으로 정관의 규정에 의하여 업무집행을 담당하는 각 무한책임사원이 회사를 대표할 수 있는데(商 269조, 207조 2문), 이 경우 정관 또는 총사원의 동의로 업무집행을 담당하는 무한책임사원 중에서 특히 회사를 대표할 자(대표사원)를 정할 수도 있다(商 269조, 207조 3문).

(2) 합자회사에서 유한책임사원은 회사의 업무집행이나 대표행위를 하지 못한다(商 278조). 합자회사에서 정관 또는 내부규정에 의하여 유한책임사원에게 업무집행권을 부여할 수 있는가에 대하여는 상법 제278조를 강행규정으로 보아 이를 부정하는 견해도 있으나, 회사의 업무집행에 관한 사항은 내부관계에 관한 사항이고 또 상법 제278조에서 「업무집행」에 관한 부분은 임의법규라고 볼 수 있으므로 이를 긍정하는 것이 타당하다고 본다. 그러나 유한책임사원은 어떠한 경우에도 합자회사의 대표기관이 될 수 없다고 본다. 즉, 회사의 대표권은 외부관계에 속하는 사항이므로 이에 관한 상법 제278조의 규정은 강행규정이므로, 회사는 정관 · 내부규정 또는 총사원의 동의에 의해서도 이와 달리 정할 수 없다고 본다.

(3) 합자회사의 대표기관이 대표권을 행사하는 방법은 원칙적으로 각자 대표이나(商 269조, 207조), 예외적으로 정관 또는 총사원의 동의로 공동대표를 정할 수 있다(商 269조, 208조).

(4) 합자회사의 대표권이 있는 사원의 대표권의 제한과 상실은 합명회사의 경우와 같다. 즉, 합자회사에서 대표권이 있는 사원과 회사간의 소에서 회사를 대표할 사원이 없는 때에는 다른 사원(무한책임사원 및 유한책임사원) 과반수의 결의로 회사를 대표할 자를 선정하여야 하고(商 269조, 211조), 또한 대표권이 있는 사원이 그 대표권을 행사함에 현저하게 부적임하거나 중대한 업무위반의 행위가 있는 경우에는 사원(유한책임사원을 포함)의 청구에 의하여 법원은 대표권의 상실을 선고할 수 있다(商 269조, 216조, 205조 1항). 그러나 무한책임사원(대표권이 있는 사원)이 1인뿐인 경우에는 그 대표권이 있는 사원의 대표권을 박탈하면 그 회사는 운영을 계속할 수 없게 되므로 대표권상실선고를 법원에 청구할 수 없다고 본다.

C. 관련판례

(1) 대판 1991. 7. 26, 90 다 19206(判商 [162])(무한책임사원과 유한책임사원 각 1인만으로 된 합자회사에 있어서는 한 사원의 의사에 의하여 다른 사원의 제명을 할 수 없다고 한 경우).

(2) 대판 1977. 4. 26, 75 다 1341(判商 [160])(무한책임사원 또는 대표권이 있는 사원이 1인뿐이면 다른 사원은 대표권상실선고를 법원에 청구할 수 없다고 한 경우).

(3) 대판 1972. 5. 9, 72 다 8(判商 [165])(유한책임사원을 대표사원으로 등기하였다고 하여도 대표권을 가질 수 없는데, 그 후 그 유한책임사원을 무한책임사원으로 변경등기하였다면 그는 이 변경등기를 한 때에 대표사원의 자격을 갖게 된다고 한 경우).

D. 관련논점

(1) 기본판례에서 A 및 Y_2는 회사대표권이 있는가?

(2) Y_2가 Y_1의 지분매수를 한 경우, 지분매수의 유효요건 및 대항요건은?

(3) Y_2가 A에 대하여 지분교환을 요청한 사유는?

(4) X회사가 A만을 대표자로 하고 Y_1 및 Y_2를 피고로 하여 소유권이전등기 말소청구의 소를 제기한 경우에는 승소할 수 있는가?

제 7 사원의 책임

A. 기본판례

▣ 대판 1975. 2. 10, 74 다 1727(判商 [164])[퇴사한 합자회사의 무한책임사원의 책임]

[사실관계]

Y는 A합자회사의 무한책임사원이었으나 1971. 8. 19.에 퇴사등기를 하였다. 위 A회사의 소속 운전수인 B가 1971. 8. 5.에 사고를 일으켜 위 A회사는 X에 대해 채무가 발생하게 되었다. 그 후 X는 1973. 8. 3.에 Y에게 위 채무에 대해 변제

를 청구하였다.

이에 대하여 원심은 Y는 X에 대하여 변제책임이 있다고 판시하여, Y가 상고하게 된 것이다.

[판결요지]

상법 제269조 · 제225조에 의하여 퇴사한 합자회사의 무한책임사원은 본점소재지에서 퇴사등기를 하기 전에 생긴 회사채무에 대하여는 등기 후 2년 이내에는 다른 무한책임사원과 동일한 책임이 있는바, 원심이 확정한 사실에 의하면 A회사의 소속운전수 B가 이 사건 사고를 일으킨 것은 1971. 8. 5.로서 이 때에 이 사건 사고로 인한 A회사의 채무는 발생한 것이고, A회사의 무한책임사원인 Y가 퇴사등기를 한 것은 A회사의 위 채무발생 후인 1971. 8. 19.이라는 것이고, X가 Y에 대하여 이 사건 청구를 한 것은 위 Y의 퇴사등기일로부터 2년 내인 1973. 8. 3.임이 기록상 분명하므로 Y는 위 조항에 의하여 다른 무한책임사원과 동일한 책임이 있는 것이며, 이와 같은 취지에서 판단한 원판결에는 합자회사의 무한책임사원의 책임에 관한 법리오해나 심리미진의 위법이 있다 할 수 없다. 또한 A회사에 변제의 자력이 있으며 집행이 용이하다는 사실은 Y가 그의 책임을 면하기 위하여 적극적으로 주장 · 입증하여야 할 사유이므로, 그 주장 · 입증을 하지 않은 Y에 대하여 원심이 이에 관한 석명이나 주장과 입증을 촉구하지 아니하였다 하여 심리미진의 위법을 범한 것이라고는 말할 수 없다. 따라서 논지는 이유 없다.

B. 이론요약

(1) 합명회사의 사원 및 합자회사의 무한책임사원은 회사채권자에 대하여 자기의 전재산으로써 회사채무를 이행하여야 하는 인적 책임을 지고, 사원 상호간에 연대책임을 지며(商 212조, 214조), 회사채무에 대하여 무한책임을 지고, 회사채권자에 대하여 직접 변제할 책임을 지는 직접책임을 진다.

합자회사의 유한책임사원은 회사채권자에 대하여 인적 · 연대 · 유한 · 직접책임을 진다. 이 때 유한책임사원의 유한책임은 그 출자가액에서 이미 이행한 부분을 공제한 가액을 한도로 하는데(商 279조 1항), 회사에 이익이 없음에도 불구하고 배당을 받은 금액은 변제책임을 정함에 있어서 이를 가산한다(商 279조 2항).

(2) 합자회사에서 회사 성립 후에 입사한 무한책임사원은 그가 입사하기 이전에 생긴 회사의 채무에 대하여도 다른 무한책임사원과 동일한 책임을 지고(商 269조, 213조), 무한책임사원이 퇴사하거나 지분을 양도한 경우에도 이에 따른 변경등기를 한 후 2년 내에는 (그러한 등기를 하기 전에 생긴 회사채무에 대하여) 다른 무한책임사원과 동일한 책임을 진다(商 269조, 225조). 합자회사가 해산한 경우에는 본점소재지에서 해산등기 후 5년까지 연장된다(商 269조, 267조 1항). 이 때 2년 또는 5년의 기간은 제척기간으로 거래상대방의 선의 · 악의에 의하여 영향을 받지 않는다(商 37조의 예외).

합자회사에서 유한책임사원의 출자가액이 감소된 경우에, 유한책임사원은 출자가액의 감소에 따른 변경등기 전에 생긴 회사의 채무에 대하여 변경등기 후 2년 내에는 종전의 책임을 진다(商 280조).

합자회사의 정관변경에 의하여 유한책임사원이 무한책임사원으로 변경된 경우에 그 사원은 변경등기 전의 회사채무에 대하여 다른 무한책임사원과 동일한 책임을 지고(商 282조, 213조), 정관변경에 의하여 무한책임사원이 유한책임사원으로 변경된 경우에는 그 사원은 변경등기를 하기 전에 생긴 회사채무에 대하여 변경등기 후 2년 내에는 다른 무한책임사원과 동일한 책임을 진다(商 282조, 225조 1항).

(3) 합자회사의 사원이 부담하는 책임의 내용은 회사의 채무인데, 이러한 회사의 채무에는 공법상의 것이든 사법상의 것이든 모두 포함되고, 또한 사법상의 채무에는 거래에서 생긴 채무뿐만 아니라 불법행위나 부당이득에 의하여 생긴 채무도 포함된다. 그러나 회사가 사원에 대하여 부담하는 채무는 (내부관계에서 각 사원이 손실분담의 비율에 따라 그 사원에게 변제하면 충분하므로) 상법 제212조의 회사의 채무에 포함시킬 필요가 없다고 본다.

(4) 회사채무를 이행한 사원은 변제자의 법정대위에 관한 법리(民 481조)에 의하여 회사에 대하여 구상권을 취득하는데, 이러한 회사에 대한 구상권은 다른 사원에 대한 구상권으로서 다른 사원에 대하여 그 부담부분(이는 손실분담비율에 의함)을 구상할 수 있다(民 425조 1항).

(5) 유한책임사원이 타인에게 무한책임사원이라고 오인시키는 행위를 한 때에는 그 오인으로 인하여 회사와 거래한 자에 대하여 무한책임사원과 동일한 책임을 지고(商 281조 1항), 유한책임사원이 그 책임의 한도를 오인시키는 행위를 한 때에는 오인시킨 한도에서 책임을 진다(商 281조 2항).

C. 관련판례

D. 관련논점

(1) 기본판례에서 Y가 책임을 부담하지 않는 방법은 무엇인가?

(2) 기본판례에서 X가 A합자회사의 무한책임사원인 경우, Y는 X에 대하여 책임을 부담하는가?

(3) 기본판례에서 A합자회사에 대하여 5,000만원을 출자한(이미 이행한 부분은 1,000만원임) 유한책임사원 Z가 있는 경우, X에 대한 A합자회사의 책임이 8,000만원이라면, Y 및 Z의 X에 대한 책임은 어떠한가?

제 3 절 기구변경

제 1 정관변경

제 2 사원변경(입사 · 퇴사)

A. 기본판례

▣ 대판 1991. 7. 26, 90 다 19206(判商 [162])[사원이 2인인 합자회사에서 1인의 결의만으로 다른 무한책임사원을 제명할 수 없다고 본 경우]

[사실관계]

X회사는 택시여객자동차운송사업 등을 목적으로 설립된 합자회사로서 그 사원은 무한책임사원인 Y와 유한책임사원인 A 등 2인의 사원이 존재하는 회사이다. X회사는 Y가 대표사원의 지위에 있으면서 (i) 회사경영을 부실하게 하여 1988. 6.초순경 액면 금 4천 6백 86만 1천 2백원 상당의 약속어음 17매를 부도내고 X회사로 하여금 금 1천만원 이상의 사채를 부담하게 하였으며, (ii) X회사의 직인 및 장부를 은닉하여 업무를 마비시켰고, (iii) X회사의 상무인 S와 지속적인 불륜행위로 회사의 대외적 신용 및 명예를 실추시키는 등 X회사의 직무를 집행함에 있어 부정한 행위를 하였다는 이유로, Y를 제외한 나머지 사원인 A의 결의를 거쳐 상법 제269조, 제220조에 의하여 법원에 Y에 대한 제명선고를 청구하였다.

[판결요지]

상법 제220조 제 1 항, 제269조는 합자회사에 있어서 사원에게 같은 법조 소정의 제명사유가 있는 경우에는 다른 사원 과반수의 결의에 의하여 그 사원의 제명선고를 법원에 청구할 수 있다고 규정하고 있는바, 다른 사원 과반수의 결의란 그 문언상 명백한 바와 같이 제명대상인 사원 이외에 다른 사원 2인 이상의 존재를 전제로 하고 있으므로, 무한책임사원과 유한책임사원 각 1인만으로 된 합자회사에 있어서는 한 사원의 의사에 의하여 다른 사원의 제명을 할 수는 없다고 보아야 할 것이다.

그리고 유한책임사원과 무한책임사원의 2인만으로 된 경우에 그 1인의 제명은 상법 제285조 제 1 항에 의하여 회사가 해산되는 결과가 되는데, 상법 제220조 제 1 항에서 사원의 제명을 인정하는 이유가 회사를 해산상태로 몰고 기지는 것이 아니고 회사의 존속을 도모하여 회사의 해산 및 신설의 불이익을 면하도록 하는 데 있음을 감안하여 볼 때, 한 사람의 의사에 의하여 다른 사원을 제명하는 것을 인정하는 것은 위 취지에 어긋나고 또 제명이란 사원자격을 박탈하는 비상수단이므로 신중한 절차를 요하여야 할 것이라는 제도 자체의 성질에도 합치되며, 그와 같이 해석하지 않으면 소수자에 의하여 회사 내분이 야기될 위험성이 있게 될 것이다.

따라서 유한책임사원인 A와 무한책임사원인 Y 등 2인으로 조직된 합자회사인 X는 위 A의 결의에 의하여 Y의 제명선고를 구할 수는 없을 것이다[이 판결에 반대하는 평석으로는 최기원, 「법률신문」, 제2085호(1991. 12. 16.), 15면 참조].

B. 이론요약

(1) 인적 회사에서 사원변경은 사원자격의 취득과 상실을 의미하는데, 사원자격의 취득에는 원시적 취득(설립행위, 입사)과 승계적 취득(지분의 양수, 상속)이 있고, 사원자격의 상실에는 절대적 상실(해산, 퇴사)과 상대적 상실(지분 전부의 양도, 사망)이 있다.

이 중에서 입사란 「회사성립 후에 사원자격을 원시적으로 취득하는 것」을 말하고, 퇴사란 「회사의 존속중에 특정사원의 사원자격이 절대적으로 소멸되는 것」을 말한다.

(2) 입사는 회사와 입사계약을 요하고, 회사에 대한 새로운 출자를 반드시 요한다.

인적 회사에서 사원은 정관의 절대적 기재사항이고(商 179조 3호, 270조) 또한 등기사항이므로(商 180조, 271조), 총사원의 동의에 의한 정관변경(商 204조, 269조)과 변경등기를 요한다(商 183

(商 ...조, 269조). 입사의 경우에는 회사채권자에 대한 책임을 증가시키므로 채권자보호절차를 밟을 필요는 없다.

(3) 퇴사제도는 인적 회사의 하나의 특색인데, 퇴사에는 임의퇴사 · 강제퇴사 및 당연퇴사가 있다.

정관으로 회사의 존립기간을 정하지 아니하거나 어느 사원의 종신까지 존속할 것을 정한 경우에는 사원은 (영업연도 말에 한하여 또한 6월 전의 예고를 전제로) 일방적 의사표시에 의하여 퇴사할 수 있는데(퇴사권), 이를 임의퇴사라 한다(商 217조).

지분압류권자에 의한 퇴사를 강제퇴사라 한다(商 224조). 이는 강행규정이므로 정관으로 이를 배제하거나 또는 이와 달리 규정할 수 없다.

사원에게 일정한 사유가 있으면 그 사원은 당연히 퇴사하는데, 이를 당연퇴사라 한다(商 218조). 당연퇴사사유 중 제명은 당해 사원의 의사에 반하여 사원자격을 박탈하는 것으로서, 상법은 제명사유 및 제명절차를 엄격하게 규정하고 있다(商 220조, 221조).

퇴사의 효과로서 회사채권자를 보호하기 위한 규정이 있고(商 225조 1항, 269조), 회사와 퇴사원과의 관계에서 퇴사한 사원은 회사에 대하여 지분환급청구권 또는 손실분담금납입의무(商 195조 · 民 719조, 商 222조) 및 상호변경청구권(商 226조)을 갖는다.

C. 관련판례

D. 관련논점

(1) 정관에 의하여 상법 제220조의 법정제명사유를 확장 · 배제 · 제한할 수 있는가?

(2) 기본판례에서 X합자회사가 Y를 제명할 수 없다면, 유한책임사원인 A는 어떠한 조치를 취할 수 있는가?

(3) 합자회사의 성립 후에 사원이 입사한 경우 사원으로서의 지위를 취득하는 시점은 언제이며, 사원이 퇴사한 경우 퇴사의 효력이 발생하는 시점은 언제인가?

제 4 장 유한책임회사

현재까지 적절한 판례가 없어 게재하지 않았으나,
향후 적절한 판례가 있으면 보완할 예정입니다.

제 5 장 주식회사

제 1 절 의 의

제 1 자 본 금

제 2 주 식

제 3 주주의 유한책임

A. 기본판례

▣ 대판 1989. 9. 12, 89 다카 890(判商 [179])[주주의 동의 아래 주주가 회사채무를 분담하는 것을 인정한 경우]

[사실관계]

Y상호신용금고의 대표이사이던 A와 북부산지점장이던 B가 부외거래를 하여 Y금고에 합계 금 3,358,188,000원 상당의 손해를 입히게 되자, Y금고의 전·현직이사이며 대주주이던 X와 C·D·E 등 4인이 위 사태의 수습을 위하여 각 금원을 Y금고에 제공하기로 한 약정에 따라 X가 금 360,000,000원을 지급하였다.

이에 X는 위 약정이 주주유한책임의 원칙에 위배된다고 주장하여 자신이 지급한 금액에 대하여 손해배상청구를 하였다.

이에 대하여 원심은 X의 주장을 배척하여, X가 상고하게 된 것이다.

[판결요지]

(1) 상법 제331조의 주주유한책임은 주주의 의사에 반하여 주식의 인수가액을 초과하는 새로운 부담을 시킬 수 없다는 취지에 불과하고, 주주들의 동의 아래 회사채무를 주주들이 분담하는 것까지 금하는 취지는 아니라 할 것이다.

따라서 원심판결은 수긍이 가고, 반대의 견해에서 주장하는 논지는 이유 없다.

(2) 이 밖에 X가 위 금원을 Y금고에 내놓기로 한 약정은 E와 F의 형사고소로 X가 부산시 경찰국 소속 수사관들에 의하여 조사받는 과정에서 담당수사관과 위 Y들의 협박 또는 강박에 의한 것이라는 X의 주장에 대하여, 원심은 이를 인정하기에 부족하고 믿을 수 없는 원판시 증거들 외에는 달리 이를 인정할 아무런 증거가 없다고 판시하고 있는바, 기록에 비추어 보면 원심의 이러한 조치는 수긍이 가고 거기에 소론과 같은 경험칙이나 조리에 위반한 위법이나 불법행위에 대한 해석을 잘못한 위법이 없다.

또 원심이 X의 위 주장을 인정할 증거가 없다고 본 이상 원심이 부가적으로 판단한 원판시 금원을 Y금고에 내놓기로 한 것이 상호신용금고법 제37조의 3에서 정한 임원 등의 연대책임규정에 의한 것인지의 여부에 관한 판시부분은 판결 결과에 영향이 없는 것이므로 그 판단에 법리오해의 위법이 있다는 논지는 그 당부를 가릴 것 없이 이유 없는 것이다.

B. 이론요약

우리 상법상 주식회사란 「사원(주주)의 출자에 의한 자본금을 가지고, 자본금은 그의 구성단위인 주식에 의하여 분할되며, 사원(주주)은 그가 인수한 주식의 인수가액을 한도로 회사에 대해서만 책임을 지는(유한책임) 회사」이다.

(1) 우리 상법상 자본금은 액면주식의 경우 원칙적으로 「발행주식의 액면총액」이다(商 451조 1항). 이에 대한 예외로 상환주식의 상환(商 345조) 및 배당가능이익으로써 취득한 자기주식의 소각(商 343조 1항 단서)이 있다. (액면주식의 경우) 신주의 할인발행을 하는 경우(商 417조)에는 자본금이 발행주식의 액면총액(商 451조 1항)이라는 개념에는 일치하나, 다만 신주발행에 의하여 회사가 취득하는 재산이 자본금에 미달하게 되는 점이 있을 뿐이다.

(2) 주식회사의 자본금은 액면주식의 경우 주식으로 분할되고 액면주식의 금액은 균일하므로(주식평등의 원칙)(商 329조 2항), 주식은 자본금의 구성단위가 된다. 그러나 무액면주식의 경우에는 주식과 자본금의 관계는 절단된다.

(3) 주주는 회사에 대해서만 그가 가진 주식의 인수가액을 한도로 책임을 지고(출자의무)(商 331조), 그 밖의 회사채권자 등에는 아무런 책임을 지지 않는다. 주식

회사는 이러한 손실의 분산이라는 장점으로 인하여 거대한 자본금을 모을 수 있다.

주주의 이러한 책임은 회사에 대해서만 지는 책임이라는 점에서 간접유한책임이므로, 합자회사의 유한책임사원이 회사채권자에 대하여도 책임을 지는 직접유한책임과 구별된다.

주주의 이러한 유한책임은 주식회사의 본질에 관한 것이므로 정관 또는 주주총회의 결의로 이와 달리 정할 수 없다. 그러나 주주의 이러한 유한책임을 주주가 사후에 포기하는 것은 무방하다.

C. 관련판례

(1) 대판 1990. 9. 11, 90 누 1083(주주유한책임의 원칙은 사법상의 책임에 대하여만 적용되고 공법상의 책임에 대하여는 적용되지 않으므로 주식회사에서 과점주주가 출자자로서 제 2 차 납세의무를 부담하는 때에 이러한 과점주주는 주주유한책임을 주장할 수 없고 회사의 체납세액 전액에 대하여 납세의무를 진다고 한 경우).

(2) 대판 1983. 12. 13, 82 도 735(주주유한책임의 원칙은 주주의 의사에 반하여 주식의 인수가액을 초과하는 새로운 부담을 시킬 수 없다는 취지에 불과하고, 주주들의 동의 아래 회사채무를 주주들이 분담하는 것까지 금하는 취지는 아니라고 한 경우).

D. 관련논점

(1) 주식회사의 주주의 책임과 합자회사의 유한책임사원의 책임 · 유한책임사원의 책임 및 유한회사의 사원의 책임이 다른 점?

(2) 주주의 개별적인 동의나 포기 없이 주주의 유한책임을 부인하는 이론?

(3) 1인(주식)회사의 경우 유한책임을 제한하는 입법례?

제 2 절 설 립

제 1 발 기 인

A. 기본판례

▣ 대판 2000. 1. 28, 99 다 35737(判商 [168])[발기인 중 1인이 회사의 설립을 추진중에 행한 불법행위가 외형상 객관적으로 성립 후 회사의 대표이사로서의 직무와 밀접한 관련이 있다고 보아 회사의 불법행위책임을 인정한 경우]

[사실관계]

X는 1993. 11. 29. W주식회사에게 금원을 대여하면서 그 대여금반환채권을 담보하기 위하여 W회사와의 사이에 W회사 소유의 기계(크라샤)에 관하여 양도담보계약을 체결하고 점유개정의 방식에 의하여 이를 인도받았다. 그런데 1994. 4. 경 W회사가 거래은행으로부터 거래정지처분을 당하자 이 사건 기계에 대하여 A 등은 유체동산 가압류 또는 압류집행을 실시하였고, 이에 X가 A 등을 상대로 X가 이 사건 기계의 양도담보권자임을 원인으로 그 각 집행의 배제를 구하는 제 3 자의 이의의 소를 제기하였다. 이 소송절차가 진행되던 중 그 사건의 피고들 중 1인인 L이 X에게 자신이 이 사건 기계의 보관장소를 본점소재지로 하여 건축폐자재처리업을 주된 영업목적으로 하는 회사를 설립중에 있다고 하면서 회사가 설립되면 같은 회사에서 X로부터 이 사건 기계를 매입 또는 임차한 후 이를 건축폐기물 파쇄용으로 활용하여 그 사업을 영위하고 거기에서 나오는 영업이익금으로 X의 손해액(W회사에 대여한 금원)을 순차로 전액 보전해 주겠다고 제의하자 X는 이를 승낙하고 L과 사이에 같은 해 7. 26. 이 사건 기계를 공동소유하기로 약

정하고 그 무렵 제 3 자 이의의 소를 취하하였다. L은 같은 달 28일 건축폐자재 중간집하장 및 재활용업 등을 목적으로 하는 Y회사를 설립하면서 그 공동대표이사 중 1인으로 선임되어 선임등기를 마쳤는데, 그 후 같은 해 11. 18.에 이르러 다른 공동대표이사인 J가 사임하고 공동대표이사에 관한 규정이 폐지됨에 따라 단독으로 Y회사를 대표할 수 있는 대표이사가 되었다가 1995. 3. 15. 그 대표이사직을 사임하고 같은 날 사임등기를 마치었다. L은 1994. 7. 11. 이 사건 기계의 보관장소를 본점소재지 겸 영업장소로 사용할 목적으로 당시 아직 설립등기를 마치지 못하여 설립중의 상태에 있던 Y회사를 대표하여 그 개업준비행위의 일환으로 이 사건 기계의 보관장소인 잡종지 소유자인 S 외 5인으로부터 그 잡종지 5,000평을 임차하였고, Y회사의 설립절차가 완료된 이후에도 위의 토지상에 Y회사의 컨테이너박스로 된 사무실을 설치하고 그 곳에서 Y회사의 영업목적인 사업을 영위하는 데 필요한 여러 가지 업무를 수행하였다. 그런데 L이 Y회사를 설립하고 공동대표이사로 선임된 이후에 X와의 이 사건 기계의 보관 등에 관한 종전 합의내용을 부인하자 X도 L과의 그 합의를 파기하겠다는 의사를 통보하였고, 이에 Y회사는 같은 해 11. 24. X에게 같은 해 12. 15.까지 이 사건 기계를 다른 장소로 이전하지 않으면 이를 임의 처분하겠다는 내용의 최고서를 보내자, X는 1995. 1. 12. 다시 L 등을 공동피고로 하여 제 3 자 이의의 소를 제기하여 같은 해 6. 15. 승소판결을 받았고 그 무렵 위 판결이 확정되었다. 한편 L은 Y회사가 W회사로부터 이 사건 크라샤를 양수하였다고 주장하는 W회사의 채권자 P 및 W회사 근로자 등과 함께 이 사건 크라샤를 처분하기로 합의하고 1994. 12. 31. H에게 이를 대금 4,000만원에 매각하였고, 이어 H는 그 무렵 이를 인도받아 타에 처분하였다. 이에 X는 Y회사와 H를 공동피고로 하여 불법행위에 기한 손해배상을 청구하는 소를 제기하였다.

이에 대하여 원심(서울고법)은 X의 청구를 인정하여, Y회사가 상고하게 된 것이다.

[판결요지]

설립중의 회사가 성립하기 위하여는 정관이 작성되고 발기인이 적어도 1주 이상의 주식을 인수하였을 것을 요건으로 하는바(대판 1998. 5. 12, 97 다 56020 참조), L이 1994. 7. 11.

Y회사의 개업준비행위의 일환으로 이 사건 기계의 보관장소인 잡종지 5,000평을 임차할 당시 설립중인 회사의 정관이 작성되고 발기인이 적어도 1주 이상의 주식을 인수하였다는 점에 관한 증거를 전혀 찾아볼 수 없으므로, 원심의 인정사실 중 L이 1994. 7. 11. 「설립중의 회사의 상태에 있던 Y회사를 대표하여」 그 잡종지 5,000평을 임차하였다는 부분은 증거 없이 사실을 인정한 잘못이 있다 할 것이다. 그러나 한편 원심은 L이 설립중인 회사를 대표하여 행한 토지 임차행위의 법률상 효력이 Y회사에게 그대로 귀속되었다고 보아 Y회사의 불법행위책임을 인정한 것이 아니라, 단지 L의 이 사건 기계의 처분행위에 관하여 Y회사의 대표이사로서의 직무관련성을 인정하기 위한 간접사실 내지 정황사실의 일부로서 그와 같은 사실을 인정하고 있는 것에 불과하므로, 설령 그 당시 Y회사가 설립중의 회사로서의 실체를 갖추고 있지 아니하였고, 따라서 L이 설립중의 회사를 대표할 여지가 없었다 하더라도 적어도 그 당시 L이 발기인의 한 사람으로서 Y회사의 설립을 추진중에 있었음을 알 수 있으므로, 그와 같은 사실에 나머지 제반 사정을 종합하여 볼 때 L의 이 사건 기계의 보관 및 처분행위는 L이 위 잡종지 5,000평을 임차할 당시 Y회사가 설립중의 회사로서의 실체를 갖추고 있었는지의 여부 또는 L이 설립중의 회사를 대표하여 그 토지를 임차하였는지의 여부에 관계 없이 이 행위의 외형상 객관적으로 Y회사의 대표이사로서의 직무와 밀접한 관련이 있다고 보이므로, 원심의 위에서 본 바와 같은 사실인정과정상의 잘못은 Y회사의 불법행위책임을 인정함에 영향을 준 바 없다. 따라서 같은 취지의 원심의 인정·판단은 정당하고, 거기에 채증법칙에 위배하여 사실을 잘못 인정하였거나 설립중의 회사에 관한 법리 및 대표이사의 불법행위로 인한 주식회사의 손해배상책임에 관한 법리를 오해한 위법은 없다.

L이 명의만을 개인 명의로 하여 이 사건 기계를 취득하고 처분하였다고 하여 위의 직무집행관련성을 부정할 것은 아니다.

B. 이론요약

(1) 주식회사의 설립에서 발기인은 실질적으로는 「회사의 설립사무에 종사한 자(promoter)」이고, 형식적으로는 「정관에 발기인으로 기명날인 또는 서명을 한 자(incorporator)」(商 289조 1항)이다. 발기인은 법률상으로는 형식적인 면에서 파악되

어 그의 권한과 책임이 부여된다.

이러한 발기인은 대외적으로는 설립중의 회사의 기관으로서 활동하며, 대내적으로는 발기인조합의 구성원으로서 회사의 설립사무에 종사한다.

(2) 발기인의 권한에 대하여 우리나라에서는 (i) 회사의 설립 그 자체를 직접적 목적으로 하는 행위만을 할 수 있으므로 개업준비행위는 제외된다는 견해(제1설), (ii) 회사의 설립을 위하여 법률상·경제상 필요로 하는 모든 행위를 할 수 있으나 개업준비행위는 제외된다는 견해(제2설), (iii) 회사의 설립에 필요로 하는 법률상·경제상의 모든 행위를 할 수 있으므로 개업준비행위가 포함된다는 견해(제3설)가 있다. 생각건대 제3설이 타당하다고 본다. 제3설에 의하는 경우 개업준비행위의 하나인 발기인의 재산인수(商 290조 3호)는 원래 발기인의 권한에 속하는 행위이나, 이는 특히 위험성이 많으므로 이의 남용을 방지하기 위하여 상법이 변태설립사항의 하나로 규정하여 정관에 규정하여야 그 효력이 있는 것으로 하고 있다(商 290조 3호).

(3) 발기인의 의무로는 주식인수의무(商 293조)·의사록작성의무(商 297조) 등이 있고, 발기인의 책임으로는 주식의 인수 및 납입담보책임(商 321조)·임무를 게을리함으로 인한 손해배상책임(商 322조) 등이 있다.

(4) 발기인이 2인 이상인 경우에는 회사의 설립을 목적으로 하는 계약이 있는 것이 일반적인데, 이러한 계약에 의하여 발기인조합(민법상의 조합)이 성립하고, 주식회사의 설립절차는 이러한 발기인조합의 업무집행으로 진행된다. 발기인조합의 업무집행으로 정관이 작성되고 발기인이 1주 이상의 주식을 인수한 때에는 설립중의 회사가 성립하는데(통설·판례), 발기인조합과 설립중의 회사는 회사의 성립시(설립등기시)까지 병존한다.

(5) 위의 기본판례상 대법원판결의 내용 중 설립중의 회사의 성립시기에 관한 판시내용에는 찬성하나, 설립중의 회사의 성립 전에 발기인 개인 명의로 한 행위와 관련하여 성립 후의 회사의 불법행위로서 직무관련성을 인정하여 성립 후의 회사가 불법행위책임을 진다고 한 판시내용에는 의문이 있다[이 판결에 관한 상세한 평석으로는 정찬형, “설립중의 회사의 성립시기와 불법행위책임,” 「고려법학」(고려대 법학연구원), 제36호(2001), 295~322면 참조].

C. 관련판례

(1) 대판 1992. 2. 14, 91 다 31494(判商 [175])(모집설립을 가장한 발기설립을 무효로 한 경우).

(2) 대판 1970. 8. 31, 70 다 1357(判商 [171])(발기인 대표가 성립 후의 회사를 위하여 자동차조립계약을 체결한 것은 〈발기인 대표 개인 명의로 되어 있다 하더라도〉 발기인 대표로서 회사설립사무의 집행인으로서 위 계약을 체결한 것으로 회사에 책임이 있고, 이는 상법 제290조의 각 호에 해당되지 않는다고 한 경우).

D. 관련논점

(1) 발기인은 성립 후의 회사를 위하여 회사의 설립중에 원자재를 구매할 수 있는가?

(2) 자본금 총액이 10억원 미만인 주식회사의 설립절차상의 특색은 무엇인가?

(3) 발기인과 발기인조합 및 설립중의 회사와의 관계?

제 2 설립중의 회사

A. 기본판례

▣ 대판 1998. 5. 12, 97 다 56020(判商 [169])[설립중의 회사의 행위가 될 수 없다고 본 경우]

[사실관계]

X회사의 발기인대표 A와 Y 사이에 1988. 10. 4.자 이 사건 임야의 매매계약이 체결되고, A가 X회사에게 1988. 12. 30.에 이 임야를 다시 매도하였는데, X회사의 정관은 1989. 1. 11.에 비로소 작성되었다. 이 때 X회사는 Y에 대하여 이 사건 임야의 소유권이전등기를 청구하였다. 이에 대하여 원심은 X회사의 청구를 배척하여 X회사가 상고하게 된 것이다.

[판결요지]

X회사의 발기인 대표였던 A와 Y 사이에 체결된 이 사건 1988. 10. 4.자 약정

의 효력이 X회사에게 귀속되었음을 이유로 한 X회사의 이 사건 청구에 대하여, 원심은 발기인이 회사 설립을 위하여 취득하고 부담한 권리의무는 그 실질에 따라 회사의 설립과 동시에 회사에 귀속되는 것이지만, 설립중의 회사는 정관이 작성되고 발기인이 적어도 1주 이상의 주식을 인수하였을 때 비로소 성립하는 것이고, 이러한 설립중의 회사로서의 실체가 갖추어지기 이전에 발기인이 취득한 권리의무는 구체적인 사정에 따라 발기인 개인 또는 발기인 조합에 귀속되는 것으로서, 이들에게 귀속된 권리의무를 설립 후의 회사에게 귀속시키기 위하여는 양수나 계약자 지위인수 등의 특별한 이전행위가 있어야 할 것이라고 전제한 다음, X회사의 정관이 1989. 1. 11. 비로소 작성된 사실에 근거하여, 이 사건 약정 당시에 X회사는 설립중의 회사로서의 실체를 갖추지 못하고 있었으므로 위 약정에 따른 권리의무는 A 개인이나 발기인 조합에 귀속되고, 이를 X회사에게 귀속시키기 위해서는 특별한 이전행위가 있어야 할 것인데, 이 사건 약정 당시 A와 Y 사이에 X회사가 설립되면 이 사건 계쟁 부분에 관한 소유권이전등기는 법인 명의로 경료하기로 하는 취지의 약정이 있었다는 X회사의 주장을 증거가 없다는 이유로 배척하고, 나아가 A가 X회사가 설립된 후에 1988. 12. 30. 이 사건 임야를 X회사에게 다시 매도한 사실은 인정되지만 그와 같은 양도에 대하여 Y가 동의하였음을 인정할 증거가 없으므로, 관계당사자 전원의 중간생략등기의 합의가 있었음을 전제로 한 X회사의 주장 역시 이유가 없다고 판단하여 X회사의 Y에 대한 이 사건 청구를 배척하였는바, 관련증거들을 기록과 대조하여 검토하여 보면 원심의 위와 같은 사실인정과 판단은 모두 정당하고, 거기에 논지가 주장하는 바와 같은 법인설립과정에서의 법리를 오해하였거나 사실을 오인한 위법이 있다고 할 수 없으므로, 이 부분 논지는 이유가 없다.

B. 이론요약

(1) 설립중의 회사란 「회사의 성립(설립등기) 이전에 어느 정도 회사로서의 실체가 형성된 미완성의 회사」를 말한다. 이러한 설립중의 회사의 성립시기는 「정관이 작성되고 발기인이 1주 이상의 주식을 인수한 때」이고(통설 · 판례), 그 법적 성질은 「권리능력이 없는 사단」이라고 볼 수 있다(통설 · 판례).

설립중의 회사의 개념은 설립과정에서 생긴 발기인 내지 설립중의 회사의 기관이 취득한 권리의무가 성립 후의 회사에 이전되는 관계를 설명하기 위하여 인정된 것으로, 대륙법계의 회사법에서 입법상 또는 강학상 인정되는 개념이다.

(2) 설립중의 회사의 기관으로는 의결기관으로 창립총회(모집설립에 있음)(商 308조 2항, 309조), 업무집행기관으로 발기인(商 288조, 291조), 감사기관으로 이사 · 감사(商 296조, 298조, 312조, 313조)가 있다.

(3) 설립중의 회사의 법적 성질을 권리능력이 없는 사단이라고 보면, 설립중의 회사의 명의로 취득한 권리의무는 설립중의 회사에 총유(또는 준총유)의 형식으로 귀속하였다가(民 275조, 278조) 성립 후의 회사에 별도의 이전행위 없이 귀속하게 된다(통설). 그런데 이 경우 발기인의 권한남용에 따른 성립 후의 회사의 보호의 문제가 있으므로 발기인의 행위의 효력이 성립 후의 회사로 이전되기 위하여는 (i) 발기인은 형식적인 면에서 설립중의 회사의 명의로 행위를 하여야 하고, (ii) 발기인은 실질적인 면에서 그의 권한범위 내에서 행위를 하여야 한다.

(4) 발기인이 그의 권한범위 외의 행위(또는 정관에 기재하지 않고 한 재산인수)를 한 경우, 성립 후의 회사가 추인할 수 있는지 여부, 추인할 수 있다고 보면 어떠한 방법으로 추인할 수 있는가의 문제가 있다.

발기인의 권한범위 외의 행위(또는 정관에 기재하지 않고 한 재산인수)를 성립 후의 회사가 추인할 수 있는지 여부에 대하여, 이를 인정하는 실정법상의 근거도 없고 또한 이를 인정하면 상법 제290조(변태설립사항)의 탈법행위를 인정하는 결과가 된다는 등의 이유로 이를 부정하는 견해도 있으나, 민법 제130조 이하의 무권대리행위의 추인에 의하여 긍정하는 것이 타당하다고 본다. 또 발기인의 이러한 행위가 회사에 폐해가 없다면 (더 나아가 회사가 하고자 했던 것이라면) 그 추인을 부정할 이유가 없다고 본다.

발기인의 권한범위 외의 행위를 성립 후의 회사가 추인할 수 있다고 본다면, 성립 후의 회사는 사후설립에 관한 규정(商 375조)을 유추적용하여 주주총회의 특별결의로써 이를 추인할 수 있다고 본다.

(5) 위 기본판례의 경우, 대법원은 X회사가 이 임야를 취득한 것은 설립중의 회사로서 취득한 것도 아니고 또한 X회사가 A로부터 이 사건 임야를 양수함에 있어서 Y가 동의하지도 않아 정당하게 양도절차를 취한 것도 아니므로 X회사는 이 임야를 정당하게 취득하지 못하여 X회사의 Y에 대한 이 사건 임야의 소유

권이전등기청구는 이유 없다고 판단하였는데, 설립중의 회사의 권리취득에 관한 통설 · 판례에 비추어 타당하다고 본다.

C. 관련판례

(1) 대판 1994. 1. 28, 93 다 50215(설립중의 회사로서의 실체가 갖추어지기 이전에 발기인이 취득한 권리의무는 구체적 사정에 따라 발기인 개인 또는 발기인조합에 귀속되는 것으로서 그들에게 귀속된 권리의무를 성립 후의 회사에 귀속시키기 위하여는 양수나 재산인수 등의 특별한 이전행위가 있어야 한다고 한 경우〈X회사의 설립등기일은 1983. 4. 16.인데 이 사건 부동산의 매수일자는 1982. 11. 30.이므로 X회사가 설립되지 않았고 또한 설립중의 회사에도 해당하지 아니하므로 X회사가 그 설립준비위원인 L의 친형 J명의로 부동산을 매수하고 그 대금을 지급하였다고 하더라도 X가 Y에 대하여 소유권이전등기신청을 할 수 없으므로 원심을 파기함〉).

(2) 대판 1990. 12. 26, 90 누 2536(발기인이 취득한 권리의무를 성립 후의 회사에 귀속시키기 위하여는 권리의 양수나 채무의 인수 등의 특별한 이전행위가 있어야 한다고 본 경우〈A회사 자금으로 이 사건 토지매입자금을 입금하고 A회사의 설립등기 후에 이 토지의 정지작업을 하였다는 사실만으로 A회사가 발기인 X로부터 이 토지를 매수하였다고 볼 수 없으므로 X에 대한 방산세무서장 Y의 양도소득세 부과처분은 부당함〉).

D. 관련논점

(1) 설립중의 회사의 능력

(2) 설립중의 회사가 제 3 자에 대하여 부담하는 채무에 대하여는 누가 책임을 지는가?

(3) 설립중의 회사의 권리의무를 성립 후의 회사가 포괄승계한 결과, 회사의 성립시(설립등기시)에 채무초과가 큰 경우 회사의 채권자를 보호하기 위한 조치가 있는가?

(4) 발기인의 권한범위 외의 행위(또는 정관에 기재하지 않고 한 재산인수)를 성립 후의 회사가 추인할 수 있는가?

제 3 변태설립사항

A. 기본판례

▣ 대판 1992. 9. 14, 91 다 33087(判商 [172])[상법 제290조 제 3 호의 재산인수에 해당하여 정관에 기재되지 않는 한 무효라고 하더라도, 이것이 동시에 상법 제375조의 사후설립에 해당하면 주주총회의 특별결의에 의한 추인으로 유효라고 본 경우]

[사실관계]

망 A는 자신이 소유하고 있던 토지를 이용하여 축산업 등을 경영하기 위하여 1968. 7.경 자신의 동생인 B와 C · D에게 자신 소유의 토지에 대하여 축산업과 기타 부대사업을 추진하는 일체의 권한을 위임한다는 내용의 위임장을 교부하면서 그 사업자금을 투자할 동업자를 물색할 것을 의뢰하였고, 그 후 E는 위 B 등을 통하여 위와 같은 사업에 대한 투자를 권유받고 위 A 등과 수차례 협의한 끝에 1969. 2.경 A와 E는 위 사업을 공동으로 추진하기로 하고 이를 위하여 축산업 등을 목적으로 하는 주식회사 형태의 X개발주식회사를 설립하기로 합의하였으며, 위 회사의 자본금은 설립 당시 액면 금 1천원의 주식 1만주를 발행하여 금 1천만원으로 정하고, 그 자금출자는 E가 현금 5백만원을 출자하고 위 A가 위 위임장에 제시한 토지들을 금 5백만원으로 평가하여 현물로 투자하기로 하되, 위 토지들을 투자함에 있어 상법상 현물출자의 방식을 취하려면 회사정관에 기재하여야 하고 시가감정을 하여야 하는 등 법적 절차가 복잡하고 시간과 비용도 상당히 소요되므로, 일단 E가 자본금 1천만원을 현금으로 전액 출자하여 X회사를 설립한 다음 X회사에서 A가 현물로 투자하기로 한 위 토지들을 금 5백만원에 매수하는 방식을 취하되, 그 매매대금 상당인 금 5백만원을 A에게 지급하는 대신 위 자본금 중 A 부담부분까지 출자한 E가 위 출자금 중에서 금 5백만원을 되찾아가기로 약정하였다. 위와 같은 약정에 따라 같은 해 3. 5. E의 출자에 의하여 A · E 등이 발기인으로서 주식을 인수하고, 3. 7. 창립총회 및 이사회를 개최하여 E를 대표이사로 선임한 후 회사의 설립등기까지 마쳤다.

회사설립절차가 완료된 후인 3. 10. A로부터 동인(同人)이 현물로 투자하기로 한 토지들의 목록과 등기부등본 등을 제시받아 A가 요구하는 위토 등 일부 토지는 제외하기로 하여 X회사가 매수할 부동산목록을 작성하였고, 그 다음 날인 3. 11. 위 부동산목록을 첨부한 부동산매매계약서 및 등기서류인 위임장 · 매도증서 등을 각 작성하였다. 그 후 위 매매계약에 따른 등기과정에서 위 매매목적인 토지 중 약 250정보가 그 이전에 이미 제 3 자에게 처분된 사실이 밝혀짐에 따라 나머지인 약 750정보의 토지에 대하여만 3. 17.부터 8. 6.까지 사이에 X회사 명의로 각 소유권이전등기를 경료하였다. 이 때 X회사는 이 매매계약과 관련하여 총주식 1만주 중 과반수가 넘는 6천주가 출석한 임시주주총회에서 출석주주 전원의 찬성으로 이 사건 매매계약을 승인한다는 결의를 하였다.

A가 사망한 후 그의 상속인인 Y에 대하여 X회사가 매매계약에 따른 채무불이행분의 이행을 청구하자, Y는 이 사건의 매매계약은 재산인수에 해당하는데 이에 대하여 정관에 기재가 없으므로 무효라고 주장하였다.

이에 대하여 원심은 이 매매계약이 재산인수이므로 무효라고 하는 Y의 주장은 이유 없다고 배척하고, X회사가 A로부터 자본금의 2분의 1에 해당하는 금 5백만원에 매수한 것도 상법상의 사후설립에 해당되는데, 이에 관하여는 사전에 주주총회의 특별결의는 없었으나 계약체결 이후 그 계약을 추인하는 주주총회의 특별결의는 있었으므로 그 매매계약은 유효하다고 판시하였다. 따라서 Y가 상고하게 된 것이다.

[판결요지]

(1) 상법 제290조 제 3 호는 변태설립사항의 하나로서 회사성립 후에 양수할 것을 약정한 재산의 종류 · 수량 · 가격과 그 양도인의 성명은 정관에 기재함으로써 그 효력이 있다고 규정하고 있고, 이 때에 회사의 성립 후에 양수할 것을 약정한다 함은 이른바 재산인수로서 발기인이 회사의 성립을 조건으로 다른 발기인이나 주식인수인 또는 제 3 자로부터 일정한 재산을 매매의 형식으로 양수할 것을 약정하는 계약을 의미한다고 할 것이고, 아직 원시정관의 작성 전이어서 발기인의 자격이 없는 자가 장래 성립할 회사를 위하여 위와 같은 계약을 체결하고 그 후 그 회사의 설립을 위한 발기인이 되었다면 위 계약은 재산인수에 해당하고 정관에 기재가 없는 한 무효라고 할 것이다.

(2) A와 E가 공동으로 축산업 등을 목적으로 하는 회사를 설립하기로 합의

하고 A는 부동산을 현물로 출자하고 E는 현금을 출자하되, 현물출자에 따른 번잡함을 피하기 위하여 회사의 성립 후 X회사와 A간의 매매계약에 의한 소유권이전등기의 방법에 의하여 위 현물출자를 완성하기로 약정하고 그 후 회사설립을 위한 소정의 절차를 거쳐 위 약정에 따른 현물출자가 이루어진 것이라면, 위 현물출자를 위한 약정은 그대로 상법 제290조 제 3 호가 규정하는 재산인수에 해당한다고 할 것이어서 정관에 기재되지 아니하는 한 무효라고 할 것이나, 위와 같은 방법에 의한 현물출자가 동시에 상법 제375조가 규정하는 사후설립에 해당하고 이에 대하여 주주총회의 특별결의에 의한 추인이 있었다면 회사는 유효하게 위 현물출자로 인한 부동산의 소유권을 취득한다.

따라서 X회사의 이 사건 토지들에 관한 소유권이전등기는 사후설립으로서 유효하다고 할 것이므로, 원심의 결론은 정당하고 논지는 이유 없다[이 판결에 반대하는 취지의 평석으로는 정진세, 「법률신문」, 제2250호(1993. 9. 20.), 15면 참조].

B. 이론요약

(1) 변태설립사항이란 정관의 상대적 기재사항 중, 회사의 설립시에 자본금 충실을 기하기 위하여 반드시 정관에 기재하여야만 그 효력이 있는 것으로 상법 제290조가 규정하고 있는 사항이다. 이에는 발기인이 받을 특별이익(商 290조 1호), 현물출자(商 290조 2호), 재산인수(商 290조 3호), 설립비용 등(商 290조 4호)이 있다.

(2) 발기인이 받을 「특별이익」이란(商 290조 1호) 발기인의 회사설립에 대한 공로로서 발기인에게 부여되는 이익을 말하는데(예컨대, 이익배당 · 잔여재산분배 · 신주인수에 대한 우선권 · 회사제품의 판매권 부여 등), 자본금 충실의 원칙에 반하는 이익(예컨대, 무상주의 교부) · 주주평등의 원칙에 반하는 이익(예컨대, 의결권에 대한 특혜) 또는 단체법의 원칙에 반하는 이익(예컨대, 이사의 지위 약속) 등은 이에 포함되지 않는다.

(3) 주식회사에서는 원칙적으로 금전출자이나, 예외적으로 현물출자가 가능하다. 현물출자에 관한 사항을 상법이 변태설립사항으로 규정한 것은(商 290조 2호) 현물출자되는 재산이 과대평가되어 회사설립시부터 자본금에 결함이 생겨 회사채권자를 해하는 것을 방지하기(즉, 자본금 충실을 기하기) 위해서이다.

(4) 재산인수란 「발기인이 설립될 회사를 위하여 회사의 성립을 조건으로

하여 발기인이나 주식인수인 또는 제 3 자로부터 일정한 재산을 매매의 형식으로 양수할 것을 약정하는 계약」을 말한다.

재산인수는 현물출자의 탈법행위로 악용되는 것을 방지하기 위하여 상법이 변태설립사항으로 규정한 것이고(商 290조 3호), 또 재산인수의 탈법행위로 악용되는 것을 방지하기 위하여 상법은 다시 사후설립(商 375조)에 대하여 규정하고 있다. 이 때 현물출자는 단체법상의 출자행위이나 재산인수는 개인법상의 거래행위라는 점에서 양자는 근본적으로 구별되고, 재산인수는 회사성립 전의 계약이나 사후설립은 회사성립 후의 계약이라는 점에서 양자는 근본적으로 구별되고 있다.

(5) 회사가 부담할 설립비용과 발기인이 받을 보수액은 변태설립사항인데(商 290조 4호), 「회사가 부담할 설립비용」이란 발기인이 회사의 설립을 위하여 지출한 비용(예컨대, 정관·주식청약서 등의 인쇄비 등)을 말하고, 「발기인이 받을 보수액」은 발기인이 회사의 설립사무에 종사한 노동의 대가를 말하는 것으로서 이는 「발기인이 받을 특별이익」(商 290조 1호)과 구별된다.

정관에 기재하지 않거나 기재액을 초과하여 지출한 설립비용은 발기인 자신이 부담하여야 한다. 이 경우 제 3 자에 대한 관계에서는 설립중의 회사(또는 성립 후의 회사)가 먼저 전액 지급하고, 정관에 규정되지 않은 설립비용 등은 내부관계에서 회사가 이를 추인하지 않는 한 발기인에게 구상할 수 있다고 본다.

C. 관련판례

(1) 대판 1994. 5. 13, 94 다 323(상법 제290조 제 3 호 소정의 「회사성립 후에 양수할 것을 약정」한다 함은 회사의 변태설립의 일종인 재산인수로서 발기인이 설립될 회사를 위하여 회사의 성립을 조건으로 다른 발기인이나 주식인수인 또는 제 3 자로부터 일정한 재산을 매매의 형식으로 양수할 것을 약정하는 계약을 의미하므로, 당사자 사이에 회사를 설립하기로 합의하면서 그 일방은 일정한 재산을 현물로 출자하고 타방은 현금을 출자하되, 현물출자에 따른 번잡함을 피하기 위하여 회사의 성립 후 회사와 현물출자자 사이의 매매계약에 의한 방법에 의하여 위 현물출자를 완성하기로 약정하고 그 후 회사설립을 위한 소정의 절차를 거쳐 위 약정에 따른 현물출자가 이루어진 것이라면, 위 현물출자를 위한 약정은 그대로 위 법조가 규정하는 재산인수에 해당한다고 할 것이어서 정관에 기재되지 아니하는 한 무효라고

본 경우〈광업권에 관한 Y회사 명의의 위 각 광업권 이전등록의 말소를 구하는 X의 청구를 인용한 원심은 정당함〉).

(2) 대판 1989. 2. 14, 87 다카 1128(L과 X회사 사이의 토지매매가 현물출자에 관한 상법상의 규제를 회피하기 위한 방편으로 행하여져 무효인지의 여부를 가리기 위하여는, 그 매매행위가 회사의 성립 전에 발기인들에 의하여 이루어진 재산인수(商 290조 3호)인지 아니면 회사가 성립된 후에 회사의 대표이사에 의하여 이루어진 사후설립(商 375조)인지를 심리 · 확정한 후에 그것이 유효요건을 갖추었는지 여부를 심리하여 그 유 · 무효를 판단하여야 하는데, X회사와 L 사이의 이 사건 토지들에 대한 매매의 유효 여부가 다루어지고 있는 이 사건에서 원심이 위 매매 자체의 법률적 성질과 유효요건의 구비 여부를 심리하지도 아니한 채 단지 위 매매에 이르게 된 경우에 불과한 L과 E 사이의 현물출자의 합의와 관련하여서만 심리한 후 만연히 위 매매가 유효라고 판단하였음은 상법상 현물출자에 관한 법리를 오해한 위법이 있다고 한 경우〈L과 X회사와의 이 사건 토지매매가 상법상 현물출자에 관한 규정을 회피하기 위한 방편으로 행하여진 것으로 무효라는 Y의 주장도 받아들일 수 없다고 함〉).

D. 관련논점

(1) 정관에 기재하지 않고 한 변태설립사항을 성립 후의 회사가 추인할 수 있는가?

(2) 회사의 제 3 자에 대한 설립비용을 발기인이 지급하지 않은 경우, 성립 후의 회사와 발기인 중 누가 이를 부담하는가?

(3) 변태설립사항에 대한 상법상 규제에는 무엇이 있는가?

제 4 주식인수절차(타인명의에 의한 주식인수)

A. 기본판례

▣ 대판 2004. 3. 26, 2002 다 29138(判商 [180])[가장납입에 의한 주금납입을 유효로 보고, 실질설에 의하여 명의차용인을 주주로 인정하면서 그에게 회사에 대한 주금상환채무가 있다고 본 경우]

[사실관계]

A회사의 명의주주인 Y_1이 주금납입의무가 있는지 여부 및 A회사의 평이사인 Y_2가 공동대표이사인 B · C의 주금 가장납입에 대하여 제 3 자인 X(주금액에 대하여 전부 받은 자) 및 A회사에 대한 책임이 있는지 여부가 문제되었다.

[판결요지]

(1) 피고(명의주주인 Y_1)의 주금상환의무의 점에 대한 판단

상법 제332조 제 2 항은 「타인의 승낙을 얻어 그 명의로 주식을 인수한 자는 그 타인과 연대하여 납입할 책임이 있다」라고 규정하고 있는바, 이는 주식회사의 자본금 충실을 기한다는 취지에서 주금의 납입을 완료하기 전에 실질상 주주인 명의차용자와 외관을 창출한 명의대여자 모두에게 주금납입의 연대책임을 부과하는 규정이라고 할 것이고, 따라서 주금납입이 완료된 경우에는 위 규정이 적용되지 않는다고 할 것이다.

주식회사를 설립하면서 일시적인 차입금으로 주금납입의 외형을 갖추고 회사 설립절차를 마친 다음 바로 그 납입금을 인출하여 차입금을 변제하는 이른바 가장납입의 경우에도 주금납입의 효력을 부인할 수는 없다고 할 것이어서 주식인수인이나 주주의 주금납입의무도 종결되었다고 보아야 할 것이고(대판 1998. 12. 23, 97 다 20649 참조), 한편 주식을 인수함에 있어 타인의 승낙을 얻어 그 명의로 출자하여 주식대금을 납입한 경우에는 실제로 주식을 인수하여 그 대금을 납입한 명의차용인만이 실질상의 주식인수인으로서 주주가 된다고 할 것이고 단순한 명의대여인은 주주가 될 수 없다고 할 것이다(대판 1975. 9. 23, 74 다 804; 동 1998. 4. 10, 97 다 50619 등 참조).

따라서 주식회사의 자본금 충실의 요청상 주금을 납입하기 전에 명의대여자 및 명의차용자 모두에게 주금납입의 연대책임을 부과하는 규정인 상법 제332조

제 2 항은 이미 주금납입의 효력이 발생한 주금의 가장납입의 경우에는 적용되지 않는다고 할 것이고, 또한 주금의 가장납입이 일시 차입금을 가지고 주주들의 주금을 체당납입한 것과 같이 볼 수 있어 주금납입이 종료된 후에도 주주는 회사에 대하여 체당납입한 주금을 상환할 의무가 있다고 하여도 이러한 주금상환채무는 실질상 주주인 명의차용자가 부담하는 것일 뿐 단지 명의대여자로서 주식회사의 주주가 될 수 없는 자가 부담하는 채무라고는 할 수 없을 것이다.

원심판결의 이유에 의하면, 「Y_1이 인수주식에 대한 주금 1억원을 납입하지 아니하였으므로 A주식회사는 Y_1에 대하여 위 주금납입청구권을 가지고 있고, 가사 Y_1이 주주명의를 대여한 명목상의 주주라고 할지라도 상법 제332조 제 2 항에 의하면, 자기명의로 주식을 인수할 것을 승낙한 자는 실제 주식인수인과 연대하여 주금을 납입할 의무가 있으며, X가 그 중 90,000,000원을 전부받았으므로, Y_1은 X에게 위 금원을 지급할 의무가 있다」는 X의 주장에 대하여, B · C가 Y_1을 비롯한 다른 주식인수인들이 인수한 주식을 포함하여 발행주식 전부에 대한 주금을 가장납입함으로써 주금납입의 절차는 일단 완료되어 명의사용을 승낙한 Y_1의 위 주금납입의무는 소멸되었다고 보아야 할 것이고, X가 전부받은 주금납입청구채권이 위와 같은 주금의 가장납입에 있어서 그 절차가 완료된 후에 A회사가 주주에 대하여 가지는 주금상환청구채권까지 포함하는 것으로 본다고 하더라도, A회사에 대한 주금상환채무는 실질상의 주주가 부담하는 것일 뿐 단지 명의대여자에 불과하여 A회사의 주주가 될 수 없는 Y_1으로서는 A회사에 대하여 주금을 상환할 의무가 없다는 이유로 이를 배척하였다.

원심의 위와 같은 인정 및 판단은 수긍이 되고, 거기에 상고이유에서 주장하는 바와 같이 처분문서의 증명력이나 입증책임의 분배 또는 주금상환의무에 관한 법리를 오해한 위법이 있다 할 수 없다.

(2) 이사의 제 3 자에 대한 책임의 점에 대한 판단

원심판결의 이유에 의하면, 원심은 「Y_2가 A회사의 이사로서 X 등 투자자에게 A회사가 실제로는 주금의 가장납입으로 자본금이 전혀 없음에도 자본금 10억원을 가지고 있는 회사라고 선전하는 등 X를 기망하여 X로 하여금 투자하게 하였을 뿐만 아니라 Y_2는 이사로서 대표이사인 B 등의 사기행위 등을 저지함으로써 A회사가 X와 같은 투자자에게 피해를 입히지 않도록 해야 할 의무가 있음에

도 그 의무를 저버리거나 적어도 방조하여 X가 투자금 상당을 회수하지 못하게 하는 손해를 입게 하였으므로, 상법 제401조나 민법 제750조에 따라 X에게 그 손해를 배상할 책임이 있다」는 X의 주장에 대하여, 판시 증거들만으로는 Y_2가 혼자서 또는 B · C 등과 공모하여 A회사가 자본금 10억원을 가지고 있는 회사라고 선전하는 등 X를 기망하였다고 인정하기에 부족하고, 달리 이를 인정할 증거가 없으며, 한편 주식회사의 업무집행을 담당하지 아니한 평이사는 대표이사를 비롯한 업무담당이사의 업무집행을 감시하는 것이 그 임무라고 할 것이므로 평이사가 다른 이사의 업무집행이 위법함을 알았거나 또는 위법하다고 의심할 만한 사유가 있었음에도 불구하고 그 시정을 위한 조치를 취하지 아니하고 이를 방치한 때에는 이사의 감시의무를 위반한 것이라고 할 수 있을 것이나, 이 사건에서 평이사인 Y_2가 공동대표이사인 B · C의 투자자들에 대한 사기행위 등의 부정한 업무집행을 알았거나 알 수 있었음에도 이를 방치하였음을 인정할 만한 아무런 증거가 없다고 판단하여 이를 배척하였다.

원심의 위와 같은 인정 및 판단은 수긍이 되고, 거기에 상고이유에서 주장하는 바와 같이 사실을 오인하거나 이사의 제 3 자에 대한 손해배상책임 또는 일반불법행위책임에 관한 법리를 오해한 위법이 있다 할 수 없다.

(3) 이사의 회사에 대한 책임의 점에 대한 판단

원심판결의 이유에 의하면, 원심은 「Y_2가 A회사의 이사로서 자신과 같은 주식인수인들로 하여금 인수한 주식의 주금을 납입하도록 함으로써 A회사의 자본금 충실을 기하여야 할 의무가 있음에도 이를 게을리하여 A회사에게 손해를 입혔으므로 A회사에게 그 손해를 배상할 책임이 있다」고 주장하면서, X가 A회사를 대위하여 그 손해배상을 구함에 대하여, 업무담당이사가 아닌 평이사에 불과한 Y_2에게 주금납입독촉의무가 있다고 할 수 없을 뿐만 아니라 Y_2가 공동대표이사인 B · C의 주금 가장납입으로 인하여 A회사의 자본금이 사실상 없어졌음을 알면서도 공동대표이사의 업무집행에 대한 감시의무를 위반하여 이를 방치하였음을 인정할 만한 증거도 없다고 판단하여 이를 배척하였다.

원심의 위와 같은 인정 및 판단은 수긍이 되고, 거기에 상고이유에서 주장하는 바와 같이 사실을 오인하거나 이사의 회사에 대한 손해배상책임에 관한 법리를 오해한 위법이 있다 할 수 없다.

B. 이론요약

(1) 주식인수절차에서 발기설립의 경우에는 회사의 설립시에 발행하는 주식의 총수를 발기인이 인수하므로 특별히 문제될 것이 없다. 이 때 발기인은 반드시 서면에 의하여 주식을 인수하도록 한 제한만이 있다(商 293조).

그런데 모집설립의 경우에는 회사의 설립시에 발행하는 주식의 일부를 발기인이 인수하고(商 301조 전단, 293조) 나머지는 주주를 모집하여야 하므로(商 301조 후단), 주주의 모집과 관련하여 많은 제약과 문제점이 있다.

(2) 모집설립의 경우에 주주를 모집하는 방법에 대하여 상법은 제한이 없으므로 공모이든 사모이든 무방하다. 다만 상법은 응모주주를 보호하기 위하여 주식청약서주의를 채택하고 있다(商 302조).

모집설립에서 주식인수의 법적 성질은 설립중의 회사에의 입사계약(사단법상 특수한 계약)이라고 볼 수 있으므로, 청약과 배정에 의하여 계약이 성립한다.

모집설립에서 주식인수의 청약은 가설인 명의 또는 타인의 승낙을 얻지 않고 타인명의로 할 수도 있는데, 이 때에는 실제로 청약을 한 자가 주식배정 후 주식인수인이 되어 그가 주식인수인으로서의 책임(예컨대, 납입의무 등)을 부담한다(商 332조 1항). 그런데 타인의 승낙을 얻어 그 타인명의로 주식을 청약하고 그 후 그 타인에게 주식이 배정된 경우에는 누가 주식인수인이 되는가의 문제가 있다. 이 때 상법 제332조 제 2 항은 명의대여자와 명의차용자가 연대하여 주금액을 납입할 책임이 있음을 규정하고 있을 뿐, 누가 주식인수인이 되는가에 대하여는 규정하고 있지 않다. 따라서 이 경우 명의대여자가 주식인수인이라고 보는 견해(형식설)도 있으나, 법률행위의 일반이론과 실질적 투자자를 보호할 필요가 있는 점 등에서 볼 때 명의차용자를 주식인수인으로 보는 것이 타당하다고 본다.

모집설립에서 주식인수의 청약의 의사표시에 대하여는 주식인수의 청약의 효력을 가능한 한 확보하기 위하여 상법은 청약에 흠결이 있거나 하자가 있는 경우에 무효 또는 취소를 제한하고 있다. 즉, (i) 주식인수의 청약자가 비진의표시를 하고 상대방(발기인)이 이를 알았거나 또는 알 수 있었을 경우에도 그 청약은 무효가 되지 않으며(商 302조 3항), (ii) 회사성립 후 또는 창립총회에 출석하여 권리행사를 한 후에는 주식청약서의 요건의 흠결을 이유로 하여 주식인수의 무효를 주장하거나, 착오(民 109조) 또는 사기 · 강박(民 110조)을 이유로 하여 주식인수를 취소할 수 없도록 하고 있다(商 320조).

(3) 주식인수의 청약에 대하여 발기인은 설립중의 회사의 기관의 자격에서 배정방법을 미리 공고하지 않은 이상 자유로이 배정할 수 있다(배정자유의 원칙). 이 때 발기인은 배정의 통지를 주식청약서에 기재된 주소 또는 그 자로부터 회사에 통지한 주소로 하면 되는데(商 304조 1항), 이러한 통지는 보통 그 도달할 시기에 도달한 것으로 간주된다(商 304조 2항).

(4) 주식인수의 청약에 대하여 배정이 있으면 주식의 인수가 성립하는데, 이 때에 청약자는 인수인이 되어 배정받은 주식의 수에 따라서 인수가액을 납입할 의무를 부담한다(商 303조).

(5) 위 기본판례에서는 명의대여자인 Y_1은 상법 제332조 제 2 항에 의하여 명의차용자와 연대하여 주금을 납입할 책임이 있는데, 가장납입에 의하여 주금납입절차가 완료되었으므로 Y_1의 주금납입의무는 소멸되었고, 회사가 체당납입한 주금을 상환할 의무가 있는 자는 (명의대여자인 Y_1이 아니라) 실질상 주주인 명의차용자뿐이라고 판시한 것으로서, 실질상 주주를 명의차용자로 보고 있는 점을 전제로 하고 있다.

C. 관련판례

(1) 대판 1998. 4. 10, 97 다 50619(실제로 주식을 인수하여 그 대금을 납입한 명의차용인만이 실질상의 주식인수인으로 주주가 되고, 단순한 명의대여자에 불과한 자는 주주로 볼 수 없다고 한 경우〈따라서 명의주주가 참석한 주주총회의 결의는 취소사유가 된다고 함〉).

(2) 대판 1966. 1. 18, 65 다 880 · 881(주식회사의 자본금은 주식의 인수에 의한 출자로써 형성되는 것이므로, 주식인수 이외의 다른 방법으로는 직접 출자할 수 없다고 한 경우〈Y회사의 전무이사인 X가 Y회사에 금원을 대여한 것을 원심이 Y회사에 출자한 것이라고 판단한 것은 잘못임〉).

D. 관련논점

(1) 발기설립과 모집설립에 있어서의 주식인수의 법적 성질?

(2) 주식인수계약은 상행위인가?

(3) 청약자에게 무능력(民 5조, 10조, 13조) 또는 사해행위(民 406조) 등의 사유가 있는 경우에는 그 청약을 취소할 수 있는가? 또한 청약자에게 의사무능력 또는 통정한 허위표시(民 108조 1항) 등의 사유가 있는 경우에 그 청약의 무효를 주장할 수 있는가?

제 5 출자이행절차

A. 기본판례

▣ 대결 1994. 3. 28, 93 마 1916(判商 [174])[주금(株金)을 가장납입한 자를 차명(명의)주주와 구별하여 주주로 인정한 경우]

[사실관계]

1987. 12. 28.에 X · A · C · E 등이 중소기업은행으로부터 기와제조 공장의 대지 · 공장 및 기계를 금 2억 7천만원으로 매수하기로 매매계약을 체결하고, 위 X · C 등은 각 2천만원씩 또 위 A · E 등은 각 1천만원씩 합계 금 6천만원을 투자하여, 우선 중소기업은행에 위 매매계약의 계약금조로 2천 7백만원을 또 공장사용료조로 1천 8백 30만원을 지급하고 잔액은 추후 5년간 10회에 걸쳐 분할상환하기로 하였다. 위 매수인 등은 중소기업은행으로부터 위 공장의 건물과 기계 · 기구 등의 일체를 인도받아 공장을 가동하여 영업을 시작하였다. 그리고 위 공장의 운영관리를 위하여 상호 「Y(주)」, 목적 「기와제조 · 판매 및 부대사업」, 발기인 위 X · A 등 7인, 자본금 5천만원, 발행주식총수 5천주, 1주의 금액 금 1만원으로 하는 회사를 설립하기로 하였다. 그리하여 위 X는 회사설립의 실무를 수행하던 사법서사에게서 금 5천만원을 차용하여 위 발행주식의 납입금으로 납입하고 1988. 3. 8.에 회사설립등기를 한 후, 바로 위 납입금을 인출하여 위 사법서사에게 위 차용금과 그에 대한 이자 및 회사설립사무의 대서료 기타 회사설립에 소요된 비용을 지급하였다.

회사설립 당시 주주명부상으로는 위 X가 1천 5백주, A가 1천주, B가 1천주, C가 7백 50주, D가 7백 50주를 각각 보유하고 있었고, 또 임원으로는 대표이사 B, 이사 A · C, 감사 X, 상무 E 등이 각각 선임되어 취임하였으며, 그 후 1989.

12. 6.에 위 A가 대표이사로 취임하였다. A의 대표이사의 임기가 1992. 12. 5.자로 종료되었는데도 주주총회를 소집하지 아니하여 위 X가 상법 제366조에 의하여 소수주주권자로서 회사(이사회)에 서면으로 임시주주총회의 소집을 청구하였고, 그래도 회사가 임시주주총회를 소집하지 아니하여 1993. 2.에 관할 창원지방법원에 임시주주총회소집의 허가를 신청하였다.

이에 대하여 Y(주)는 X · B · C · D · E · F 등 6인이 1988. 3. 18.에 자기들이 주금을 납입하지 아니한 차명주주임을 확인서에 의하여 확인하였으므로, X 등은 이 건 임시주주총회의 소집허가를 구할 소수주주권자의 지위에 있지 않다고 항변하였다.

이에 대하여 원심은 위 A를 제외한 X 등 발기인 6인은 1988. 3. 18. 위 A에 대하여 자신들이 주금을 납입한 일이 없는 차명주주임을 확인하는 확인서를 작성 · 교부해 주고, 또 X는 상대방 회사의 설립시 가장납입된 자본금에 대한 이자 · 대서료 등 회사설립에 소요된 경비를 모두 반환받아 간 사실이 인정되므로, 위 A를 제외한 X 등 나머지 발기인들은 이른바 차명주주일 뿐 실질적인 주주로 볼 수 없고, 따라서 X는 이 사건 임시주주총회 소집허가를 구할 소수주주의 지위에 있지 않다는 취지로 판단하였다.

따라서 X가 상고하게 된 것이다.

[결정요지]

회사를 설립함에 있어 일시적인 차입금을 가지고 주금납입의 형식을 취하여 회사설립절차를 마친 후 곧 그 납입금을 인출하여 차입금을 변제하는 이른바 주금의 가장납입의 경우에도 주금납입의 효력을 부인할 수는 없는 것이므로, 설사 주주가 주금을 가장납입하였다 하더라도 그 주주를 실질상의 주식인수인에게 명의만을 빌려 준 차명주주(명의주주: 저자 주)와 동일시할 수는 없다.

그렇다면 원심으로서는 상대방 회사의 설립시 그 기초가 된 실질재산은 무엇이고 그 주식을 실질적으로 인수한 사람은 누구인지를 좀 더 심리하여 위 확인서의 차명주주라는 문구가 과연 그 표현 그대로 진정한 의미의 차명주주임을 뜻하는 것인지 아니면 주금을 납입하지 아니하였다 하여 이와 같이 표현하게 된 것인지를 가린 다음 X가 차명주주인지의 여부를 판단하였어야 할 것이고, 또 회사의 설립비용은 발기인이 설립중의 회사의 기관으로서 회사설립을 위하여 지출한 비용으로서 원래 회사성립 후에는 회사가 부담하여야 하는 것이므로(商 290조, 326조), X가 상대방 회사로부터 그 설립에 소요된 경비를 반환받아 갔다 하여 이를 이유로 X를 차명주주라고 판단할 수는 없는 것인즉, 원심이 그 설시의 사정만으로 X를 바로 차명주주라고 판단하였음은 필경 심리를 다하지 아니하였거나 주금납입과 회사설립비용의 부담에 관한 법리를 오해하고 증거가치의 판단을 잘못한 위법을 저지른 것이라고 할 것이고, 따라서 이 점을 지적하는 논지는 이유 있다. 그러므로 X가 취한 임시주주총회의 소집절차는 적법하다(저자 주)[이 결정에 반대하는 취지의 평석으로는 강위두, 「법률신문」, 제2324호(1994. 7. 4.), 15면이 있다].

B. 이론요약

(1) 주식인수절차가 끝나면 주식인수인은 출자를 이행하여야 하는데, 이러한 출자는 원칙적으로 금전출자이고 예외적으로 현물출자이다.

(2) 금전출자인 경우 각 주식인수인은 납입기일에 인수가액의 전액을 납입하여야 한다(전액납입주의)(商 295조 1항 1문, 305조 1항). 납입은 지정된 은행 기타 금융기관과 납입장소에 하여야 하며(商 295조 1항 2문, 305조 2항, 302조 2항 9호), 모집설립의 경우 이러한 납입금의 보관자 또는 납입장소를 변경할 때에는 법원의 허가를 얻어야 한다(商 306조). 발기설립 및 모집설립의 경우 납입금을 보관한 은행 기타의 금융기관은 발기인 또는 이사의 청구가 있는 때에는 그 보관금액에 관하여 증명서를 교부하여야 하고(商 318조 1항), 이러한 은행 기타의 금융기관은 증명한 보관금액에 대하여 납입의 부실 또는 그 금액의 반환에 관한 제한이 있음을 이유로 하여 회사에 대항하지 못한다(商 318조 2항). 다만 자본금 총액이 10억원 미만인 소규모 주식회사가 발기설립을 하는 경우에는 그 설립절차를 간소화하기 위하여 주금납입보관증명서를 잔고증명서로 대체할 수 있다(商 318조 3항).

상법상 납입금보관자의 증명과 책임에 관한 규정(商 318조)에 의하여 납입은행과 결탁하여 하는 통모가장납입은 방지되는데, 납입은행과 결탁 없이 일시 타인으로부터 자금을 차용하여 납입하고 회사성립 후 즉시 인출하여 변제하는 위장납입은 실질적으로 납입이 없었다는 이유로 무효라고 보는 견해도 있으나, 자금의 이동이 현실적으로 있었고 또한 회사는 주주에 대하여 납입금의 상환을 청구할 수 있다는 점 등에서 볼 때 유효라고 본다. 그러나 이 경우 발기인 등은 납입가장죄의 처벌을 받는다(商 628條).

주식인수인이 이러한 금전출자를 이행하지 않은 경우, 발기설립의 경우에는 채무불이행의 일반원칙에 따라 그 이행을 강제하든가(民 389條, 390條) 또는 회사불성립의 결과가 되는데, 모집설립의 경우에는 실권절차가 인정된다(商 307條).

(3) 현물출자의 경우에는 주식인수인이 납입기일에 출자의 목적인 재산을 인도하고, 등기 · 등록 기타 권리의 설정 또는 이전을 요할 경우에는 이에 관한 서류를 완비하여 교부하여야 한다(商 295條 2항, 305條 3항).

주식인수인이 현물출자를 이행하지 않는 경우에는 민법의 일반원칙에 따라 그 이행을 강제하든가(民 389條, 390條) 또는 회사불성립의 결과가 된다.

(4) 위 기본판례에서는 가장납입이 유효하다는 전제하에 주식인수인 X가 실제로 주금액을 납입하지 않았다 하더라도 그가 주주임을 인정하여 X가 취한 임시주주총회의 소집절차는 적법하다고 한 것이다(그러나 X는 회사에 대하여 그의 주금액을 상환할 의무가 있다).

C. 관련판례

(1) 대판 1998. 12. 23, 97 다 20649(Y회사 설립 당시 C는 A농수산물 신용협동조합으로부터 3억원을 차용하여 Y회사의 주식을 인수한 원래 주주들의 주금을 대납한 다음 회사설립등기 후 즉시 이를 인출하여 그 채무를 변제하였다. 이와 같이 주식회사를 설립하면서 일시적인 차입금으로 주금납입의 외형을 갖추고 회사설립절차를 마친 다음 바로 그 납입금을 인출하여 차입금을 변제하는 이른바 가장납입의 경우에도 주금납입의 효력을 부인할 수는 없는 것이므로[대판 1997. 5. 23, 95 다 5790 등 참조], Y회사 설립 당시 원래 주주들이 주식인수인으로서 주식을 인수하고 가장납입의 형태로 주금을 납입한 이상 그들은 바로 Y회사의 주주이고, 그 후 그들이 회사가 청구한 주금 상당액을 납입하지 아니하였다고 하더라도 이는 회사 또는 C에 대한 채무불이행에 불과할 뿐 그러한 사유만으로 주주로서의 지위를 상실하게 된다고는 할 수 없다. 또한 X들이 Y회사가 정한 납입일까지 주금 상당액을 납입하지 아니한 채 그로부터 상당 기간이 지난 후 비로소 Y회사의 주주임을 주장하였다고 하여 신의성실의 원칙에 반한다고도 할 수 없다. 같은 취지의 원심판결은 정당하고, 거기에 가장납입의 효력

이나 주식의 포기 · 신의성실의 원칙 등에 관한 법리를 오해한 위법이 있다고 할 수 없다〈Y회사는 이 사건 임시주주총회를 개최하면서 X를 비롯한 Y회사 주주들에게 적법한 소집통지를 하지 아니하여, X의 주주총회결의 무효청구는 정당함〉).

(2) 대판 1985. 1. 29, 84 다카 1823 · 1824(위장납입은 회사가 일시 차입금을 가지고 주주들의 주금을 체당납입한 것과 같이 볼 수 있으므로, 주금납입의 절차가 완료된 후에 회사는 주주에 대하여 체당납입한 주금의 상환을 청구할 수 있다).

(3) 대판 1983. 5. 24, 82 누 522(회사의 설립이나 증자의 경우에 당초부터 진정한 주금의 납입으로서 회사자금을 확보할 의도 없이 일시적인 차입금으로 단지 주금납입의 외형을 갖추고 회사설립이나 증자절차 후 곧바로 그 납입금을 인출하여 차입금을 변제하는 주금의 가장납입, 소위 견금(見金)의 경우에도 금원의 이동에 따른 현실의 불입이 있은 것이고, 설령 그것이 실제로는 납입의 가장수단으로 이용된 것이라 할지라도 이는 당해 납입을 하는 발기인 또는 이사들의 주관적 의도의 문제에 불과하고 회사가 관여할 바 아니므로, 이러한 발기인 내지 이사들의 내심적 사정에 의하여 회사의 설립이나 증자와 같은 집단적 절차의 일환을 이루는 주금납입의 효력을 좌우함은 타당하지 아니하다〈X회사의 대표이사 A가 위장납입한 경우, A에 무상대여하였다고 보아 이에 대한 소정이자를 X회사의 익금으로 보아 법인세를 부과한 Y에 대하여 정당하다고 본 원심의 조치에는 수긍이 간다〉).

D. 관련논점

(1) 발기설립에서 금전출자의 경우 실권절차(商 307조)가 인정되지 않는 이유는 무엇인가?

(2) 위장납입의 경우 회사가 체당납입한 주금액을 주주가 회사성립 후 상환하지 않는 경우, 우리 상법상 전액납입주의를 취하고 있는 점(商 295조 1항 1문, 305조 1항)과 관련하여 볼 때(또한 자본금 충실의 원칙과 관련하여 볼 때) 여전히 주주로 인정할 수 있는가?

(3) 주식인수인으로서 명의대여자의 납입책임과 명의차용자의 납입책임은 어떠한 점에서 다른가?(특히 위장납입에서)

(4) 출자불이행과 발기인의 책임 또는 회사불성립

제 3 절 주식과 주주

제 1 관 주권과 주주명부

제 1 주 권

1. 주권의 발행(효력발생시기)과 불소지제도

A. 기본판례

▣ 대판 1996. 1. 26, 94 다 24039(判商 [213])[주권발행이 유효하다고 본 경우]

[사실관계]

X는 그가 Y회사의 대표이사로 있던 1982. 3.경 Y회사의 직원인 A에게 을지로 소재 상호불상의 인쇄소에서 주권 용지를 인쇄하여 오라는 지시를 하여, 위 A가 주주명과 발행연월일이 공란으로 된 보통주식 20주권 · 200주권 · 2,000주권 · 20,000주권의 4종류의 주권 용지를 인쇄하여 가지고 오자, X는 주주명과 발행연월일란을 비워둔 채 그가 소지하고 있던 대표이사 직인을 위 주권 용지에 찍은 후 번호를 특정하여 주주명부상의 주주명의에 따라 분류하여 주권대장에 분산 기재하게 하고 주권대장 원본과 함께 1,000,000주에 대한 주권 용지 84장을 X가 소지하고 있었다. 1982. 3.경의 Y회사의 정관에는 Y회사가 발행할 주권은 전부 기명식으로 하고 1주권 · 10주권 · 100주권 3종류만을 발행할 수 있도록 규정되어 있었다. 그 당시 주권발행에 관한 주주총회나 이사회의 결의가 없었을 뿐 아니라, 당시 대표이사인 X를 제외하고는 Y회사의 임원들이나 직원들 중 아무도 주권이 발행되고 있다는 점을 알지 못하고 있었다. 이 때 X가 Y회사에 대하여 주주임을 주장하여 주주명의개서를 청구하였다.

이에 대하여 원심은 X가 소지하고 있는 주권 용지 84장은 비록 당시 Y회사의 대표이사인 X의 직인이 날인되어 있다 할지라도 아무런 내부적 절차 없이 그의 독단으로 주권 용지에 그 직인을 날인하였고, 기명식으로 발행되어야 할 주권의 기재사항인 주주명의와 발행연월일이 누락되어 있을 뿐만 아니라, 그 종류도 당시 정관이 규정하고 있는 바와 같이 1주권 · 10주권 · 100주권 3종류만으로 발행되어야 함에도 불구하고, 이와 달리 20주권 · 200주권 · 2,000주권 · 20,000주권의 4종류로 발행되었음에 비추어 볼 때 도저히 Y회사가 적법한 절차에 의하여 발행한 주권이라고는 보기 어렵고, 따라서 X는 Y회사가 발행한 주권의 50%를 소지하고 있는 주주라고는 볼 수 없다고 판단하였다. 따라서 X가 상고하게 된 것이다.

[판결요지]

특별한 사정이 없는 한 주권의 발행은 대표이사의 권한이라고 할 것이고, Y회사가 제출한 Y회사의 정관의 규정상으로도 주권의 발행에 주주총회나 이사회의 의결을 거치도록 되어 있다고 볼 근거도 없으며, 기명주권의 경우에 주주의 이름이 기재되어 있지 아니하였다거나 또한 주식의 발행연월일의 기재가 누락되어 있다고 하더라도 이는 주식의 본질에 관한 사항이 아니므로 주권의 무효사유가 된다고 할 수 없다.

또한 원심판결이 증거로 채택한 Y회사의 정관은 X가 위 주권을 발행할 당시의 정관이 아닐 뿐만 아니라 가사 X가 정관에 규정된 병합 주권의 종류와 다른 주권을 발행하였다고 하더라도 Y회사가 이미 발행한 주식을 표창하는 주권을 발행한 것이라면 단순히 정관의 임의적 기재사항에 불과한 병합 주권의 종류에 관한 규정에 위배되었다는 사유만으로 이미 발행된 주권이 무효라고 할 수는 없다.

그럼에도 불구하고 원심이 X가 소지하고 있는 그 판시 주권이 Y회사 발행의 적법한 주권이라고 보기 어렵다는 이유로 X는 Y회사 발행 주권의 50%를 소지하고 있는 주주라고 볼 수 없다고 판단하였음은 주권발행절차와 주권의 효력에 관한 법리를 오해하여 심리를 다하지 아니함으로써 판결 결과에 영향을 미친 위법이 있다고 할 것이다. 따라서 이 점을 지적하는 상고이유의 주장은 이유가 있다.

B. 이론요약

(1) 주권이란 「주주의 회사에 대한 지위(주주권)를 의미하는 주식을 표창하는 유가증권」이다. 이러한 주권은 주식회사라는 사단관계를 기초로 하여 발행되

는 유가증권이므로, 주권에는 유가증권의 법리뿐만 아니라 사단의 법리가 적용된다. 따라서 주권은 어음·수표와 달리, 비설권증권·요인증권·완화된 요식증권·비문언증권·불완전유가증권·비상환증권이다.

이러한 주권은 상법상 주식유통의 불가결한 수단으로서 주주인 지위의 취득과 유가증권인 주권의 취득이 서로 결합되어 있다.

상법상 규정된 주권의 종류에는 기명주권과 무기명주권이 있는데, 기명주권이 원칙이고 무기명주권은 정관에 규정이 있는 경우에 한하여 예외적으로 발행할 수 있다(商 357조 1항). 또한 무기명주권을 가진 주주는 언제든지 기명식으로 할 것을 회사에 청구할 수 있다(商 357조 2항).

(2) 회사는 성립(설립등기) 후 또는 신주의 납입기일 후 지체 없이 주권을 발행하여야 하고(商 355조 1항), 회사의 성립 후 또는 신주의 납입기일 후가 아니면 주권을 발행하지 못하며(商 355조 2항), 이에 위반하여 발행한 주권은 무효이고 발행인은 손해배상책임을 진다(商 355조 3항).

(3) 회사가 성립 후 또는 신주의 납입기일 후 주권을 발행하는 경우 이러한 주권의 효력발생시기는 언제인가가 문제된다. 이에 대하여 (i) 주권을 작성한 때라고 보는 견해(작성시설), (ii) 주권을 작성하여 (주주에게 교부한다는 의사로써) 누구에게든 (주주 이외의 자에게) 교부한 때라고 보는 견해(발행시설) 및 (iii) 주권을 작성하여 주주에게 교부하는 때라고 보는 견해(교부시설)가 있다. 생각건대 주권은 원칙적으로 주주에게 교부한 때에 그 효력이 발생하는데(교부시설), 회사가 주주 아닌 타인에게 주권을 교부하고 그 타인이 다시 선의의 제 3 자에게 주권을 양도한 경우에는 선의의 제 3 자를 보호할 필요가 있으므로 이 때에는 예외적으로 주권의 효력이 발생하고 제 3 자는 주권을 선의취득하여 회사에 대하여 주주권을 행사할 수 있다고 본다(발행시설).

(4) 주권은 요식증권으로 상법이 규정하고 있는 일정한 사항과 번호를 기재하고, 대표이사 또는 대표집행임원이 기명날인 또는 서명하여야 한다(商 356조, 408조의 5 2항). 그러나 주권은 어음·수표와 같은 엄격한 요식증권은 아니고, 본질적인 것이 아닌 사항은 그 기재를 흠결하여도 주권의 효력에 영향이 없는 완화된 요식증권이다.

위 기본판례는 주권의 발행권한은 대표이사에게 있으며 주권에 주주의 이름이 기재되어 있지 않거나 또는 주권의 발행연월일이 기재되어 있지 않거나 또는 정관에서 정한 것과는 다른 종류의 병합 주권이 발행되었다고 하더라도 그 주권은 유효하다는 점을 밝히고 있는데, 주권은 완화된 요식증권이라는 점에서 타당하다고 본다.

(5) 상법은 주식을 장기간 양도할 의사가 없는 고정주주의 이익을 위하여 주권불소지제도를 인정하고 있다. 따라서 주주는 정관에 다른 정함이 있는 경우를 제외하고는 그 기명주식에 대하여 주권을 소지하지 않겠다는 뜻을 회사에 신고할 수 있는데(商 358조의 2 1항), 이러한 신고가 있는 때에는 회사는 지체 없이 주권을 발행하지 아니한다는 뜻을 주주명부와 그 복본에 기재하고 그 사실을 주주에게 통지하여야 하는데, 이 경우 회사는 그 주권을 발행할 수 없다(商 358조의 2 2항). 이 경우 이미 발행된 주권이 있는 때에는 주주는 이를 회사에 제출하여야 하는데, 회사는 제출된 주권을 무효로 하거나 명의개서대리인에게 임치하여야 한다(商 358조의 2 3항). 주주가 회사에 주권불소지의 뜻을 신고한 경우에도, 주주는 주식을 양도하거나 입질하기 위하여 주권이 필요한 경우에는 언제든지 회사에 대하여 주권의 발행 또는 반환을 청구할 수 있다(商 358조의 2 4항).

C. 관련판례

(1) 대판 1977. 4. 12, 76 다 2766(判商 [214])(주권의 효력발생시기에 대하여 교부시설의 입장에서, 피고회사가 주권을 표창하는 문서를 작성하여 이를 주주가 아닌 제 3 자에게 교부하여 주었다 하더라도 위 문서는 아직 피고회사의 주권으로서의 효력을 갖지 못한다고 한 경우).

동지: 대판 2000. 3. 23, 99 다 67529(회사가 주주권을 표창하는 문서를 작성하여 이를 주주가 아닌 제 3 자⟨회사성립 후 6월이 경과하기 전에 주식을 양수한 자⟩에게 교부한 경우, 이 문서는 주권으로서 효력이 없다); 동 1987. 5. 26, 86 다카 982 · 983(A회사가 주주인 X들에게 주주임을 표창하는 문서를 교부하지 않고 A회사에 대하여 주주로 볼 수 없는 Y에게 교부한 경우).

(2) 대판 1970. 3. 10, 69 다 1812(대표이사가 주권을 발행하지 않는다고 하여 전무이사가 그 명의로 발행한 주권은 무효라고 한 경우⟨이러한 주권을 소지한 주주가 주주총회에 참석한 경우 X의 주주총회결의 부존재확인청구를 인정함⟩).

(3) 대판 1965. 8. 24, 65 다 968(주권의 효력발생시기에 대하여 발행시설의 입장에서, 회사가 적법히 주권을 작성하여 주주에게 교부할 의사로써 교부하였고 그 교부에 있어 교부를 받을 자에게 대한 착오가 있다 하여도 이미 그 주권이 유통되어 제 3 자가 악의 또는 중대한 과실 없이 선의취득을 한 경우에는 본래의 주주의 주주권은 상실되었다 아니할 수 없고, 따라서 그 주권발행은 유효라고 한 경우〈원래의 주주인 X의 Y회사에 대한 주주권 존재확인을 부정함〉).

D. 관련논점

(1) 주권예탁 · 주권불소지 · 주식의 전자등록과의 관계

(2) 기명주권과 무기명주권의 차이점

(3) 주권과 어음의 유가증권으로서의 차이점

2. 주권의 상실과 선의취득

A. 기본판례

▣ 대판 2000. 9. 8, 99 다 58471(判商 [215])[양수인의 중과실을 인정하여 주권의 선의취득을 부정한 경우]

[사실관계]

A회사의 주식에 대한 주권이 발행되면서 X의 내종질인 H가 1990. 4. 20. X와의 협의하에 A회사의 총주식 50,000주 중 X가 25,500주(51%), H가 24,500주(49%)를 각 소유하고 있음을 전제로 각 그 주식수에 상응하여 X는 주권번호 1 내지 51의 오백주권 51장을, 위 H는 주권번호 52 내지 100의 오백주권 49장을 나누어 가졌는데 당시 위와 같은 주식보유비율대로 주주명부의 내용을 변경 · 등재해 두지는 않았다.

이러한 상황에서 X가 1993. 9. 중순 어느 날 당시 A회사의 대표이사인 H의 처이자 A회사의 부사장으로 있던 L에게 X 소유의 주식 25,500주 전부를 포기하면서 이를 L에게 증여함으로써 그에 관한 소유권을 상실하였고, 그렇지 않더라도 X는 A회사가 1993년 무렵 자금난을 겪게 되자 그 동안 골프장 경영에 실질적으로 관여한 바도 없었으므로 그에게는 A회사의 주식이 별다른 재산적 가치가 없었던 차에 A회사 채무의 연대보증인으로서 자신의 개인재산까지 강제집행을 당할 것

을 우려하여 1993. 9. 중순 어느 날 L에게 X 소유의 주식 25,500주에 상응하는 오백주권 51장을 교부함으로써 그 소유의 주식에 관한 처분권을 포괄적으로 위임하였고, 그 후 L은 위와 같은 권한에 기하여 H의 동서이자 Y회사의 대표이사인 M에게 X 소유의 주식 중 10%에 해당하는 2,550주를 무상양도하기로 약정하였다.

그 후 X는 Y회사에 대하여 주식인도청구를 하였고, Y회사는 이를 선의취득하였으므로 반환할 의무가 없다고 항변하였다.

이에 대하여 원심(서울고법)은, 이러한 주식무상양도약정에 의하여 10%의 주식에 관하여는 L이 Y회사에 대한 주권반환청구권을 M에게 양도하는 방법에 의하여 M이 주권의 점유를 취득하여 선의취득하였으므로 X의 주권반환청구에 응할 수 없다는 Y회사의 항변에 대하여, M이 X 소유의 주식 중 10%에 대한 점유를 취득하였음을 인정할 아무런 증거가 없고, 가령 M이 점유를 취득하였다 하더라도 M에게 중대한 과실이 있었다고 하여 Y회사의 선의취득 항변을 받아들이지 아니하였다. 따라서 Y회사가 상고하게 된 것이다.

[판결요지]

(1) 주권의 점유를 취득하는 방법에는 현실의 인도(교부) 외에 간이인도, 반환청구권의 양도가 있으며, 양도인이 소유자로부터 보관을 위탁받은 주권을 제 3 자에게 보관시킨 경우에 반환청구권의 양도에 의하여 주권의 선의취득에 필요한 요건인 주권의 점유를 취득하였다고 하려면, 양도인이 그 제 3 자에 대한 반환청구권을 양수인에게 양도하고 지명채권양도의 대항요건을 갖추어야 할 것이다(대판 1999. 1. 26, 97 다 48906 참조).

기록에 의한즉, L과 M은 1993. 10. 15. A회사의 Y회사에 대한 원리금 상환이 종결되는 시점에 Y회사에게 담보로 제공한 주주들의 주식지분 중 각각 총 소유주식수의 10%씩을 M에게 무상으로 양도한다는 약정을 한 사실을 알 수 있고, 그 약정은 원리금 상환이 종결될 것을 정지조건으로 하여 주권반환청구권을 M에게 양도한다는 취지로 해석되며, 실제 A회사가 원리금을 모두 상환한 1996. 6. 17. 정지조건의 성취로 주권반환청구권 양도의 효력이 발생하였고, 양수인인 M은 (주권반환) 채무자인 Y회사의 대표이사의 지위도 겸하고 있으므로 L이 주권반환청구채권의 채무자인 Y회사에 대해 조건부양도통지를 한 것으로 볼 수 있어 채권양도의 대항요건도 갖추었다고 할 것이어서 결국 1996. 6. 17. 선의취득의 요건으로서의 주권의 점유취득이 있었다고 볼 것이다.

따라서 원심이 점유의 취득이 없었다고 한 판단부분은 선의취득의 요건인 점유취득에 관하여 법리를 오해한 위법이 있다.

(2) 그런데 주권의 취득이 악의 또는 중대한 과실로 인한 때에는 선의취득이 인정되지 않는바(商 359조, 手 21조), 여기서 악의 또는 중대한 과실의 존부는 주권취득의 시기를 기준으로 결정하여야 하며, 중대한 과실이란 거래에서 필요로 하는 주의의무를 현저히 결여한 것을 말한다.

이 사건의 원심판결 이유와 기록에 의하여 알 수 있는 다음과 같은 사정, 즉 1993. 10. 15. 주식 무상양도약정 당시 X 소유 주식 중 10% 부분을 L이 양도할 권한이 있었는지에 관하여 M은 L의 말만 듣고 단지 L이 주권을 소지하고 있었을 뿐 X의 위임장 등 처분권한을 증명할 만한 어떠한 증빙서류도 갖추지 않았음에도 주식 무상양도약정을 구두로 체결하였다는 점, M은 Y회사의 대표이사의 지위에서 1993. 9. 28, 1993. 10. 15, 1994. 9. 28, 1995. 9. 28.자 각 금전소비대차약정서를 작성함에 있어서는 차용자를 A회사로 하여 A회사 대표이사 법인인감을 날인받고 그와는 별도로 A회사 주식의 담보제공자인 X 개인의 인감을 날인받았으며 X 개인의 「담보제공승낙용」 인감증명서까지 첨부시켰으면서도 X와 H가 M에게 주식 10%를 무상양도한다는 내용의 1993. 10. 15.자, 1995. 9. 28.자 각 특약사항에는 A회사 대표이사 H, 또는 공동대표이사 H와 X의 A회사 대표이사 법인인감을 날인받고 더구나 약정당사자를 주식소유자와 주식양수자가 아닌 A회사와 Y회사로 기재하고 있는 점, X와 H, H의 처인 L과 M은 서로 친인척관계에 있어 M으로서는 충분히 X에게 의사확인을 할 수 있었다고 보이고, 게다가 A회사가 운영하는 팔공골프장의 부지 매입 및 골프장 건설비용으로 약 295억원이 소요되고 주권 취득 당시 A회사는 차입금이 거의 변제가 된 상태로 팔공골프장을 운영하는 A회사의 주식가치가 결코 적다고 할 수 없음에도 전체 주식의 10%를 무상으로 양도받음에 있어 무상양도약정시부터 주권의 점유취득시로 볼 수 있는 1996. 6. 17.까지 3년여 동안 무상양도한다는 내용의 각 특약사항을 작성하면서도 한번도 X에게 직접 그 의사를 확인하여 보지 않은 점에 비추어 M에게는 거래에서 필요로 하는 주의의무를 현저히 결여한 중대한 과실이 있다고 할 것이다.

따라서 M에게 주권의 점유취득에 있어 중대한 과실이 있다고 한 원심의 가정적 · 부가적 판단부분은 옳다고 할 것이므로, 앞서 본 원심판단의 잘못은 판결결과에 영향이 없어 원심판결에는 심리미진 또는 주권의 선의취득에 있어서의 중대한 과실에 대한 법리오해로 인하여 판결에 영향을 끼친 위법이 없다.

B. 이론요약

(1) 주주가 주권을 상실하면 공시최고절차와 제권판결에 의하여 상실된 주권을 무효로 할 수 있고(商 360조 1항), 주권을 상실한 주주는 제권판결을 얻어 회사에 대하여 주권의 재발행을 청구할 수 있다(商 360조 2항).

(2) 한편 상실된 주권은 선의의 제 3 자에 의하여 선의취득될 수 있다(商 359조).

(3) 위 기본판례에서 L과 M은 서로 친인척관계에 있어 M으로서는 충분히 L의 의사를 확인할 수 있었다고 보이므로, M에게 중과실을 인정하여 주권의 선의취득을 인정하지 않은 원심 및 위의 대법원판결은 타당하다고 본다.

C. 관련판례

(1) 대판 1981. 9. 8, 81 다 141(判商 [218])(주권을 분실한 자가 주권발행회사라 하더라도 위 주권에 대한 제권판결이 없는 이상 동 회사에 대하여 주권의 재발행을 청구할 수 없다고 한 경우).

(2) 대판 1978. 9. 26, 77 다 2289(외자도입법에 위반한 외국인 투자자의 국내주식취득은 무효라 할 것이나, 주권의 선의취득을 인정함).

동지: 1997. 12. 12, 95 다 49646(양도인이 무권대리인인 경우에도 주권의 선의취득을 인정하여, 원고의 주권인도의무를 부정함).

D. 관련논점

(1) 주권의 선의취득에서 수표법 제21조를 준용하고 있는 이유

(2) 어음과 주권의 제권판결에서의 차이점

제 2 주주명부

제 2 관 주식의 양도

제 1 주식양도의 제한

1. 권리주양도의 제한

2. 주권발행 전의 주식양도의 제한

A. 기본판례

▣ 대판 1995. 5. 23, 94 다 36421(判商 [187])[회사성립 후 6월이 경과한 경우 주권발행 전의 주식양도가 적법함을 인정하고, 이사회결의 없는 신주인수권 양도의 회사에 대한 효력을 인정한 경우]

[사실관계]

Y_1주식회사(피고)는 1982. 8. 26.경 설립된 회사로서 1992. 3. 13. 현재 자본금이 110,000,000원으로 액면금 5,000원의 기명식 보통주식 22,000주를 발행하였다. Y_1회사의 발행주식 중 1,100주는 동 회사의 대표이사인 A가, 4,400주는 B가, 2,200주는 C가, 2,200주는 D가, 5,500주는 X(원고)가, 6,600주는 Y_2(피고)가 각각 보유하고 있었다. Y_1회사는 1992. 3. 14. 그 자본금을 100% 증자하기로 하여 이사회의 결의를 거쳐 발행가액 금 5,000원의 기명식 보통주식 22,000주를 새로 발행하기로 하면서 위 주주들의 위 주식보유비율에 따라 위 신주 22,000주를 배정하기로 하고 그 납입기일을 동년 4. 2. 로 정하고, X는 동년 3. 25. 위 D로부터 그가 보유하고 있던 종전 주식 2,200주 및 새로 배정된 신주 2,200주에 대한 신주인수권을 금 81,400,000원에 양도받기로 하는 내용의 계약을 체결하고 그 날 계약금으로 금 11,000,000원을 지급하였다. 이 때 그 계약에 입회하였던 그 당시 Y_1회사의 대표이사인 A는 위 D가 Y_1회사의 주식 2,200주를 보유하고 있음을 확인하고, 기타 내용은 X와 D 사이에 체결된 위 계약과 상위 없음을 확인하며, 만약 이와 관련하여 제반 문제의 발생시 모든 법적 책임을 지겠다는 내용의 확인서(이에 대하여는 동년 3. 26.에 공증인의 확정일자를 받았음)를 작성하여 X에게 교부함으로써 위 주식 및 신주양수권의 양도에 대하여 승낙하였다. 이에 X는 위 D에게 동년 3. 27. 중도금 23,000,000원, 동년 4. 2. 잔금 47,400,000원을 각각 지급하고, 동년 3. 30. 위 신주 2,200주에 대한 인수대금 11,000,000원을 지급하여 D가 동년

3. 31.에 이를 Y_1회사에 납입하였다. 한편 Y_2는 동년 3. 27.에 D로부터 X가 매수한 위 주식 2,200주를 금 92,400,000원에 다시 매수하였고, 이에 Y_1회사는 동년 3. 29.경 Y_1회사에 비치되어 있는 주주명부상 D의 주식 2,200주에 대한 주주명의를 위 D에서 Y_2로 변경하였고, 동년 4. 2.로 위 신주에 대한 납입기일이 지나자 그 다음 날인 동년 4. 3. 위 D에게 배정된 신주 2,200주에 대한 명의를 역시 Y_2로 등재하였다. Y_1회사는 현재까지 그 발행주식에 대하여 주권(株券)을 발행하지 아니하였고, Y_1회사의 정관에는 신주의 발행시 주주가 가지는 신주인수권을 양도할 수 있는 것에 관하여 아무런 규정이 없는데도, Y_1회사의 이사회는 1992. 3. 14. 위 신주발행을 결의하면서 이에 관한 결정을 하지 아니하였다. 이에 X는 D가 Y_2에게 이중으로 양도한 신주 및 신주인수권의 양도는 무효라고 주장하여, 그러한 주식 및 신주의 발행회사인 Y_1회사와 동 주식 및 신주의 양수인인 Y_2를 상대로 이 사건의 소를 제기하게 된 것이다.

이에 대하여 원심(서울민사지방법원)은 「D의 종전 주식 2,200주의 양도는 주권발행 전의 양도에 해당한다고 할 것이나, Y_1회사는 회사가 성립된 1982. 8. 26.로부터 6개월이 이미 경과한 현재까지도 주권을 발행하지 아니하고 있으므로, 상법 제335조 제 2 항(1995년 개정상법에 의하면 제 3 항: 저자 주)에 의하여 Y_1회사에 대하여 효력이 있다고 할 것이고, 한편 상법 제416조 제 5 호의 규정에 의하면 주식회사가 그 성립 후에 주식을 발행하는 경우 회사의 정관에 '주주가 가지는 신주인수권을 양도할 수 있는 것에 관한 사항'에 관하여 아무런 규정이 없으면 이사회가 이를 결정한다고 규정되어 있으나, 회사의 정관이나 이사회의 결의로 신주인수권의 양도에 관한 사항에 관하여 정하지 않았다고 하여 곧바로 신주인수권의 양도가 전혀 허용되지 아니한다고 볼 수는 없고, 주주는 회사의 승낙을 얻어 그 신주인수권을 유효하게 양도할 수 있다고 봄이 상당하므로, 위 신주인수권의 양도도 Y_1회사의 승낙을 받은 이상 Y_1회사에 대하여 그 효력이 있다고 할 것이다」고 판시하였다. 또한 원심은 X가 D로부터 신주인수권증서를 교부받지 아니하였으므로 이 신주인수권의 양도는 무효라는 Y_2 등의 주장에 대하여, 「신주인수권의 양도는 신주인수권증서의 교부에 의하여만 이를 행한다는 상법 제420조의 3의 규정은 주식회사의 정관에 신주인수권의 양도에 관한 사항이 규정되어 있거나 이사회가 신주발행을 결의하면서 이에 관한 결정을 한 경우에만 적용되는 규정이라고 할 것이고, 이 사건과 같이 Y_1회사의 정관이나 이사회의 결의에서 이에 관한 아무런 정함이 없는 경우에는 적용될 수 없다고 할 것이다」고 판시하였다.

이러한 원심판결에 대하여 Y2 등은 다음과 같은 이유로 대법원에 상고하게 된 것이다. (i) Y1회사의 대표이사이던 A가 D의 X에 대한 종전 주식 및 신주인수권의 양도를 승낙하였다는 점에 대하여는, D가 Y1회사의 기명식 보통주 2,200주를 보유하였다는 점과 D와 X간에 체결된 주식매매계약서의 내용은 이상(異常) 없다는 점을 확인함에 불과하고, Y1회사가 위 주식양도와 신주인수권양도를 승인하였다는 내용이 없으므로, 원심판결은 의사표시해석에 있어서 오류가 있었다. (ii) 주권발행 전의 주식양도의 대항요건에 대하여는, 주식은 단순한 물권이나 채권이 아니라 주주가 회사에 대하여 가지는 권리와 의무의 총체로 파악되는 사원의 지위이기 때문에 지명채권과는 그 성질을 달리하는 것이어서 그 양도의 대항요건을 지명채권양도와 동일시할 수 없고, 또한 상법이 기명주식의 대항요건에 대하여 주주명부의 명의개서를 규정하고 있는 점(商 337조 1항)에 비추어 지명채권양도의 대항요건을 적용(내지 준용)할 수는 없으므로, 원심판결은 주권발행 전의 주식양도의 대항요건에 관한 법리를 오해하였다. (iii) 주권발행 전의 주식양수인의 지위에 대하여는, 회사에 대하여 주주로 인정받아 주주로서의 권리를 주장할 수 있다는 뜻이 아니고 적법한 양수인임을 주장하고 주주명부상의 명의개서를 청구할 수 있음을 뜻하므로, 양수인은 회사에 대하여 주주로서 인정받을 수 없으므로 원심판결은 X를 Y1회사의 주주라고 확인한 오류가 있다. (iv) 신주인수권의 양도에 관하여는, 신주인수권은 정관 또는 이사회의 결의로 양도할 수 있음을 정한 경우에만 그 양도가 인정되고 또한 신주인수권은 신주인수권증서의 교부에 의하여서만 양도될 수 있으므로, 원심판결이 본건에서 이러한 신주인수권의 양도요건을 갖추지 못한 신주인수권의 양도를 적법하다고 인정한 것은 신주인수권의 양도에 관한 법리를 오해한 것이다. (v) 원심이 Y1회사는 Y2로부터 X에게 위 주식에 관하여 명의개서절차를 다시 이행하라고 판시한 점에 대하여는, D는 종전의 주식과 신주인수권을 모두 Y2에게 양도하고 Y2가 그 대금을 지급하고 또한 신주인수가액을 납입하여 Y1회사의 이사회를 거쳐 주주명부상 D로부터 Y2명의로 명의개서되어 Y2는 적법한 주주로 추정되므로 D명의에서 X명의로의 명의개서는 이행불능하며, 명의개서의 청구가 경합되었을 때에는 누가 먼저 그 청구를 하였는가 또는 누가 먼저 보전처분절차를 밟았는가에 따라서 그 우열을 가려야 합리적이다.

[판결요지]

대법원은 위의 상고이유에 대하여 다음과 같이 판시하였다.

(1) 위의 상고이유 (i)에 대하여는 다음과 같다. Y_1회사 대표이사 A가 Y_1회사를 대표하여 X와 D 사이의 주식 및 신주인수권의 양도를 승인하였다고 인정 · 판단한 조치에는 수긍이 간다. 따라서 원심판결에는 의사표시의 해석을 잘못한 위법이 없으므로 논지는 이유가 없다.

(2) 위의 상고이유 (ii) 및 (iii)에 대하여는 다음과 같다. 상법 제335조 제 2 항(1995년 개정상법에 의하면 제 3 항: 저자 주) 소정의 주권발행 전에 한 주식의 양도는 회사성립 후 또는 신주의 납입기일 후 6월이 경과한 때에는 회사에 대하여 효력이 있는 것으로서, 이 경우 주식의 양도는 지명채권의 양도에 관한 일반원칙에 따라 당사자의 의사표시만으로 효력이 발생하는 것이고, 상법 제337조 제 1 항에 규정된 주주명부상의 명의개서는 주식의 양수인이 회사에 대한 관계에서 주주의 권리를 행사하기 위한 대항요건에 지나지 아니하므로, 주권발행 전 주식을 양수한 사람은 특별한 사정이 없는 한 양도인의 협력을 받을 필요 없이 단독으로 자신이 주식을 양수한 사실을 증명함으로써 회사에 대하여 그 명의개서를 청구할 수 있다 할 것이다(대판 1992. 10. 27, 92 다 16386 참조). 따라서 주권발행 전에 주식을 양수한 자는 주주명부상의 명의개서가 없어도 회사에 대하여 자신이 적법하게 주식을 양수한 자로서 주주권자임을 주장할 수 있다 할 것이다. 그러므로 이와 같은 취지로 판단한 원심판결은 정당하고, 논지는 모두 이유가 없다.

(3) 위의 상고이유 (iv)에 대하여는 다음과 같다. 상법 제416조 제 5 호에 의하면, 회사의 정관 또는 이사회의 결의로 주주가 가지는 신주인수권을 양도할 수 있는 것에 관한 사항을 결정하도록 되어 있는바, 신주인수권의 양도성을 제한할 필요성은 주로 회사측의 신주발행사무의 편의를 위한 것에서 비롯된 것으로 볼 수 있고, 또 상법이 주권발행 전 주식의 양도는 회사에 대하여 효력이 없다고 엄격하게 규정한 것과는 달리 신주인수권의 양도에 대하여는 정관이나 이사회결의

를 통하여 자유롭게 결정할 수 있도록 한 점에 비추어 보면, 회사가 정관이나 이사회의 결의로 신주인수권의 양도에 관한 사항을 결정하지 아니하였다 하여 신주인수권의 양도가 전혀 허용되지 아니하는 것은 아니고, 회사가 그와 같은 양도를 승낙한 경우에는 회사에 대하여도 그 효력이 있다 할 것이다. 따라서 이와 같은 취지로 판단한 원심판결은 정당하고, 논지는 이유가 없다.

또한 신주인수권증서가 발행되지 아니한 신주인수권의 양도도 주권발행 전의 주식양도에 준하여 지명채권양도의 일반원칙에 따른다고 보아야 하므로, 주권발행 전의 주식양도나 신주인수권증서가 발행되지 아니한 신주인수권양도의 제 3 자에 대한 대항요건으로는 지명채권의 양도와 마찬가지로 확정일자 있는 증서에 의한 양도통지 또는 회사의 승낙이라고 보는 것이 상당하고, 주주명부상의 명의개서는 주식 또는 신주인수권의 양수인들 상호간의 대항요건이 아니라 적법한 양수인이 회사에 대한 관계에서 주주의 권리를 행사하기 위한 대항요건에 지나지 아니한다고 본 것이다. 따라서 원심이 확정일자 있는 증서에 의하여 Y_1회사의 승낙을 받은 X를 적법한 주식 및 신주인수권의 양수인이라고 판단한 것은 정당하다 할 것이므로, 논지는 이유가 없다.

(4) 위의 상고이유 (v)에 대하여는 다음과 같다. X가 Y_2에 대하여도 이 사건 주식의 적법한 주주권자임을 확인받은 이상, 이 사건 주식에 대한 Y_2명의의 주주명의개서는 Y_1회사에 대한 관계에서도 그 효력이 없다 할 것이므로, Y_1회사가 이 사건 주식에 대하여 X 앞으로 주주명의개서를 하는 데에 무효인 Y_2명의의 주주명의개서는 아무런 장애가 되지 아니한다고 할 것이다. 따라서 그 반대의 전제에 선 논지는 이유가 없다[주권발행 전 주식양도에 관하여 이 판결에 찬성하는 취지의 평석으로는 정찬형, "주권발행전의 주식양도 및 이사회의 결의없는 신주인수권양도의 회사에 대한 효력," 「판례월보」, 제304호(1996. 1.), 20~23면 참조].

B. 이론요약

(1) 회사가 성립하거나 신주의 납입기일이 경과하여 권리주의 상태가 소멸된 경우에도 주권이 발행되기 전에 한 주식양도는 회사에 대하여 효력이 없다(商 335조 3항 본문). 이와 같이 주권발행 전의 주식양도를 제한하는 이유는, 주권발행 전에는 적법한 주식양도의 방법이 없어 주식거래의 안전을 기할 수 없을 뿐만 아니라,

또 주권발행사무의 혼잡을 방지하여 주권발행을 촉진시키려는 기술적 이유에서이다.

그런데 이러한 규정은 주권발행 전의 간악한 주식양도인에 의하여 회사를 도로 찾으려는 목적으로 자주 악용되어, 상법 제335조 제 3 항은 단서를 신설하여 「회사성립 후 또는 신주의 납입기일 후 6월이 경과한 때에는 주권발행 전의 주식양도는 유효하다」고 규정하게 된 것이다(商 335조 3항 단서). 그런데 이러한 규정에 의하여 회사는 주권발행을 게을리할 우려가 있고, 또한 주권 없는 주식양도가 합법화되어 주식의 양도는 주권의 교부에 의하여야 한다는 상법 제336조 제 1 항을 사문화시킬 우려도 있다.

(2) 회사의 성립 후 또는 신주의 납입기일 후 6월 이내에 주권 없이 주식을 양도한 경우에는 그러한 주식의 양도는 회사에 대하여 효력이 없다(商 335조 3항 본문). 이러한 주식양도를 회사 측에서 승인을 하고 또 주주명부에 명의개서를 하였다 하더라도, 회사에 대한 관계에서는 아무런 효력이 생기지 않는다. 그러나 당사자간에는 양도의 채권적 효력이 있다.

(3) 회사의 성립 후 또는 신주의 납입기일 후 6월 이후에 주권 없이 주식을 양도한 경우에는, 당사자간에는 물론이고 회사에 대하여도 유효한 주식양도가 된다(商 335조 3항 단서). 상법은 이 때의 주식양도의 효력을 인정하면서 그 양도방법에 관하여는 아무런 규정을 두고 있지 않으므로, 이는 해석에 의할 수밖에 없다. 이 때의 주식양도는 민법상 지명채권의 양도방법과 같이 당사자 사이의 의사표시에 의하여 이루어지고, 회사 기타 제 3 자에게 대항력(주식의 소유관계에서 적법한 주주임을 주장하기 위한 대항력)을 갖추기 위하여는 회사에 대한 통지 또는 회사의 승낙을 요한다(民 450조 1항)(통설 · 판례). 그러나 회사에 대하여 주주권을 행사하기 위한 대항요건(즉, 양수인이 앞으로 계속적으로 주주권을 행사하기 위한 대항요건)으로는 명의개서를 요하고(이러한 대항요건을 갖추지 않으면 주주는 그가 회사에 대하여 주주권을 행사할 때마다 매번 적법한 주주임을 증명하여야 할 것임)(商 337조 1항), 제 3 자에 대한 배타적인 대항요건(양도인이 이중으로 주식을 양도한 경우에 제 1 인의 양수인이 제 2 의 양수인에 대하여 주주임을 주장하기 위한 대항요건)으로는 확정일자 있는 증서에 의한 양도통지 또는 회사의 승낙을 요한다(民 450조 2항).

위 기본판례에서 D가 Y_1회사의 (회사성립 후 6월이 경과한) 주권발행 전의 주식과 신주인수권을 이중으로 양도하여 X는 먼저 이를 양수하였으나 주주명부에 명의개서를 하지 아니하였고, Y_2는 그 후에 이를 양수하였으나 주주명부에 명의개서를 한 경우인데, 이에 대하여 대법원은 X가 Y_1회사에 대하여 권리자라고 판시하였다. 이러한 대법원판결은 명의개서는 주주권을 창설하는 효력은 없고 단지 단체법적 관점에서 회사에 대하여 주주권을 행사할 자격만을 표시하는 것으로 보아야 하는 점 및 X는 민법 제450조 제 2 항에 의하여 주식의 소유관계에서 제 3 자에 대한 배타적인 대항요건을 갖추었다는 점 등에서 볼 때, 타당하다고 본다.

C. 관련판례

(1) 대판 2003. 10. 24, 2003 다 29661(회사성립 후 6월이 경과한 경우 주권발행 전의 주식양도는 지명채권의 양도에 관한 일반원칙에 따라 당사자의 의사표시만으로 그 효력이 발생하는 것이고, 상법 제337조 제 1 항에 규정된 주주명부상의 명의개서는 주식의 양수인이 회사에 대한 관계에서 주주의 권리를 행사하기 위한 대항요건에 지나지 아니한다고 한 경우〈원고가 주식을 양도한다는 의사를 표시하지 않은 이상, 원고의 주식이 피고에게 이전되지 않으므로, 원고의 피고에 대한 손해배상청구는 이유 없음〉).

동지: 대판 2000. 3. 23, 99 다 67529(주권발행 전 주식양도는 효력이 없어, 원고의 주주권 확인을 인정함); 동 1999. 7. 23, 99 다 14808(判商 [184])(회사성립 후 6월 이후의 주권발행 전 주식양도는 유효하므로 이와 같이 주식을 양수한 X는 Y_2명의로 명의개서절차가 마쳐졌다 하더라도 주주권이 상실되지 않는다고 한 경우); 동 1996. 8. 20, 94 다 39598(判商 [185])(앞의 판결과 동일한 내용임); 동 1989. 7. 11, 89 다카 5345(주주명부의 기재에 창설적 효력이 인정되는 것이 아니므로 실질상의 주주가 아닌 A가 주주명부에 주주라고 기재되고 그에게만 소집통지하여 개최한 주주총회는 부존재라고 한 경우); 동 1985. 3. 26, 84 다카 2082(주주명부에 주주로 등재되어 있는 자는 일응 그 회사의 주주로 추정되므로, 이를 번복하기 위하여는 그 주주권을 부인하는 측에 증명책임이 있다고 한 경우) 외.

(2) 대판 1992. 10. 27, 92 다 16386(회사성립 후 6월 이후에 주권 없이 주식을 양수한 자는 단독으로 자신이 주식을 양수한 사실을 증명함으로써 회사에 대하여

그 명의개서를 청구할 수 있다고 한 경우〈명의신탁의 경우 해지하면 바로 주주의 권리가 신탁자에게 복귀하는 것이지, 주식양도를 위하여 새로운 법률행위는 불요함〉).

D. 관련논점

(1) 상법 제335조 제 3 항 단서와 제355조 제 1 항 및 제336조 제 1 항과의 관계

(2) 회사의 성립 후 6월이 경과한 경우 주권발행 전 주식양도에서 제 3 자에 대하여 주주임을 주장하기 위한 대항요건

3. 자기주식취득의 제한

A. 기본판례

▣ 대판 2003. 5. 16, 2001 다 44109(判商 [207])[회사가 대여금을 실질적으로 회수할 의사 없이 제 3 자에게 주식인수대금 상당을 대여하고 제 3 자는 그 대여금으로 주식인수대금을 납입한 경우, 이는 상법 제341조의 2에 위반하여 무효라고 본 경우]

[사실관계]

D종합금융주식회사의 제안에 따라 X는 X 또는 그가 지정하는 자의 이름으로 D종금의 유상증자에 참여하기로 하되, 100억원을 D종금으로부터 대출받아 이를 신주인수의 청약대금으로 D종금에 납입하고, 인수한 주식 전부를 D종금에 담보로 제공하며, D종금이 영업정지를 받는 등의 사유가 발생하는 경우에는 그 전 일자로 D종금에 대하여 X가 위 주식의 매수(환매)를 청구할 수 있는 권리가 발생한 것으로 간주하고 그 매수가격을 발행가액으로 하여 X의 위 대출금채무와 상계된 것으로 보고 이자 등 일체의 채권에 대하여 D종금의 권리가 상실되는 것으로 계약을 체결하였다. 이에 X는 파산자 D종금의 파산관재인 Y를 상대로 대출금채무에 대한 채무부존재확인을 청구하였다.

이에 대하여 원심(서울고법)은 X의 청구를 인정하여, Y가 대법원에 상고하게 된 것이다.

[판결요지]

(1) 주식회사가 자기의 계산으로 자기의 주식을 취득하는 것은 회사의 자본적 기초를 위태롭게 하여 회사와 주주 및 채권자의 이익을 해하고 주주평등의 원칙을 해하며 대표이사 등에 의한 불공정한 회사지배를 초래하는 등의 여러 가지 폐해를 생기게 할 우려가 있으므로 상법은 일반 예방적인 목적에서 이를 일률적으로 금지하는 것을 원칙으로 하면서, 예외적으로 자기주식의 취득이 허용되는 경우를 유형적으로 분류하여 명시하고 있다(商 341조).

그러므로 상법 제341조(2011년 개정상법 제341조의 2), 제341조의 2(2011년 개정상법에서는 삭제됨), 제342조의 2 또는 증권거래법(이 법은 2009. 2. 4.부터 자본시장과 금융투자업에 관한 법률로 대체됨) 등에서 명시적으로 자기주식의 취득을 허용하는 경우 외에, 회사가 자기주식을 무상으로 취득하는 경우 또는 타인의 계산으로 자기주식을 취득하는 경우 등과 같이 회사의 자본적 기초를 위태롭게 하거나 주주 등의 이익을 해한다고 할 수 없는 것이 유형적으로 명백한 경우에도 자기주식의 취득이 예외적으로 허용되지만(대판 1996. 6. 25, 96 다 12726 참조), 그 밖의 경우에 있어서는 설령 회사 또는 주주나 회사채권자 등에게 생길지도 모르는 중대한 손해를 회피하기 위하여 부득이한 사정이 있다고 하더라도 자기주식의 취득은 허용되지 아니하는 것이다.

그리고 위와 같은 금지규정에 위반하여 회사가 자기주식을 취득하는 것은 당연히 무효이다(대결 1964. 11. 12, 64 마 719 참조).

한편, 상법 제625조 제 2 호는 「누구의 명의로 하거나를 불문하고 회사의 계산으로 부정하게 그 주식을 취득하는 행위」를 처벌대상으로 규정하고 있다.

이들 규정을 아울러 고찰할 때, 비록 회사 아닌 제 3 자의 명의로 회사의 주식을 취득하더라도 그 주식취득을 위한 자금이 회사의 출연에 의한 것이고 그 주식취득에 따른 손익이 회사에 귀속되는 경우라면, 상법 기타의 법률에서 규정하는 예외사유에 해당하지 않는 한, 그러한 주식의 취득은 회사의 계산으로 이루어져 회사의 자본적 기초를 위태롭게 할 우려가 있는 것으로서 상법 제341조가 금지하는 자기주식의 취득에 해당한다고 할 것이다.

(2) 다른 한편, 주식회사의 자본금 충실의 원칙상 주식의 인수대금은 그 전액을 현실적으로 납입하여야 하고 그 납입에 관하여 상계로써 회사에 대항하지 못하는 것이므로(2011년 개정상법은 개정전 상법 제334조를 삭제하고, 제421조 제 2 항

을 신설하여 「신주의 인수인은 회사의 동의 없이 제 1 항의 납입채무와 주식회사에 대한 채권을 상계할 수 없다」고 규정하고 있다)(商 295조, 334조, 421조, 422조) 회사가 제 3 자에게 주식인수대금 상당의 대여를 하고 제 3 자는 그 대여금으로 주식인수대금을 납입한 경우에, 회사가 처음부터 제 3 자에 대하여 대여금채권을 행사하지 아니하기로 약정되어 있는 등으로 대여금을 실질적으로 회수할 의사가 없었고 제 3 자도 그러한 회사의 의사를 전제로 하여 주식인수청약을 한 때에는, 그 제 3 자가 인수한 주식의 액면금액에 상당하는 회사의 자본금이 증가되었다고 할 수 없으므로 위와 같은 주식인수대금의 납입은 단순히 납입을 가장한 것에 지나지 아니하여 무효라고 할 것이다.

이러한 점에서 본건 계약은 결국 X가 청약하는 신주인수대금을 D종금이 대출의 형식으로 제공하여 납입하게 하지만 X에게는 그 대여금 상환의 책임을 지우지 아니하고 그 주식인수에 따른 손익을 D종금에 귀속시키기로 하는 내용의 계약이라고 할 것이고, 따라서 이 계약의 실질은 D종금의 계산 아래 D종금이 X 또는 X가 지정하는 자의 명의로 D종금 스스로 발행하는 신주를 인수하여 취득하는 것을 목적으로 하는 것으로서, 앞에서 본 법리에 비추어 자기주식의 취득이 금지되는 유형에 해당한다고 할 것이므로, 위 계약은 대출약정을 포함한 그 전부가 무효라고 할 것이고, 그 계약에 따라 X가 D종금의 대여금으로 신주인수대금을 납입한 것 역시 무효라고 할 것이다.

(3) 그렇다면 위 계약에 기초하여 X와 D종금 사이에서 이루어진 100억원 대출약정은 무효이므로 위 대출약정에 따른 X의 채무는 존재하지 아니한다고 할 것이고, 그 계약에 따라 대출금으로 X에게 입금되었던 금원은 신주인수대금 명목으로 다시 D종금에 입금되었으므로 X가 대출금 상당의 부당이득을 한 것으로 볼 수도 없다고 할 것이다.

(4) 원심판결의 이유설시가 적절하지는 아니하나, 위 대출약정에 따른 X의 대출원리금 기타 일체의 채무가 존재하지 아니한다고 본 결론에 있어서는 정당하고, 원심판결에 영향을 미친 법리오해의 위법이 있다고 볼 수 없다.

B. 이론요약

(1) 2011년 개정상법은 회사의 자기주식의 취득은 회사의 재산을 주주에게

환급한다는 점에서 본질적으로 주주에 대한 이익배당과 유사하게 볼 수 있다는 점 등에서, 배당가능이익으로써 자기주식을 취득하는 것을 원칙적으로 허용하고 있다. 즉, 회사는 직전 결산기의 이익으로써 자기주식을 취득할 수 있는데, 이 경우에는 해당 영업연도의 결산기에 이익이 예상되어야 하고 또한 취득방법에 따른 일정한 제한을 받는다(商 341조).

(2) 회사에 배당가능이익이 없는 경우에는 회사의 합병 또는 다른 회사의 영업전부의 양수로 인한 경우 등 상법이 인정하는 특정목적이 있는 경우에만 자기주식을 취득할 수 있고, 그 이외에는 자기주식을 취득할 수 없다(商 341조의 2).

이러한 상법의 규정은 강행법규라고 볼 수 있으므로 이에 위반하여 자기주식을 취득한 행위의 사법상 효력은 무효라고 본다(무효설). 또한 이사 등이 이에 위반하여 자기주식을 취득하게 되면 그러한 이사 등은 회사(商 399조) 또는 제 3 자(商 401조)에 대하여 손해배상책임을 지고 또한 형벌의 제제도 받는다(商 625조 2호).

(3) 위 (1) 및 (2)에 의하여 회사가 취득한 자기주식은 의결권이 없고(商 369조 2항), 이는 발행주식총수에 산입되지 않는다(商 371조 1항). 또한 회사가 갖고 있는 이러한 주식은 해석상 의결권 이외의 공익권 및 자익권도 모두 휴지(休止)된다고 본다(전면적 휴지설).

(4) 위 (1)의 의하여 취득한 자기주식은 이사회의 결의에 의하여 소각할 수 있는데(商 343조 1항 단서), 이 때에는 자본금의 감소가 없다고 본다. 그러나 위 (2)에 의하여 취득한 자기주식은 자본금 감소에 관한 규정에 따라서만 소각할 수 있다고 본다(商 343조 1항 본문, 2항).

C. 관련판례

(1) 대판 2007. 7. 26, 2006 다 33609(회사가 제 3 자의 명의로 회사의 주식을 취득하게 하더라도, 그 주식취득을 위한 자금이 회사의 출연에 의한 것이고 그 주식취득에 따른 손익이 회사에 귀속되는 경우라면, 이는 상법 제341조[2011년 개정상법 341조의 2]의 자기주식취득금지에 해당한다고 한 경우).

동지: 대결 1964. 11. 12, 64 마 719(상법 제341조[2011년 개정상법 341조의 2]에 위반한 자기주식의 취득행위는 당연히 무효라고 한 경우); 대판 1955. 4. 7, 4287 민상 229(회사가 상법 제341조[2011년 개정상법 341조의 2]에 위반하여 자기주식의 취득을 약정한 것은 무효라고 한 경우).

(2) 대판 1996. 6. 25, 96 다 12726(判商 [208])(회사가 무상으로 자기주식을 취득하는 것은 회사의 채권자를 해하거나 부당한 투기적 수단으로 이용될 가능성이 없다는 점에서 허용된다고 한 경우).

동지: 대판 1989. 11. 28, 88 누 9268(회사가 무상으로 자기주식을 취득하는 것은 허용된다고 한 경우).

(3) 대판 1992. 4. 14, 90 다카 22698(判商 [209])(회사가 주주에 대하여 그가 소유하는 주식의 지분에 상당하는 재산을 양도하고 주주가 소유하는 자기주식을 양수하여 감소된 재산만큼 주식을 소각시킴은 정당하다고 한 경우).

(4) 대판 1980. 12. 23, 79 누 370(회사가 자기주식을 취득하여 처분한 양도차액은 과세처분의 대상이 되는 유가증권매각이익으로 처리하여야 하는 것이지, 자본준비금으로 적립하여야 할 것은 아니라고 한 경우).

(5) 대판 1963. 5. 30, 63 다 106(회사가 자기주식을 B에게 공로주로 주기로 약정한 경우, 주주인 A에게 회사가 대가를 지급하고 A가 B에게 직접 주식을 양도하기로 한 것은, 위 약정이 강행법규에 반하거나 원시적으로 이행이 불능한 것이라고 볼 수 없다고 한 경우).

D. 관련논점

(1) 배당가능이익의 범위 내에서 회사의 자기주식취득 인정여부

(2) 위 (1)의 경우 이를 인정한다면, 그의 처분제한에 관한 입법론

(3) 회사가 취득한 자기주식의 회계처리 및 과세처리

4. 자회사에 의한 모회사 주식취득의 제한

5. 정관에 의한 주식양도의 제한

제2 주식양도의 방법

1. 주권발행 전의 양도방법

2. 주권발행 후의 양도방법

3. 명의개서(기명주식양도의 회사에 대한 대항요건)

A. 기본판례

▣ 대판 2002. 12. 24, 2000 다 69927(判商 [200])[명의개서가 없는 한 회사에 대하여 주주임을 대항할 수 없다고 본 경우]

[판결요지]

주식회사의 임시주주총회가 법령 및 정관상 요구되는 이사회의 결의 및 소집절차 없이 이루어졌다 하더라도, 주주명부상의 주주 전원이 참석하여 총회를 개최하는 데 동의하고 아무런 이의 없이 만장일치로 결의가 이루어졌다면 그 결의는 특별한 사정이 없는 한 유효하다고 할 것이다(대판 1996. 10. 11, 96 다 24309; 동 2002. 7. 23, 2002 다 15733 등 참조). 그리고 기명주식이 양도된 후 주식회사의 주주명부상 양수인 명의로 명의개서가 이미 이루어졌다면, 그 후 그 주식양도약정이 해제되거나 취소되었다 하더라도 주주명부상의 주주 명의를 원래의 양도인 명의로 복구하지 않는 한 양도인은 주식회사에 대한 관계에 있어서는 주주총회에서 의결권을 행사하기 위하여 주주로서 대항할 수 없다고 할 것이다(대판 1963. 6. 20, 62 다 685 참조).

기록에 의하면, M은 1996. 6. 19. X와 사이에 원심 판시와 같은 내용의 이 사건 공동운영약정을 맺은 다음, 그 약정에 따라 X측에게 Y회사 주식을 양도하여 Y회사의 발행주식은 X와 M이 각 1,750주, X의 처인 P가 1,500주를 소유하게 되었고, 이는 1996. 6. 27. 당시 Y회사의 주주명부에도 등재되었는데, 그 이후 M은 1996. 11. 21. 단지 X가 위 약정에 따른 투자이행을 하지 않아 위 공동운영약정 및 X를 대표이사로 선임한 위 이사회의 결의가 무효가 되었다는 이유로, X에 대하여 위 사유를 이유로 한 약정 해제 혹은 취소의 의사표시를 발송한 후, Y회사의 주주명부상 주주명의를 복구하거나 혹은 Y회사에 대하여 그 명의의 복구를 요청함이 없이 곧바로 종전 주주이던 J와 함께 위 임시주주총회를 개최한 사실을 알 수 있는바, 사정이 이와 같다면 최소한 Y회사에 대한 관계에 있어서는 주주명부상의 주주 전원이 참석하여 총회를 개최하는 데 동의하였다고 볼 수 없어, 위 1996. 11. 21.자 임시주주총회의 소집절차에 관한 앞서의 하자가 치유되어 그것이 유효하게 된다고 볼 수는 없다고 할 것이다.

원심이, Y회사의 1996. 11. 21.자 임시주주총회에 참석한 사람들이 주주총회 의사정족수 혹은 의결정족수를 충족시키는 실제의 주주인지의 여부에 관하여 살펴볼 필요도 없다고 판단한 것은 잘못이라고 할 것이지만, 원심의 위와 같은 잘못은 주주총회결의의 존재를 인정할 수 없다고 본 이 사건 판결의 결과에는 영향이 없다.

따라서 이 부분 상고이유의 주장도 모두 이유 없다.

B. 이론요약

(1) 주식(기명주식 및 무기명주식)의 양도는 주권의 교부에 의하여 그 효력이 발생하지만(商 336조 1항), 기명주식의 경우 이를 회사에 대항하기 위하여는 명의개서를 하여야 한다(商 337조 1항). 이러한 명의개서에 의하여 주권소지인과 회사는 사단적으로 연결된다.

참고로 기명주식의 양도의 제3자에 대한 대항요건 및 무기명주식의 양도의 제3자·회사에 대한 대항요건은 주권의 소지이다. 따라서 무기명주식을 가진 주주가 주주권을 행사하기 위하여는 그의 주권을 회사에 공탁하여야 한다(商 358조).

(2) 기명주권의 소지인은 회사에 대하여 명의개서청구권을 갖는데, 이는 주권소지인이 단독으로 행사할 수 있는 권리이다. 주권소지인은 적법한 소지인으로 추정되므로(商 336조 2항), 이러한 주권소지인이 주권을 제시하고 명의개서를 청구하면 회사는 그가 무권리자임을 입증하지 못하는 한 명의개서를 하여야 한다. 이때 회사는 주권소지인이 진정한 주주인가에 대한 실질적 자격을 심사할 의무는 없다.

명의개서청구에 주권의 제시는 절대적인 것이 아니고, 주식양수인이 상속·합병 등과 같이 포괄승계에 의하여 주식을 양수하거나 또는 주권발행 전에 주식을 양수한 경우(商 335조 3항 단서) 등에는 양수인이 이러한 사실을 증명하여 회사에 명의개서를 청구하여야 한다.

(3) 명의개서가 있으면 주식양수인은 회사에 대하여 주주임을 대항할 수 있고(대항력)(商 337조 1항), 주주명부에 기재된 주주는 권리창설적 효력은 없으나 적법한 주주로 추정되며(추정력), 회사가 주주명부에 기재된 주주를 적법한 주주로 인정하여 그에게 통지·최고 등을 하면 면책된다(면책력)(商 353조 1항).

(4) 주식의 양수인이 적법하게 명의개서를 청구하였음에도 불구하고 회사가 정당한 이유 없이 명의개서를 거절하거나 지체한 경우에는, 주식양수인은 명의

개서청구의 소를 제기할 수도 있는데(필요한 경우 임시주주의 지위를 정하는 가처분을 청구함), 주식양수인은 명의개서를 하지 않고도 회사에 대하여 주주의 권리를 행사할 수 있다고 본다. 그러나 이러한 문제는 명의개서대리인제도(商 337조 2항)에 의하여 거의 발생하지 않는다. 한편 회사도 명의개서를 하지 않은 주식양수인(명의개서미필주주, 광의의 실기주주)을 주주로 취급할 수 있는데, 이것이 상법 제337조 제 1 항의 「회사에 대항하지 못한다」(대항력)는 취지에 반하지 않는다고 본다.

위와 같이 명의개서가 되지 않음으로 인하여 회사가 주식양도인을 주주로 취급하여 그에게 이익(합병의 경우는 합병교부금)을 배당한 경우에는 주식양수인은 부당이득의 법리에 의하여 이의 반환을 청구할 수 있고, 신주발행의 경우 주식양도인에게 배정된 신주(협의의 실기주)는 사무관리의 법리에 의하여 그 반환을 청구할 수 있다.

C. 관련판례

(1) 대판 2006. 9. 14, 2005 다 45537(주주명부의 기재에 의하여 창설적 효력을 인정받는 것은 아니므로, 실질상 주식을 취득한 자가 명의개서를 청구할 수 있다고 한 경우〈이중양도의 경우 누가 우선 순위자인가는 확정일자 있는 양도통지 또는 회사의 승낙의 일시인데, 원심이 이를 판단하지 않고 X명의로 명의개서하도록 한 것은 잘못임〉).

동지: 대판 1989. 7. 11, 89 다카 5345(명의개서에 창설적 효력이 없으므로 반증에 의하여 실질적으로 주식을 취득하지 못하였다고 인정되는 자가 명의개서를 받았다 하여 주주권을 행사할 수 없으므로, 이러한 자만이 참석한 주주총회결의는 부존재함).

(2) 대판 1995. 7. 28, 94 다 25735(判商 [201])(주식을 증여받은 자가 회사에 그 양수한 내용만 통지하였다면, 그 통지사실만 가지고는 회사에 명의개서를 요구한 것으로 보기 어렵다고 한 경우).

(3) 대판 1993. 7. 13, 92 다 40952(判商 [202])(주식을 양도받은 주식양수인들이 명의개서를 청구하였는데도 위 주식양도에 입회하여 그 양도를 승낙하였고 더구나 그 후 주식양수인들에 대하여 주주로서의 지위를 인정한 바 있는 회사의 대표이사가 정당한 사유 없이 그 명의개서를 거절한 것이라면, 회사는 그 명의개서가 없음

을 이유로 그 양도의 효력과 주식양수인의 주주로서의 지위를 부인할 수 없다고 한 경우).

(4) 대판 1989. 10. 24, 89 다카 14714(判商 [204])(기명주식의 취득자가 명의개서를 하지 않으면 스스로 회사에 대하여 주주권을 주장할 수 없을 뿐이고, 회사측에서 명의개서를 하지 아니한 실질상의 주주를 주주로 인정하는 것은 무방하다고 한 경우).

동지: 대판 2001. 5. 15, 2001 다 12973(명의개서를 하지 않은 실질상의 주주를 회사측에서 주주로 인정하는 것은 무방함).

D. 관련논점

(1) 주식양도에서 명의개서미필주주(광의의 실기주주)의 지위

(2) 명의개서대리인

(3) 기명주식과 무기명주식의 양도의 효력요건 및 대항요건(기명주식인 경우는 주권발행 전과 주권발행 후로 나누어서 살펴봄)

(4) 명의개서와 주권예탁과의 관계

제 3 주식매수선택권

제 4 주식의 담보

제 5 주식의 소각

제 6 주식의 포괄적 교환 및 이전

제 7 지배주주에 의한 소수주식의 강제매수

제 4 절 기 관

제 1 관 주주총회(기본사항의 의결기관)

제 1 소 집

1. 소집권자

2. 소집시기

3. 소집지와 소집장소

4. 소집절차(1인회사에서의 소집절차)

A. 기본판례

▣ 대판 1993. 6. 11, 93 다 8702(判商 [221])[1인회사에서는 총회소집절차를 요하지 않는다고 본 경우]

[사실관계]

Y주식회사는 실질적으로 A가 그 주식 전부를 소유하고 있는 이른바 1인회사이고, X는 단지 그 주주명의의 수탁자에 불과하다. Y회사는 주주총회를 소집하지 않고 A의 의사에 의하여 1989. 12. 20.자로 의사록만을 작성하여 B를 이사로 선임하고, 또 이사회를 소집하지 않고 동 일자에 이사 전원의 합의에 의하여 X가 이사 및 대표이사직에서 사임하고 (B를 후임이사로 선임하며) A를 후임대표이사로 선임하기로 합의하여, 이에 따라 이사회회의록을 작성하여 변경등기까지 마쳤다.

이에 X는 위의 주주총회결의 및 이사회결의는 그 효력이 없다고 주장하였다. 이에 대하여 원심은 X의 주장을 배척하였다.

[판결요지]

(1) 주식회사에서 총주식을 한 사람이 소유하고 있는 1인회사의 경우에는 그 주주가 유일한 주주로서 주주총회에 출석하면 전원총회로서 성립하고 그 주주의 의사대로 결의될 것임이 명백하므로 따로이 총회소집절차가 필요 없다 할 것이고, 실제로 총회를 개최한 사실이 없다 하더라도 1인주주에 의하여 의결이 있었던 것으로 주주총회의사록이 작성되었다면 특별한 사정이 없는 한 그 내용의 결의가 있었던 것으로 볼 수 있어 형식적인 사유에 의하여 결의가 없었던 것으로 다툴 수는 없다(대판 1976. 4. 13, 74 다 1755; 동 1992. 6. 23, 91 다 19500 등 참조).

원심이 이와 같은 취지에서 Y회사는 실질적인 1인회사로서 그 단독주주인 위 A의 의사가 바로 주주총회의 결의라고 할 것이므로, 실제로 주주총회가 적법한 소집절차를 거쳐 개최된 바 없다 하더라도 위 A의 의사에 기하여 B를 Y회사의 이사로 선임하기로 결의하였다는 내용의 1989. 12. 20.자 주주총회의사록이 작성된 이상 위 결의 자체가 존재하지 않는 경우에 해당한다고 볼 수 없다고 판단한 조치는 옳고, 거기에 소론과 같은 법리오해 내지 이유모순이나 이유불비 등의 위법사유가 있다 할 수 없다. 따라서 논지는 이유 없다.

그리고 주주총회결의 무효확인의 소는 그 결의의 내용이 법령이나 정관에 위배된 경우에 한하여 허용되는 것이지 주주총회가 적법한 소집절차를 결한 것이라는 이유로는 그 총회결의가 무효임을 주장할 수 없다 할 것이므로, 이와 반대의 견해에서 원심을 비난하는 논지도 받아들일 수 없다.

(2) 또한 원심이 적법하게 확정한 바에 의하면, 1989. 12. 20.자 Y회사의 이사회가 실제로 적법한 소집절차를 거쳐 개최된 바 없었으나, 그 전날 X를 포함한 Y회사의 이사들 전원과 B가 함께 참석한 자리에서 X가 대표이사 겸 이사직을 사임하고 위 B를 후임이사로 선임하며 위 A를 후임 대표이사로 선임하기로 하는 내용의 구두합의가 이루어지고, 이에 따라 위 A를 대표이사로 선임결의하였다는 취지의 위 이사회회의록을 작성하여 이로써 법인변경등기를 마쳤다는 것인바, 사실이 그러하다면 비록 Y회사의 이사회가 법령이나 정관의 정한 바에 따라 소집절차를 거쳐 개최되지는 아니하였다 하더라도 위 합의사항은 다른 특별한 사정이 없는 한 Y회사의 이사회의 결의로 유효하게 성립된 것으로 보아야 마땅할 것이다. 결국 이와 같은 취지의 원심판단은 정당한 것으로 수긍할 수 있고, 거기

에 무슨 법리오해의 위법이 있다고 보이지 않는다. 따라서 이의 논지도 역시 이유 없다.

B. 이론요약

(1) 주주총회를 소집함에 있어서는 주주에게 출석의 기회와 준비의 시간을 주기 위하여 기명주주에게는 「통지」하여야 하고, 무기명주주에게는 「공고」하여야 한다(商 363조 1항~3항).

기명주주에 대한 소집통지는 회일의 2주간 전에(2009년 5월 28일 개정상법에 의하여 자본금 총액이 10억원 미만인 소규모 주식회사의 경우에는 그 운영을 간소화하기 위하여 「10일 전」으로 단축함 — 商 363조 4항 전단) 서면 또는 각 주주의 동의를 받아 전자문서로 통지를 발송하여야 한다(발신주의)(商 363조 1항 본문). 그러나 이러한 소집통지가 주주명부상의 주주의 주소에 계속 3년간 도달하지 아니한 때에는 회사는 해당 주주에게 총회의 소집을 통지하지 아니할 수 있고(商 363조 1항 단서), 상장회사의 주주총회 소집에 있어서는 의결권 있는 발행주식총수의 100분의 1 이하의 주식을 소유하는 주주에게는 정관에서 정하는 바에 따라 주주총회 회일의 2주 전에 주주총회를 소집하는 뜻과 회의의 목적사항을 둘 이상의 일간신문에 각각 2회 이상 공고하거나 금융감독원 또는 한국거래소가 운용하는 전자공시시스템에 공고하는 방법으로 공고함으로써 이러한 소집통지에 갈음할 수 있다(商 542조의 4 1항, 商施 31조 1항 · 2항).

무기명주주에 대한 소집공고는 회의의 3주간(2009년 5월 28일 개정상법에 의하여 자본금 총액이 10억원 미만인 소규모 주식회사의 경우에는 「2주간」 전으로 단축함 — 商 363조 4항 후단) 전에 하여야 한다(商 363조 3항).

비상장회사가 위와 같이 통지 · 공고하는 경우에는 회의의 목적사항(결의사항)만 하면 되는데(商 363조 2항 · 3항), 상장회사의 경우에는 이 외의 통지 · 공고할 사항이 추가되어 있다(商 542조의 4 2항 · 3항, 542조의 5, 商施 31조 3항 · 4항 · 5항).

(2) 주주총회의 연기회나 계속회는 당초의 총회와 동일성이 유지되므로 다시 소집절차를 밟을 필요가 없다(商 372조 2항).

(3) 위와 같은 소집절차를 흠결한 주주총회의 결의의 효력은 취소(商 376조) 또는 부존재(商 380조)의 원인이 되고 또 그러한 절차를 흠결한 대표이사 또는 (대표)집행임원은 과태료의 제재(商 635조 1항 2호)를 받는다. 그러나 다음의 경우에는 유효한 주주총회

가 된다.

1) 법정된 소집절차를 이행하지 않았으나 총주주가 주주총회의 개최에 동의하여 출석하면(전원출석총회) 그 총회에서의 결의는 유효하다(통설 · 판례). 우리 대법원에서는 특히 1인회사의 경우 그 1인의 주주가 출석하면 전원총회로서 성립하며 주주총회 소집절차를 밟을 필요가 없다고 일관되게 판시하였다(대판 1976. 4. 13, 74 다 1755 외). 위의 기본판례도 이러한 판례 중의 하나이다.

2) 2009년 5월 28일 개정상법은 자본금 총액이 10억원 미만인 소규모 주식회사의 경우에는 그 운영을 간소화하기 위하여 주주 전원의 동의가 있으면 소집절차 없이 주주총회를 개최할 수 있음을 명문으로 규정하고(商 363조 5항 1문 전단), 서면에 의한 결의로써 주주총회의 결의에 갈음할 수 있도록 하고, 결의의 목적사항에 대하여 주주 전원이 서면으로 동의한 때에는 서면에 의한 결의가 있는 것으로 보고 있다(商 363조 5항).

C. 관련판례

(1) 대판 2009. 3. 26, 2007 도 8195(주주총회 소집의 통지 · 공고가 행하여진 후 주주총회를 철회하거나 연기하기 위하여는 소집의 경우에 준하여 이사회결의를 거쳐 대표이사가 그 뜻을 그 소집에서와 같은 방법으로 통지 · 공고하여야 한다고 한 경우〈원심파기환송〉).

(2) 대판 1992. 6. 23, 91 다 19500(判商 [222])(사실상 1인회사에서 주주총회 소집절차가 없는 결의를 유효로 본 경우).

(3) 대판 1979. 6. 26, 78 다 1794(주주 전원이 출석하여 만장일치로 결의한 경우라면 위 주주총회는 이른바 전원출석총회로서 그 결의는 주주총회결의로서 유효하다고 한 경우).

동지: 대판 2002. 12. 24, 2000 다 69927(주주명부상의 주주 전원이 참석하여 총회를 개최하는 데 동의하고, 만장일치로 결의가 이루어졌다면 그 결의는 특별한 사정이 없는 한 유효함); 동 2002. 7. 23, 2002 다 15733(앞의 판결내용과 동일함); 동 1993. 2. 26, 92 다 48727(앞의 판결내용과 동일함).

반대: 대판 1960. 9. 8, 4292 민상 766(소집권자에 의하여 소집되지 않은 이

상, 가사 전 주주가 모여 어떤 결의를 하였다 하여도 이는 주주의 회합〈會合〉에 불과하고, 그러한 회합에서의 결의는 부존재 또는 당연무효라고 한 경우).

D. 관련논점

(1) 상장회사의 경우 주주총회 소집의 통지·공고시에 추가한 내용은 적정한가?

(2) 소규모 회사가 아닌 경우에도 총주주의 동의에 의하여 주주총회 소집절차를 생략할 수 있는가? 또한 서면에 의한 결의로써 주주총회의 결의에 갈음할 수 있는가?

제 2 주주제안권

제 3 의 결 권

1. 의결권의 수

2. 의결권의 행사방법(대리행사)

A. 기본판례

▣ 대판 1995. 2. 28, 94 다 34579(判商 [227])[대리권을 증명하는 서면은 원본이어야 하고, 의결권의 대리행사를 제한한 주주총회결의는 취소사유가 된다고 본 경우]

[사실관계]

Y회사는 1991. 9. 16. 임시주주총회를 개최하여 Y회사가 발행할 주식의 총수를 67,200주에서 268,800주로 증가시키는 정관변경의 특별결의를 하였는데, 그 특별결의가 있기 전의 Y회사의 주식은 X_1이 전체 발행주식총수의 40%인 26,880주, Y회사의 공동대표이사인 A와 B가 그 30%인 20,160주씩을 각 소유하고 있었고, X_1은 위 주식 중 7,120주를 X_2에게, 4,720주를 X_3에게, 위 A는 그 소유주식 중 5,160주를 C에게, 위 B는 그 소유주식 중 6,720주를 D에게 각 명의신탁하고 있었으나, X_1과 위 A·B는 오랫동안 Y회사를 공동으로 경영하여 왔기 때문에 서로 상대방의 위 명의신탁관계를 잘 알고 있었고 그래서 그 동안 위 3자만 모여

주주총회결의를 하여 왔다. $X_1 \cdot X_2 \cdot X_3$들은 Y회사로부터 위 임시주주총회 개최사실을 통보받고 1991. 9. 10. 변호사인 E · F에게 위 주주총회에서 $X_1 \cdot X_2 \cdot X_3$들을 대리하여 의결권을 행사하여 줄 것을 위임한 후, 다음날 Y회사에 대하여 대리인 선임사실을 통보하였다. $X_1 \cdot X_2 \cdot X_3$들로부터 의결권 대리행사를 위임받은 위 F변호사는 같은 해 9. 16. 위 임시주주총회에 참석하여 의결권을 대리행사하려 하였으나 Y회사의 대표이사인 위 A와 B가 위 F변호사가 지참한 위임장 중 X_1의 위임장은 원본이지만 X_2와 X_3의 위임장 및 그에 첨부된 인감증명서는 모두 사본이고, 특히 X_2의 인감증명서 사본은 그 용도가 「위임용」이 아닌 「주식양도용」으로 되어 있다는 이유로 위 F변호사에게 X_2와 X_3의 의결권 대리행사를 불허하므로, 위 F변호사는 X_1의 주주명부상의 소유주식 15,040주에 대한 의결권조차 대리행사하지 않은 채 위 주주총회결의에 참여하지 아니하였다. 위 임시주주총회에서는 Y회사의 발행주식총수의 30%씩을 소유하고 있던 주주들인 위 A와 B가 출석하여 전원찬성으로 위 정관변경을 의결하였고, Y회사 이사회는 위 변경된 정관에 근거하여 신주발행결의를 하고 같은 해 10. 26. 신주를 발행함으로써 Y회사의 발행주식총수가 188,160주로 증가되었다. $X_1 \cdot X_2 \cdot X_3$들은 위 신주발행 전에 Y회사로부터 신주인수권배정 및 신주청약요령을 통지받았음에도 불구하고 신주대금을 납입하지 아니하여 실권되었다.

이에 X_1 등은 Y회사에 대하여 위와 같은 정관변경에 관한 주주총회결의는 부존재 또는 무효이고, 이에 기한 신주발행도 무효라고 주장하였다.

이에 대하여 원심은 X_1 등의 청구를 배척하여, X_1 등이 상고하게 된 것이다.

[판결요지]

(1) 상법 제368조 제3항은 주주의 의결권을 대리행사하고자 하는 자는 대리권을 증명하는 서면을 총회에 제출하도록 규정하고 있는바, 위 규정은 대리권의 존부에 관한 법률관계를 명확히 하여 주주총회결의의 성립을 원활하게 하기 위한 데 그 목적이 있다고 할 것이므로, 대리권을 증명하는 서면은 위조나 변조 여부를 쉽게 식별할 수 있는 원본이어야 하고 특별한 사정이 없는 한 사본은 그 서면에 해당하지 않는다고 할 것이다.

그러나 이 사건에서 Y회사의 주주는 X_1과 Y회사의 대표이사들인 위 A · B의

3인뿐이었고, 위 A와 B는 X_2와 X_3가 X_1의 단순한 명의수탁자에 불과하다는 사실을 잘 알면서 오랜 기간 동안 Y회사를 공동으로 경영하여 왔으며, X_1의 위임장 원본을 제출하였고 또 미리 의결권을 위 F변호사로 하여금 대리행사하게 하겠다는 의사를 임시주주총회 개최 전에 Y회사에 통보까지 하였다면, 위 26,800주의 주식을 소유하고 있는 X_1이 그 소유주식 전부에 대한 의결권을 위 F변호사에게 위임하였다는 사실은 충분히 증명되었다고 할 것이어서, Y회사의 대표이사들인 위 A와 B는 위 F변호사의 의결권 대리행사를 제한하여서는 안 된다고 할 것이다.

그러므로 X_1 소유주식 중 주주명부상에 위 X_2와 X_3의 명의로 되어 있는 11,840주(전체 발행주식의 17.6%)에 대하여 의결권의 대리행사를 부당하게 제한하여 이루어진 위 임시주주총회의 정관변경 결의에는 결의방법상의 하자가 있다고 할 것이다.

(2) 그러나 위 임시주주총회가 정당한 소집권자에 의하여 소집되었고 그 주주총회에서 정족수가 넘는 주주의 출석으로 출석주주 전원의 찬성에 의하여 결의가 이루어졌다면, 위와 같은 정도의 결의방법상의 하자는 주주총회결의의 부존재 또는 무효사유가 아니라 단순한 취소사유가 될 수 있을 뿐이고(대판 1989. 5. 23, 88 다카 16690; 동 1993. 10. 12, 92 다 21692; 동 1993. 12. 28, 93 다 8719 등 참조), 한편 상법 제376조의 규정에 의하면 주주총회결의 취소의 소는 결의의 날로부터 2개월 내에 제기할 수 있도록 되어 있으므로, 이 사건 임시주주총회 결의일로부터 2개월 이상 경과한 후에 제기된 이 사건 신주발행무효의 소에서는 위와 같은 취소사유에 해당하는 하자를 들어 위 임시주주총회 결의의 효력을 다툴 수는 없는 것이므로, 위와 같은 주주총회결의의 하자만으로 위 신주발행이 무효라고 볼 수 없다는 취지의 원심의 판단은 정당하다. 따라서 논지는 이유 없다.

B. 이론요약

(1) 기명주식을 가진 주주는 주주명부상의 명의개서만으로 주권의 제시 없이 의결권을 행사할 수 있고, 무기명주식을 가진 주주는 회일의 1주간 전에 그 주권을 회사에 공탁함으로써 의결권을 행사할 수 있다(商 368조 2항).

주주는 이러한 의결권을 아래에서 보는 바와 같이 대리인을 통하여 행사할 수도 있고(商 368조 3항), 통일하지 않고 행사할 수도 있으며(商 368조의 2), 서면으로 행사할 수도 있고(商 368조의 3), 전자적 방법에 의하여도 행사할 수 있다(商 368조의 4).

(2) 주주는 대리인으로 하여금 그 의결권을 대리행사시킬 수가 있는데(商 368조 3항 1문), 이 때에 그 대리인은 대리권을 증명하는 서면(위임장의 원본)을 총회에 제출하여야 한다(商 368조 3항 2문). 위 기본판례도 대리권을 증명하는 서면은 원본이어야 하는 점을 밝히고 있다.

의결권의 대리행사의 경우에 그 대리인의 자격을 정관에 의하여 제한(예컨대, 주주 등)할 수 있는가에 대하여, 이를 무효라고 보는 견해 및 원칙적으로 유효한데 법인주주인 경우에는 그 직원과 개인주주인 경우에는 그 가족을 대리인으로 선임하는 것을 제한할 수 없다고 보는 제한적 유효설도 있으나, 주주총회가 주주 이외의 제 3 자에 의하여 교란되는 것을 방지할 필요가 있으므로 이는 유효하다고 본다. 그러나 법인주주의 경우 내부의 의사결정에 따른 대표자의 의사를 그대로 반영하여 그 직원이 의결권을 행사하는 것은 일종의 표시기관에 의한 대행행위라고 볼 수 있으므로 이는 주주가 직접 의결권을 행사하는 것으로 보아야 할 것이다.

의결권의 대리행사의 경우에 대리인은 원칙적으로 위임장(원본)을 매 총회마다 제출하여야 하나, 일정한 기간에 걸친 포괄적인 위임장의 제출도 가능하다고 본다.

의결권 대리행사의 권유에 대하여 상법은 특별히 규정하고 있지 않으나, 자본시장과 금융투자업에 관한 법률은 의결권 대리행사의 권유에 대하여 일정한 제한을 하고 있다(동법 152조~158조).

(3) 주주는 2 이상의 의결권을 가지고 있는 경우 이를 통일하지 아니하고 행사할 수 있는데, 이 때에는 회일의 3일 전에 회사에 대하여 서면으로 그 뜻과 이유를 통지하여야 한다(商 368조의 2 1항). 이는 명의주주가 실질주주의 의사에 따라 의결권을 행사할 필요가 있는 때, 주식을 법인이 소유하는 경우에 그 법인의 구성원 사이에 의견이 갈릴 때, 주식이 공유된 경우에 공유자끼리 의견이 갈릴 때 등에 필요하게 된다.

주주가 주식의 신탁을 인수하였거나 기타 타인을 위하여 주식을 가지고 있는 경우 외에는 회사는 주식의 의결권의 불통일행사를 거부할 수 있다(商 368조의 2 2항).

적법하게 의결권이 불통일행사된 경우에는 그 의결권은 그대로 유효한 것이지, 상반하여 행사된 동수의 의결권이 상계되어 무효로 되는 것은 아니다.

(4) 주주는 정관이 정한 바에 따라 총회에 출석하지 아니하고 서면에 의하여

의결권을 행사할 수 있는데(商 368조의 3 1항), 이 경우 회사는 총회의 소집통지서에 서면결의에 필요한 서면과 참고자료를 첨부하여야 한다(商 368조의 3 2항). 자본금 총액이 10억원 미만인 소규모 주식회사는 정관의 규정이 없어도 주주 전원의 동의만 있으면 서면결의를 할 수 있고, 결의의 목적사항에 대하여 주주 전원이 서면으로 동의한 때에는 서면에 의한 결의가 있는 것으로 본다(商 363조 5항).

(5) 회사는 이사회의 결의로 주주가 총회에 출석하지 아니하고 전자적 방법으로 의결권을 행사할 수 있음을 정할 수 있는데(商 368조의 4 1항), 이 경우 회사는 이러한 내용을 주주총회 소집통지나 공고를 할 때에 통지 · 공고하여야 한다(商 368조의 4 2항). 이 때 주주는 주주확인절차 등 대통령령으로 정하는 바에 따라 의결권을 행사하여야 하고, 회사는 의결권행사에 필요한 양식과 참고자료를 주주에게 전자적 방법으로 제공하여야 한다(商 368조의 4 3항). 동일한 주식에 관하여 전자투표 또는 서면투표를 행사하는 경우에는 전자적 방법 또는 서면 중 어느 하나의 방법을 선택하여야 한다(商 368조의 4 4항). 전자투표의 경우 회사는 의결권행사에 관한 전자적 기록을 총회가 끝난 날부터 3개월간 본점에 갖추어 두어 열람하게 하고 총회가 끝난 날부터 5년간 보존하여야 한다(商 368조의 4 5항).

C. 관련판례

(1) 대판 2009. 4. 23, 2005 다 22701 · 22718(주주의 대리인의 자격을 주주로 제한하는 정관은 유효하고, 이 경우 주주인 국가 · 지방공공단체 또는 주식회사 소속의 공무원 · 직원 또는 피용자 등이 주주를 위한 대리인으로서 의결권을 대리행사하는 것은 이러한 정관에 위배되지 않는다고 한 경우)[이 판례에 대한 평석으로 황진호, "합병철회 · 주주총회결의 취소," 「법률신문」, 제3791호(2009. 11. 5.), 15면 참조].

(2) 대판 2004. 4. 27, 2003 다 29616(상법 제368조 제 3 항의 규정은 대리권의 존부에 관한 법률관계를 명확히 하여 주주총회결의의 성립을 원활하게 하기 위한 데 그 목적이 있다고 할 것이므로 대리권을 증명하는 서면은 위조나 변조 여부를 쉽게 식별할 수 있는 원본이어야 하고, 특별한 사정이 없는 한 사본은 그 서면에 해당하지 않는다고 할 것이고[대판 1995. 2. 28, 94 다 34579 참조], 팩스를 통하여 출력된 팩스본 위임장 역시 성질상 원본으로는 볼 수 없다고 할 것이다. 따라서 원심이 Y회사가 그 접수를 거부한 위임장 중 원본이 아닌 팩스본인 1,888,031주에 관한 위임장은 그 효력이 없음을

전제로 이 부분 주식을 출석주식 수에서 제외하여야 한다고 판단한 것은 위 법리를 따른 것으로서 옳고, 거기에 상법 제368조 제 3 항 소정의 대리권을 증명하는 서면의 개념에 관한 법리오해의 위법이 없다).

(3) 대판 2001. 9. 7, 2001 도 2917(주주의 의결권행사를 위한 대리인의 선임이 무제한으로 허용되는 것은 아니고, 주주총회 개최가 부당하게 저해되거나 회사의 이익이 부당하게 침해될 염려가 있는 등의 특별한 사정이 있는 경우에는 회사는 이를 거절할 수 있다고 한 경우).

(4) 대판 1979. 9. 25, 79 도 1300(다른 주주들의 인장이 대표이사에게 보관되어 형식적인 회사운영에 관한 업무가 대표이사에게 위임되어 있으면, 업체분리를 위한 형식상의 광산매각에 관한 주주총회결의에 관하여 다른 주주들의 위임 내지 추정적 승낙이 있다고 한 경우).

D. 관련논점

(1) 주주의 의결권의 대리행사를 금하는 정관의 규정은 유효한가?

(2) 주주의 대리인의 자격을 주주로 제한하는 정관의 규정이 있는 경우, 회사는 주주 아닌 자의 주주의 의결권의 행사를 허용할 수 있는가?

(3) 위 (2)의 경우, 주주인 무능력자의 법정대리인은 의결권을 대리행사할 수 있는가?

제 4 의사와 결의

1. 의 사

2. 결의(결의요건)

A. 기본판례

▣ 대판 1991. 5. 28, 90 다 20084(判商 [237])[주주총회의 특별결의를 요하는 「영업의 중요한 일부의 양도」가 아니라고 본 경우]

[사실관계]

경남 김해군 진영읍 여래리 700의 63 대 750m²와 그 지상의 단층주택 및 공장 109.09m², 단층주택 및 점포 116.63m²(이하 「이 사건 부동산」이라고 한다)는 원래 X의 소유로, X가 이 곳에서 신형화학이란 상호로 개인사업을 경영하여 왔는데 그 후 X와 A는 위 신형화학을 법인체로 전환시켜 공동으로 경영하기로 하고 1988. 1. 28.경 Y주식회사를 설립하고 위 A는 대표이사, X는 이사가 되면서 X가 이 사건 부동산을 대금 125,000,000원으로 평가하여 Y회사에 양도하여 Y회사는 이 사건 부동산을 공장으로 사용하여 왔다.

그 후 X가 이 사건 부동산의 실제가격이 위 평가액을 훨씬 초과한다고 주장하며 그 차액의 추가지급을 요구하여 Y회사와의 사이에 다툼이 생기자, X와 Y회사는 1988. 3. 14. Y회사의 공장을 김해군 진영읍 근교로 이전하기로 하되 공장이전에 소요되는 부지구입비 등 제반 비용을 합계 금 140,000,000원으로 산정하여, 이 사건 부동산을 제 3 자에게 매도하여 그 대금이 금 140,000,000원을 초과하는 경우 그 초과액을 X에게 지급하기로 하며, 이 사건 부동산의 매매는 X에게 위임하고 만일 X가 같은 해 5. 14.까지 이를 매도하지 못할 경우에는 Y회사가 직접 이를 매도하기로 약정하였다. 그리고 X가 이 사건 부동산을 위 약정일까지 매도하지 못하자 Y회사는 1989. 1. 30. B 등에게 이를 대금 206,000,000원에 매도하였다.

이에 X는 Y회사에 대하여 위 매매대금 중 금 140,000,000원을 초과한 돈의 지급을 청구하였으나 거절되자, 이의 지급을 청구하는 소를 제기하였다.

이에 대하여 원심은 X와 Y회사 사이의 위 초과금액 지급약정은 상법 제374조 소정의 주주총회 특별결의를 필요로 하는 행위가 아니고, 이 사건 부동산이 Y회사의 영업재산의 중요한 일부라고 할 수 있으나 이를 매도하는 것에 관하여는 1988. 9. 21. 개최된 Y회사의 임시주주총회에서 특별결의가 있었다고 인정하여, 이 사건 부동산의 매도대금 중 약정된 초과금액의 지급을 명하였다. 따라서 Y회사가 상고하게 된 것이다.

[판결요지]

Y주식회사가 이사회결의에 의하여 공장을 3개월여 이내에 이전하고 공장으로 사용하여 온 부동산은 2개월 이내에 매매하여 매도대금 중 공장이전비용을 초과하는 금액을 위 부동산을 양도한 주주인 X에게 지급하기로 약정한 경우, 위 약

정은 상법 제374조 소정의 주주총회의 특별결의를 필요로 하는 행위가 아니고, 위 약정 후에 주주총회에서 위 이사회결의를 무효로 하는 결의를 하였다 하더라도 위 약정의 효력이 상실되지 아니한다. 따라서 1988. 9. 21.의 Y회사 주주총회의 결의가 X에 대한 초과금액 지급에 관한 이사회결의를 무효로 하고, Y회사의 경영상의 이유로 이 사건 부동산을 매각하는 결의를 한 것이라고 하여도 이로써 일단 X와 적법하게 한 약정의 효력이 상실된다고 할 수 없고, 한편 Y회사는 위 주주총회의 특별결의에 의하여 이 사건 부동산을 유효하게 매도할 수 있게 되는 것이다. 그러므로 원심판결에 위법이 있다고 할 수 없고, 논지는 이유 없다.

B. 이론요약

(1) 상법은 주주총회의 결의요건에 대하여 출석정족수의 요건을 폐지하고 의결정족수의 요건만을 규정하고 있다. 그런데 이 경우 소수의 주주만이 출석하여 총회의 결의가 성립하는 것을 방지하기 위하여, 이에 발행주식총수의 일정수 이상의 찬성을 요하는 것을 추가요건으로 규정하고 있다. 주주총회의 결의요건에는 의안의 중요도에 따라 다수결의 요건에 차이를 두고 있는데, 이에는 다음과 같이 보통결의·특별결의 및 특수결의가 있다.

(2) 주주총회의 보통결의요건은 원칙적으로 출석한 주주의 의결권의 과반수(의결정족수)와 발행주식총수의 4분의 1 이상인데, 예외적으로 정관의 규정에 의하여 출석정족수를 둘 수 있고 또한 의결정족수를 가중(다만 특별결의요건을 한도로 함)할 수 있다(商 368조 1항). 결의시에 가부동수인 경우에는 부결된 것으로 보아야 하고, 이 때에 의장에게 그 결정권을 줄 수 없다.

보통결의사항은 상법이나 정관에서 특별결의사항이나 특수결의사항으로 정한 이외의 모든 사항이다(商 368조 1항).

(3) 주주총회의 특별결의요건은 원칙적으로 출석한 주주의 의결권의 3분의 2 이상(의결정족수)과 발행주식총수의 3분의 1 이상인데(商 434조), 예외적으로 (해석에 의하여) 정관의 규정에 의하여 출석정족수를 둘 수 있고 또한 의결정족수를 가중할 수 있다고 본다.

특별결의사항에 대하여는 영업의 양도 등(商 374조 1항) 상법에서 개별적으로 규정하고 있는데, 정관에 의하여 규정될 수도 있다. 주주총회의 특별결의를 요하는 사항 중 일부에 대하여는 그 결의에 반대하는 주주에게 주식매수청구권이 인정되고 있다(商 360조의 5, 360조의 22, 374조의 2, 522조의 3, 530조의 11 2항).

(4) 특수결의사항은 (i) 발기인·이사 등의 책임면제에 관한 사항으로 총주주의 동의를 요하는 경우(商 324조, 400조 1항, 415조, 542조 2항)와 주식회사를 유한책임회사 또는 유한회사로 조직변경할 때에 총주주의 일치(동의)에 의한 총회의 결의를 요하는 경우(商 287조의 43 1항, 604조 1항), (ii) 모집설립 등의 창립총회의 결의사항으로 출석한 주식인수인의 3분의 2 이상이며 인수된 주식총수의 과반수에 의한 결의를 요하는 경우(商 309조, 527조 3항, 530조의 11 1항)가 있다.

C. 관련판례

(1) 대판 1999. 4. 23, 98 다 45546(영업양도와 지배주식의 양도는 차이가 있으므로, 지배주식양도에 주주총회의 특별결의서를 제출한다는 특약은 당사자를 구속하는 효력이 없다고 한 경우).

(2) 대판 1998. 4. 10, 97 다 50619(진실의 주주라고 주장하는 자가 명의상의 주주를 상대로 의결권의 행사를 금지하는 가처분의 결정을 받았을 때, 의결권행사의 가처분을 받은 명의상의 주주가 주주총회에 출석하였다면 그가 가진 주식은 의결정족수에는 산입되지 않으나 상법 제368조 제1항 소정의 「발행주식총수」에는 산입된다고 한 경우).

(3) 대판 1998. 3. 24, 95 다 6885(회사의 영업 그 자체가 아닌 영업용 재산의 처분이라고 하더라도 그로 인하여 회사의 영업의 전부 또는 중요한 일부를 양도하거나 폐지하는 것과 같은 결과를 가져오는 경우에는 그 처분행위를 함에 있어서 주주총회의 특별결의를 요한다고 할 것이나, 회사의 영업재산을 처분할 당시에 이미 영업의 폐지에 준하여 사실상 일체의 영업활동을 하지 않은 상태이면 주주총회의 특별결의를 요하지 않는다고 한 경우).

동지: 대판 2004. 7. 8, 2004 다 13717(判商 [232])(특허권의 양도로 인하여 원고회사의 영업의 전부 또는 일부를 양도하는 결과를 가져오므로 주주총회의 특별결의를 요한다고 보아, 이와 반대의 입장에서 판시한 원심을 파기환송한 경우).

(4) 대판 1988. 4. 12, 87 다카 1662(判商 [238])(휴면회사의 중요한 재산의 처분에는 주주총회의 특별결의를 요하지 않는다고 보아, 원심판결에 위법이 없다고 한 경우).

(5) 대판 1974. 2. 24, 72 다 1532(주주총회의 특별결의를 요하는 사항에 관한 특별결의서가 존재한다면 특단의 사정이 없는 한 일응 그에 관한 주주총회의 특별결의가 있었다고 추단할 수 있을 것이고, 또 그렇게 추단함에 주주총회의 소집 및 결의절차의 적법성 여부는 고려의 대상이 되지 않으므로, 원심이 주주총회의 특별결의에 의하여 이 사건 부동산을 매도하였다고 판단한 것은 정당하다고 한 경우).

(6) 대판 1964. 9. 15, 64 다 512(判商 [229])(주주총회의 특별결의에 관한 결의서 등 기타 주주총회의 적법·유효한 특별결의가 있음을 추단할 수 있는 자료가 있어야 비로소 그 특별결의의 적법·유효한 성립을 추인할 수 있는데, 원심이 가족회사라고 하여 가족간에 적법·유효한 합의가 된 것으로 추인할 수 있다는 취지로 가볍게 속단한 것은 이유불비 또는 채증법칙의 위배라고 한 경우).

D. 관련논점

(1) 주주총회의 결의방법을 거수 또는 기명투표 등으로 정관에 의하여 제한할 수 있는가?

(2) 상법 제374조 제 1 항 제 1 호에서의 영업양도와 상법 제41조~제45조에서의 영업양도의 의미는 동일한가?

(3) 상법 제374조 제 1 항 제 1 호 후단의 「영업의 중요한 일부의 양도」의 의미는 무엇인가?

(4) 영업 전부의 임대와 영업 전부의 경영위임과의 차이점

제 5 주주총회결의 반대주주의 주식매수청구권

제 6 종류주주총회

제 7 주주총회결의의 하자

1. 결의취소의 소

A. 기본판례

▣ 대판 2003. 7. 11, 2001 다 45584(判商 [241])[소집시간·소집장소를 다른 주주에게 통지하지 않고 한 주주총회결의를 취소사유로 본 경우]

[사실관계]

Y은행의 발행주식총수는 3억 39,613,413주이고, 그 중 우선주 및 자사주펀드를 제외한 의결권 있는 주식의 수는 2억 98,758,712주이며, X는 Y은행의 보통주 7주를 소유하고 있었다. Y은행은 2000. 2. 25. 이사회를 개최하여 (i) 제37기(1999. 1. 1.부터 1999. 12. 31.까지) 재무제표 승인, (ii) 정관 변경, (iii) 이사 선임, (iv) 이사 보수한도 승인, (v) 주식매수선택권 부여를 의안으로 하여 2000. 3. 18. 10:00 Y은행 본점 14층 회의실에서 제37회 정기주주총회를 개최하기로 의결하고, 같은 해 3. 3.자로 그 소집통지 및 공고를 하였다. 위 이사 선임 안건에는 금융감독원 부장 출신인 K를 상임이사 및 Y은행의 은행장으로 선임한다는 내용이 포함되어 있었는데, K의 상임이사 및 은행장 선임을 관치금융에 의한 낙하산 인사라는 이유로 반대하던 Y은행의 노동조합원 및 전국 금융산업노동조합의 조합원들 약 300여 명은 주주총회의 개최를 저지하기로 하고, 주주총회 일시로 소집통지된 2000. 3. 18. 10:00 이전부터 회의실 출입구·복도·계단 및 승강기 등을 점거한 채 주주들의 입장만을 허용하고, 주주총회의 의장인 Y은행 은행장직무대행 A상무를 포함한 등기된 상무이사들의 입장을 저지하였다. 한편 (i) 2000. 3. 18. 이전에 Y은행에 의결권의 대리행사를 위임한 주식 수의 합계는 32,036,224주(의결권 있는 주식 수 2억 98,758,712주의 10.72%, 이하 백분율은 모두 「의결권 있는 주식 수」에 대한 것임)이고, (ii) Y은행의 총무부장 S에게 의결권의 대리행사를 위임한 주식 수의 합계는 1억 53,810,788주(51.49%)이며, (iii) 2000. 3. 18. 이전에 주주총회 참석장을 제출한 주주는 25명으로 그 소유 주식 합

계는 7,846,784주(0.026%)이고, 2000. 3. 18. 당일 주주총회 참석장을 제출한 주주는 85명으로 그 소유 주식 합계는 4,509,505주(0.015%)이며, (iv) 직원 주주의 소유 주식 합계는 151,681주(0.0005%)이었다. Y은행 노동조합원 등의 입장 저지로 인하여 주주총회 일시로 소집통지된 2000. 3. 18. 10:00를 넘겨서도 주주총회는 개회조차 되지 못하였고, 그 후에도 K의 상임이사 및 은행장 선임 안건을 상정하지 말 것을 요구하는 Y은행의 노동조합원 등과 Y은행 사이의 주주총회 개회에 관한 수차례의 협의나 A 등의 진입시도는 모두 실패로 돌아갔으며, 그 과정에서 14층 회의실에 입장하여 주주총회의 개회를 기다리던 일부 주주들은 귀가하기도 하였다. 위와 같은 대치가 계속 되던 같은 날 22:00경, A는 Y은행의 임원들과의 협의를 거쳐 주주총회의 소집장소를 14층 회의실에서 6층 은행장직무대행실로 변경하고, 그 때까지 14층 회의실에서 주주총회의 개회를 기다리고 있던 일부 주주들에게는 그러한 사실을 통지하지 아니한 채, 같은 날 22:15경 주식 수 합계 1억 53,810,788주(51.49%)의 의결권 대리행사를 위임받은 S가 참석한 가운데 은행장직무대행실에서 제37회 정기주주총회를 개최하였고, 결국 이 사건 주주총회에 참석한 주식 수는 Y은행이 의결권 대리행사를 위임받아 의장인 A가 의결권을 대리행사한 32,036,224주(10.72%)와 S가 의결권 대리행사를 위임받은 1억 53,810,788주(51.49%)의 합계 1억 85,847,012주(62.21%)이었으며, 이들의 찬성으로 위 각 안건이 모두 원안대로 통과된 후 22:20경 이 사건 주주총회가 폐회되었다.

이에 X는 Y은행에 대하여 주위적 청구로 주주총회결의 부존재확인을 청구하고, 예비적 청구로 주주총회결의 취소를 청구하였다.

원심(서울고법)은 X의 청구를 받아들여, Y은행이 대법원에 상고하게 된 것이다.

[판결요지]

(1) 주주총회의 개회시각이 부득이한 사정으로 당초 소집통지된 시각보다 지연되는 경우에도 사회통념에 비추어 볼 때 정각에 출석한 주주들의 입장에서 변경된 개회시각까지 기다려 참석하는 것이 곤란하지 않을 정도라면 절차상의 하자가 되지 아니할 것이나, 그 정도를 넘어 개회시각을 사실상 부정확하게 만들고 소집통지된 시각에 출석한 주주들의 참석을 기대하기 어려워 그들의 참석권을 침해하기에 이르렀다면 주주총회의 소집절차가 현저히 불공정하다고 하지 않

을 수 없다. 또한 소집통지 및 공고가 적법하게 이루어진 이후에 당초의 소집장소에서 개회를 하여 소집장소를 변경하기로 하는 결의조차 할 수 없는 부득이한 사정이 발생한 경우, 소집권자가 대체장소를 정한 다음 당초의 소집장소에 출석한 주주들로 하여금 변경된 장소에 모일 수 있도록 상당한 방법으로 알리고 이동에 필요한 조치를 다한 때에 한하여 적법하게 소집장소가 변경되었다고 볼 수 있을 것이다.

앞서 본 인정사실에 의하면, Y은행 노동조합원 등의 방해행위로 인하여 소집통지된 시각에 그 소집장소에서 주주총회를 개회할 수 없었던 사정은 인정되나, 소집통지된 시각 이후 언제 개회될지 알 수 없는 불확정한 상태가 지속되다가 12시간이 경과한 같은 날 22:15경 주주총회가 개회된 것이라면, 이미 사회통념상 당초의 개회시각에 출석하였던 주주들의 참석을 기대할 수 없어 이들의 참석권을 침해하였다 할 것이고, 또한 그나마 같은 날 22:15까지 개회를 기다리고 있던 일반 주주들에게 소집장소가 변경되었다는 통지마저 제대로 이루어지지 아니하였다는 것이므로, 이 사건 주주총회의 소집절차는 일부 주주에 대하여 주주총회 참석의 기회를 박탈함으로써 현저하게 불공정하였다 할 것이다.

원심이 이 사건 주주총회의 소집절차가 현저하게 불공정하여 위법하다고 판단한 것은 정당하고, 거기에 주주총회의 소집장소 등 변경에 관한 법리를 오해한 위법이 있다거나 판결에 영향을 미친 이유모순의 위법이 있다고 할 수 없다.

(2) 그리고 주주는 다른 주주에 대한 소집절차의 하자를 이유로 주주총회결의 취소의 소를 제기할 수도 있는 것이므로, 이와 달리 당초의 소집장소인 14층 회의실에 정식으로 출석하였거나 남아 있던 주주로서 그 참석권을 침해받은 주주만이 그와 같은 절차상의 하자를 이유로 결의 취소의 소를 제기할 수 있다는 전제하에 X의 제소자격을 다투는 상고이유의 주장은 받아들일 수 없다.

(3) 주주총회결의 취소의 소에 있어 법원의 재량에 의하여 청구를 기각할 수 있음을 밝힌 상법 제379조는 결의의 절차에 하자가 있는 경우에 결의를 취소하여도 회사 또는 주주에게 이익이 되지 않든가 이미 결의가 집행되었기 때문에 이를 취소하여도 아무런 효과가 없든가 하는 때에 결의를 취소함으로써 회사에 손해를 끼치거나 일반거래의 안전을 해치는 것을 막고 결의취소의 소의 남용을 방지하려는 취지이며(대판 1987. 9. 8, 86 다카 2971 참조), 또한 위와 같은 사정이 인정되는 경우에는 당

사자의 주장이 없더라도 법원이 직권으로 재량에 의하여 취소청구를 기각할 수도 있다 할 것이다.

그러나 X가 취소를 구하는 대상은 이 사건 주주총회의 결의 중 임원에 대하여 주식매수선택권을 부여하기로 하는 부분에 한하고, 그 결의내용은 임원에 대한 보수문제의 일부라 할 수 있는 것이어서 회사에 미치는 손해라는 것을 생각하기 어려울 뿐만 아니라 일반거래의 안전과도 무관한 것인 점, X가 주주의 공익권으로서 인정되는 제소권을 개인적인 이익을 위하여 남용하려 한다는 사정이 인정되지도 않는 점, 그리고 앞서 본 소집절차상의 하자가 경미한 수준이라고 보기 어려운 점, 기타 기록에 나타나는 여러 가지 사정을 종합하여 살펴보면, X의 이 사건 취소청구를 그대로 인용함이 상당하고 재량에 의하여 기각할 수는 없다고 할 것이다. Y은행의 주장처럼 이 사건 주주총회결의 이후 증권거래법(이 법은 2009. 2. 4.부터 자본시장과 금융투자업에 관한 법률로 대체됨) 제189조의 4 제 3 항, 같은 법 시행령 제84조의 6 제 6 항이 개정되어 이제 자본금의 규모가 Y은행과 같은 정도인 경우 이 사건 주주총회의 결의로 부여한 수량 정도의 주식매수청구권(주식매수선택권으로 사료됨: 저자 주)은 주주총회의 결의 없이 이사회의 결의만으로도 임직원에게 부여할 수 있게 되었다는 점이 인정된다 할지라도 이 사건에서 결론을 달리할 사정은 되지 못한다.

따라서 X의 이 사건 결의취소의 소를 재량기각하여야 한다는 상고이유의 주장 역시 받아들일 수 없다.

(4) 주주총회결의 취소의 소는 상법 제376조에 따라 결의의 날로부터 2월 내에 제기하여야 할 것이나, 동일한 결의에 관하여 부존재확인의 소가 상법 제376조 소정의 제소기간 내에 제기되어 있다면, 동일한 하자를 원인으로 하여 결의의 날로부터 2월이 경과한 후 취소소송으로 소를 변경하거나 추가한 경우에도 부존재확인의 소 제기시에 제기된 것과 동일하게 취급하여 제소기간을 준수한 것으로 봄이 상당하다.

원심이 같은 취지에서 결의의 취소를 구하는 예비적 청구가 주위적 청구인 부존재확인의 소의 제소시점에 제기된 것으로 취급하여 적법하다고 판단한 것은 정당하고, 거기에 주주총회결의 취소의 소의 제소기간에 관한 법리를 오해한 위법이 있다고 할 수 없다.

그리고 위와 같이 결의의 날로부터 2월이 경과한 후 결의취소의 소를 추가할 수 있다 할지라도 부존재확인소송의 계속중 처음으로 취소사유가 있다는 주장을 한 때로부터 2월 이내에 소를 제기하여야만 한다는 Y은행의 주장은 받아들일 수 없다.

B. 이론요약

(1) 주주총회의 결의는 사단적 법률행위로서 그 성립과정 및 성립 후에 있어서 다수의 이해관계인이 있게 된다. 따라서 이러한 주주총회의 결의에 하자가 있는 경우에 법률행위의 하자에 관한 일반원칙에 의하여 해결할 수 없으므로, 상법은 회사에 관한 법률관계의 획일적 처리 및 법적 안정성을 고려하여 주주총회결의의 하자에 관한 소를 특별히 규정하고 있다(商 376조~381조).

상법상 규정되어 있는 주주총회결의의 하자에 관한 소에는 결의취소의 소(商 376조~379조), 결의무효확인의 소(商 380조), 결의부존재확인의 소(商 380조) 및 부당결의취소·변경의 소(商 381조)가 있는데, 이하에서는 결의취소의 소에 대하여 간단히 살펴보겠다.

(2) 주주총회결의 취소의 소의 원인은「총회의 소집절차 또는 결의방법이 법령 또는 정관에 위반하거나 현저하게 불공정한 때(절차상 경미한 하자) 또는 그 결의의 내용이 정관에 위반한 때(내용상 경미한 하자)」이다(商 376조 1항).

(3) 소의 당사자로서 원고는「주주·이사·감사」에 한하고(商 376조 1항), 피고는「회사」이다(통설).

(4) 제소기간은「결의의 날로부터 2월 내」이다(商 376조 1항).

(5) 결의취소의 소는 회사의 본점소재지의 지방법원의 전속관할에 속하고(商 376조 2항, 186조), 소가 제기된 때에는 회사는 지체 없이 공고하여야 하며(商 376조 2항, 187조), 수 개의 취소의 소가 제기된 때에는 법원은 이를 병합심리하여야 한다(商 376조 2항, 188조).

남소를 방지하기 위하여 주주가 결의취소의 소를 제기한 때에는 회사의 청구에 의하여 법원은 그러한 주주에게 상당한 담보를 제공할 것을 명할 수 있는데, 그 주주가 이사 또는 감사인 때에는 그러하지 아니하다(商 377조 1항).

또한 경미한 하자에 대한 남소를 방지하여 회사를 보호하기 위하여 법원은 재량에 의하여 결의취소의 소의 청구를 기각할 수 있다(商 379조).

(6) 주주총회결의취소의 판결의 효력은 민사소송법상의 취소판결의 효력과 같이 소급효는 있으나(商 376조 2항, 190조 단서 준용배제), 민사소송법상의 취소판결의 효력과는 달리 대세적 효력이 있다(商 376조 2항, 190조 본문). 이 때에 주주총회의 결의사항이 등기된 경우에는 결의취소의 판결이 확정된 때에 본점과 지점의 소재지에서 등기하여야 한다(商 378조).

원고가 패소한 경우에는 그 판결의 효력은 민사소송법의 일반원칙에 따라 당사자 사이에만 미친다(民訴 218조 1항). 이 때 원고에게 악의 또는 중과실이 있으면 원고는 연대하여 회사에 대하여 손해를 배상할 책임이 있다(商 376조 2항, 191조).

결의취소의 소는 「형성의 소」이므로, 취소되지 않는 한 유효하다.

C. 관련판례

(1) 대판 1998. 9. 8, 96 다 45818(判商 [242])(주주명부상의 주주가 실질주주가 아님을 회사가 알고 있었고 이를 용이하게 증명할 수 있었는데도 위 형식주주에게 소집통지를 하고 의결권을 행사하게 한 것은 결의취소의 사유에 해당한다고 한 경우).

(2) 대판 1996. 12. 23, 96 다 32768 · 32775 · 32782(判商 [243])(전체주식의 43%를 소유한 실질주주에게 소집통지를 하지 않고 또한 정족수에 미달한 결의는 결의취소의 사유에 해당한다고 한 경우).

동지: 대판 2001. 12. 28, 2001 다 49111(정족수에 미달한 결의의 하자는 주주총회결의 취소의 사유에 해당한다고 한 경우).

(3) 대판 1996. 12. 20, 96 다 39998(判商 [244])(사실상 주주 2인으로 구성된 주식회사의 일방 주주측이 다른 주주의 회의장 입장을 부당하게 방해하였고 그 의사진행방식 및 결의방식이 신의칙에 반하는 것은 결의취소의 사유에 해당한다고 한 경우).

(4) 대판 1993. 5. 27, 92 누 14908(회사법상의 주주총회결의의 하자를 다투는 소에서는 청구의 인낙 또는 화해 · 조정 등은 인정되지 아니한다고 한 경우).

동지: 대판 2004. 9. 24, 2004 다 28047(주주총회결의의 하자를 다투는 소에 있어서 청구의 인낙이나 그 결의의 부존재 · 무효를 확인하는 내용의 화해 · 조정은 할

수 없다고 한 경우).

(5) 대판 1987. 9. 8, 86 다카 2971(주주총회결의절차에 하자가 있는 경우로서 그 결의를 취소하여도 회사 또는 주주에게 아무런 이익이 되지 않든가, 또는 이미 그 결의가 집행되었기 때문에 이를 취소하여도 아무런 효과가 없는 경우 등에는 주주총회결의 취소청구는 기각할 수 있으므로, 원심이 원고의 청구를 기각하였음은 정당하다고 한 경우).

(6) 대판 1983. 3. 23, 83 도 748(주주명부상의 주주가 아니어서 의결권이 없는 자가 의결권을 행사하고 이와 같이 의결권을 행사한 주식수를 제외하면 의결정족수에 미달한 것은 결의취소의 사유에 해당한다고 한 경우).

(7) 대판(전) 1982. 9. 14, 80 다 2425(주주총회결의 취소의 소 · 무효확인의 소 및 부존재확인의 소의 피고는 그 성질상 회사로 한정되므로, 주주총회결의 부존재확인의 소에서 상법 제380조가 준용되는지 여부에 관하여 이와 상반되는 견해를 표시한 종전의 판례를 폐기한다고 한 경우).

(8) 대판 1981. 7. 28, 80 다 2745 · 2746(일부 주주에게 소집통지를 하지 않았거나 법정기간을 준수한 서면통지를 하지 않은 것은 결의취소의 사유가 된다고 한 경우).

동지: 대판 1993. 12. 28, 93 다 8719(회사가 발행한 주식 200,000주 중 6,300주의 주식을 소유한 주주들에게 주주총회의 소집통지를 하지 않은 것은 주주총회결의가 부존재하거나 무효라고 볼 수 없다고 한 원심은 타당하다고 한 경우); 동 1993. 10. 12, 92 다 21692(判商 [245])(일부 주주에게 소집통지를 하지 아니하였거나 법정기간을 준수하지 아니한 서면통지에 의하여 소집된 주주총회결의는 취소사유라고 본 경우); 동 1993. 1. 26, 92 다 11008(判商 [246])(공동대표이사 중 1인이 소집하거나 41%의 주식을 보유한 일부 주주에게 소집통지를 하지 않은 것은 주주총회결의 취소사유라고 본 경우); 동 1987. 4. 28, 86 다카 553(이사회의 결의 없이 정당한 소집권자에 의하여 소집되고 소집통지가 서면에 의하지 아니한 구두소집통지로서 법정소집기간을 준수하지 않았으며 또한 일부의 주주에 대한 소집통지를 빠뜨린 것은 주주총회결의의 단순한 취소사유라고 한 경우).

반대: 대판 1991. 5. 28, 90 다 6774(법정기간을 준수한 서면통지를 하지 아니한 채 임시주주총회가 소집된 경우라도, 정족수가 넘는 주주의 출석으로 결의를 하였다면 그 결의는 적법하다고 한 경우).

(9) 대판 1980. 10. 27, 79 다 1264(이사회의 결의 없이 소집권자가 주주총회를 소집한 것은 결의취소의 사유가 된다고 한 경우).

동지: 대판 1989. 5. 23, 88 다카 16690(이사회결의가 없고 주주권 확인소송이 제기된 주주〈명의개서 없음〉에게 소집통지를 하지 않은 것은 주주총회결의 취소사유가 된다고 한 경우).

(10) 대판 1979. 3. 27, 79 다 19(判商 [248])(주주총회결의에 참가한 주주도 주주총회결의 취소의 소의 원고가 될 수 있는데, 소집통지서에 기재된 목적사항 이외의 안건을 결의하면 주주총회결의 취소사유라고 한 경우).

(11) 대판 1978. 9. 26, 78 다 1219(이사회결의 없이 대표이사의 직무권한이 있는 자가 소집한 것과 같은 주주총회결의 자체가 존재하지 않는 경우는 결의취소의 소를 소송판결로써 각하하여야 하는데, 이를 재량기각하였음은 위법이라고 한 경우).

(12) 대판 1977. 9. 28, 76 다 2386(判商 [249])(정관상 의장이 될 사람이 아닌 자가 의장이 되어 의사에 관여한 것은 결의취소의 사유에 해당한다고 한 경우).

참고판례: 대판 2001. 5. 15, 2001 다 12973(주주총회의 의장이 주주들의 의사에 반하여 자진하여 퇴장하였다면, 퇴장 당시 회의장에 남아 있던 주주들이 임시의장을 선출하여 진행한 주주총회의 결의는 적법하다고 판시함).

(13) 대판 1969. 2. 4, 68 다 2284(총회소집통지서에 기재되지 않은 청산인 해임 및 선임에 관한 사항에 관하여 결의한 것은 결의취소의 사유에 해당한다고 한 경우).

동지: 대판 1979. 3. 27, 79 다 19(判商 [248])(소집통지서에 기재된 목적사항 이외의 안건을 결의한 것은 주주총회결의 취소사유라고 한 경우); 동 1962. 1. 31, 4294 민상 452(주주권을 행사할 수 없는 사람이 주주총회결의에 참여하였다면, 이는 결의취소의 소의 원인이 될 수 있으나, 결의무효의 원인은 될 수 없다고 한 경우).

(14) 대판 1966. 10. 4, 66 다 2269(判商 [250])(주주총회의 결의내용이 등기할 사항이라든가 주주나 이사가 이 결의 있음을 몰랐다고 하여도 결의취소의 소의 제소기간의 기산일을 늦춰야 할 법적 근거가 없다고 한 경우).

(15) 대판 1965. 11. 16, 65 다 1683(주주총회결의 취소의 소의 법적 성질은 형성의 소이므로 상법 제376조에 의하여 취소되지 않는 한 유효라고 한 경우).

동지: 대판 1987. 4. 28, 86 다카 553(주주총회결의는 취소되지 않는 한 유효라고 한 경우).

(16) 대결 1963. 2. 28, 63 마 2(상법 제377조에 의하여 결의취소의 제소주주가 제공할 담보액의 기준은 회사가 받게 될 모든 불이익을 기준으로 하여 법원이 자유재량으로 결정한다고 한 경우).

(17) 대판 1962. 1. 11, 4294 민상 490(대표이사가 정당한 사유 없이 주주총회를 소집하지 않는다 하여 전무이사가 정관의 규정에 따라 주주총회를 소집한 것은 소집권이 없는 자가 소집한 주주총회이므로 결의취소의 사유가 된다고 한 경우).

D. 관련논점

(1) 주주총회결의 취소의 소와 민법상 법률행위 취소의 소와의 차이점

(2) 주주총회결의 취소의 소와 무효확인의 소 및 부존재확인의 소의 차이점

2. 결의무효확인의 소

A. 기본판례

▣ 대판 1995. 7. 28, 93 다 61338(判商 [186]·[257])[양도담보권자로부터 주식을 추득한 자에 대하여 주주로서의 지위를 인정하고, 주주총회결의 무효확인을 구할 법률상의 이익이 있다고 본 경우]

[사실관계]

Y주식회사의 1988. 8. 26.자 임시주주총회의 결의에서는 A가 이사로 선임되었다. 그런데 X들이 위 임시주주총회의 무효확인을 구하는 소를 제기함에 따라 A 및 Y회사 임원들에 대한 직무집행정지 가처분결정이 이루어져 B가 대표이사의 직무대행자로, C 등이 이사 등의 직무대행자로 선임되었다. 그런데 위 가처분

이의(異議)사건에서 위 가처분결정이 취소되었다가, 그 후 X들의 재신청에 따라 1991. 10. 25.에 A 등에 대한 직무집행정지 가처분결정에 의하여 다시 A 등의 직무집행이 정지되고 D가 대표이사의 직무대행자로, C 등이 이사직무대행자로 각 선임되었다. 그 후 1990. 1. 12.자 임시주주총회에서 A를 해임하고 그 후임이사를 선임하는 내용의 결의를 하였으나, 그 결의 전부가 부존재한 것으로 인정되었다.

그 후 1993. 5. 3. 위 대표이사의 직무대행자가 E로 개임되었다. 그런데 F·G가 A 등을 상대로 주식소유권 확인의 소를 서울민사지방법원에 제기하여 1992. 5. 22.의 판결에서 위 F와 G가 Y회사의 주주임을 확인받은 후, 1992. 8. 25. 주주의 자격으로 서울민사지방법원에 1991. 5. 6.자 임시주주총회와 이사회에서 선임된 대표이사인 A의 해임과 후임이사의 선임을 위한 임시주주총회 소집의 허가 신청을 하여 1992. 11. 12. 위 법원으로부터 소집허가결정을 받고, 이에 따라 같은 해 12. 30. Y회사의 임시주주총회 및 이사회를 개최하여 다시 A를 대표이사 및 이사에서 해임하고 위 F를 대표이사 및 이사로 선임하는 등을 내용으로 하는 결의를 하였다. A 등은 위 가처분결정에 의하여 그 직무집행이 정지되었음에도 불구하고 위 F 등이 제기한 주식소유권 확인의 소송에서 피고로 응소하여 패소확정판결을 받은 후, 위 F 등이 위와 같이 법원으로부터 임시주주총회 및 이사회의 소집허가를 받고 거기서 A 등의 해임을 결의한 것처럼 의사록을 작성하고 그에 따라 변경등기까지 경료하였다.

이에 X들이 Y회사에 대하여 A를 이사로 선임한 1988. 8. 26.자 임시주주총회결의의 무효확인을 구하는 소를 제기하였다. 이에 대하여 Y회사는 A를 이사로 선임한 Y회사의 1988. 8. 26.자 임시주주총회결의의 무효확인을 구하는 이 사건 소송에 있어서, 위 임시주주총회결의에 의하여 이사로 선임된 A는 그 직에서 해임되어 그 등기까지 경료되었으므로 위 선임결의의 무효확인을 구할 법률상 이익이 없다고 항변하였다. 또한 X들은 Y회사의 주식을 A가 양도담보로 양도한 M으로부터 취득하였으므로 주주가 아니라고 항변하였다.

이에 대하여 원심은 대법원의 파기환송취지에 따라 위 선임결의 후에 있었던 1990. 1. 12.자 임시주주총회에서 A를 해임하고 그 후임이사를 선임하는 내용의 결의를 하였다 하더라도 그 결의 전부가 부존재한 것으로 인정되는 이상 A를 이사로 선임한 당초의 위 1988. 8. 26.자 임시주주총회결의의 무효 여부는 Y회사의 현재 임원을 확정함에 있어서 직접적인 관계가 있는 것이므로 X들로서는 위 선임결의의 무효확인을 구할 법률상의 이익이 있다고 판단하였다.

또한 비록 법원의 허가를 얻었다고 하나 적법한 직무대행자에 의하지 아니하고 소집된 위 1992. 12. 30.자 임시주주총회 및 이사회는 그 형식상 하자로 인하여 부존재 또는 무효라고 보아야 할 것이므로, A는 여전히 등기부상 대표이사 및 이사로 되어 있으니 X들로서는 여전히 위 선임결의의 무효확인을 구할 법률상의 이익을 가진다는 이유로, Y회사의 항변을 배척하였다. 또한 X가 주주가 아니라는 Y회사의 항변도 배척하였다. 따라서 Y회사가 상고하게 된 것이다.

[판결요지]

(1) 기록과 원심판결이유에 의하면, Y회사의 1991. 5. 6.자 임시주주총회 및 이사회에서 A가 다시 Y회사의 대표이사 겸 이사로 선임되어 같은 해 5. 10.자로 그 등기가 경료된 사실을 알 수 있는바, 당원은 환송판결에서 이사가 임원 개임의 주주총회결의에 의하여 임기 만료 전에 이사직에서 해임당하고 그 후임이사의 선임이 있었다 하더라도 그 후에 적법한 절차에 의하여 후임이사가 선임되었을 경우에는 당초의 이사 개임결의가 무효라 할지라도 이에 대한 무효확인을 구하는 것은 과거의 법률관계 내지 권리관계의 확인을 구하는 것에 귀착되어 확인의 소로서의 권리보호요건을 결여한 것이라 할 것이나, 후임이사를 선임한 주주총회의 결의가 무권리자에 의하여 소집된 총회라는 하자 이외의 다른 절차상·내용상의 하자로 인하여 부존재임이 인정되는 경우에는 그 임원을 선임한 당초 결의의 무효 여부는 현재의 임원을 확정함에 있어서 직접적인 이해관계가 있는 것이므로 이 경우 당초의 선임결의의 무효확인을 구할 법률상의 이익이 있다고 판시하여 환송 전 원심판결을 파기환송한 바 있고, 위 환송판결에서 말하는 「후임이사를 선임한 결의」라는 것이 당초에 이사직에서 해임된 바로 그 자를 후임 이사로 선임한 경우는 제외되고 그 이외의 자가 후임이사로 선임된 결의에 한정된다고 해석할 근거나 이유가 없는 것이며, 여기에는 특별한 사정이 없는 한 당초에 이사직에서 해임된 바로 그 자를 후임이사로 선임한 결의도 포함된다고 보아야 할 것이다.

그렇다면 원심으로서는 위 1988. 8. 26.자 선임결의의 무효확인을 구할 법률상의 이익을 판단함에 있어서는, 먼저 위 1991. 5. 6.자 임시주주총회의 선임결의가 무권리자에 의하여 소집되었다는 하자 이외의 다른 절차상 · 내용상의 하자로 인하여 부존재 또는 무효라고 인정되는 등의 특별사정이 있는지 여부를 가려보아야 할 것이고, 그 결과 만일 A를 다시 이사로 선임한 Y회사의 위 1991. 5. 6.자 임시주주총회결의에 그러한 특별사정이 없는 경우에는 위 1988. 8. 26.자 임시주주총회의 선임결의의 무효확인을 구할 법률상의 이익은 없다고 하여야 할 것이며, 반대로 위 1991. 5. 6.자 임시주주총회의 선임결의에 그러한 특별사정이 있다고 한다면 나아가 위 1992. 12. 30.자 주주총회의 후임이사 선임결의에도 그와 같은 특별사정이 있는지 여부를 가려보았어야 마땅할 것이다.

그럼에도 불구하고 원심이 위 1991. 5. 6.자 및 1992. 12. 30.자 각 임시주주총회에서의 각 후임이사 선임결의에 순차 부존재나 무효라는 등의 특별사정이 있었느냐의 점을 가려보지 아니하고, 위 1992. 12. 30.자 임시주주총회결의의 부존재 또는 무효 사유만에 기초하여 이 사건 확인의 소의 법률상 이익 여부를 판단한 조치에는 당원의 환송판결의 근본 취지를 오해한 잘못이 있다고 아니할 수 없다.

(2) 원심이 적법하게 확정한 사실관계와 기록에 의하면 위 1991. 5. 6.자 임시주주총회 소집 당시에도 X들 3인과 H가 Y회사의 총발행주식 20,000주의 각 4분의 1인 5,000주씩을 소유하고 있었는데, 위 1991. 5. 6.자 임시주주총회는 A와 I · J · K · L 등 5인이 Y회사의 총발행주식 20,000주를 나누어 소유한 주주들로서 그들 전원이 참석 · 개최하여 A 등을 이사로 선임하는 결의를 한 것처럼 임시주주총회 의사록을 작성하였고, 법원의 허가에 의하여 소집된 위 1992. 12. 30.자 임시주주총회는 위 소수주주라는 F · G가 Y회사의 위 발행주식을 전부 소유한 주주들로서 이를 소집 · 개최하여 위와 같은 내용의 결의를 하였음을 알 수 있다.

사실관계가 위와 같다면 위 1991. 5. 6.자 및 위 1992. 12. 30.자 각 임시주주총회는 당시 Y회사의 발행주식 20,000주 전부를 나누어 소유하고 있던 주주들인 X들과 H는 전혀 참석하지 아니한 가운데 정당한 주주도 아닌 자들만이 참석하여 위와 같은 임원 선임의 결의를 한 것이므로, 이는 주주총회의 소집절차와 결의방법에 총회결의가 존재한다고 볼 수 없을 정도의 중대한 하자가 있는 경우에 해당하여 주주총회의 결의가 부존재한다고 할 것이고, 따라서 당초에 A를 이사로 선임한 위 1988. 8. 26.자 임시주주총회결의의 무효 또는 부존재 여부는 여전히 Y회사의 현재 임원을 확정함에 있어서 직접적인 관계가 있는 것이므로 X들로서는 위 선임결의의 무효확인을 구할 법률상의 이익이 있다고 할 것이다.

그러고 보면 Y회사의 항변을 배척한 원심의 판단은 결과적으로 정당하고, 원심의 앞서 본 바와 같은 잘못은 판결 결과에 영향이 없으며, 원심판결에 주주총회결의 무효확인소송에 있어서의 확인의 이익 및 대표이사 직무대행자의 권한에 대한 법리를 오해하였거나 체증법칙 위배 · 이유불비 또는 심리미진 등의 위법이 있다고 비난하는 논지는 모두 그 이유가 없어 받아들일 수 없다.

(3) A 등과 M 사이에 체결된 위 1986. 2. 3.자 약정은 채권담보의 목적으로 이루어진 주식양도계약이라고 봄이 상당하고, 위 약정 당시에는 Y회사의 성립 후 이미 6개월이 경과하였음에도 불구하고 주권이 발행되지 않은 상태에 있었던 만큼 위 약정은 바로 주식의 양도담보로서의 효력을 갖는다 할 것이며, 이를 소론과 같이 위 M이 위 주식으로 담보된 채권 이외에 주식대금을 추가로 지급할 것을 조건으로 하여서만 주식양도의 효력이 발생하는 것으로 약정한 채권담보계약이라거나 아니면 단순히 주식매매의 예약에 불과하다고 볼 수는 없는 것이다.

나아가 위와 같은 형식으로 주식의 양도담보가 이루어진 경우 양도담보권자인 위 M이 대외적으로 주식의 소유권자라 할 것이므로, 양도담보설정자인 A 등으로서는 그 후 위 M으로부터 담보주식을 매수한 X · N · O · H 등에 대하여는 특별한 사정이 없는 한 그 소유권을 주장할 수 없는 법리라 할 것이고, 설사 소론과 같이 위 양도담보가 정산형으로서 정산 문제가 남아 있다 하더라도 이는 담보주식을 매수한 자에게 대항할 수 있는 성질의 것이 아니다. 따라서 원심판결은 정당하고, 논지는 이와 상치되는 전제하에 원심판결에 이유불비나 법리오해의 위법이 있다는 것에 지나지 아니하여 받아들일 수 없다.

B. 이론요약

(1) 주주총회결의 무효확인의 소의 원인은 총회의 결의내용이 법령에 위반한 때(내용상〈실질적〉 중대한 하자)이다(商 380조). 즉, 주주총회 결의내용이 주식회사의 본질(주주평등, 주주유한책임 등)에 반하거나, 주주총회의 권한에 속하지 아니하거나 또는 강행법규나 선량한 풍속 기타 사회질서에 반하는 경우 등이다.

(2) 결의무효확인의 소의 원고에 대하여는 취소의 소의 경우와는 달리 상법상 제한은 없으나, 판례는 「그 무효확인에 관하여 정당한 법률상의 이익이 있는 자」라고 판시하고 있다(대판 1959. 12. 3, 4290 민상 669 외). 위 기본판례도 이에 관한 사항이다.

결의무효확인의 피고에 대하여도 상법에는 규정이 없으나, 회사로 한정된다는 것이 통설 · 판례이다.

(3) 결의무효확인의 소의 제소기간에 대하여는 취소의 소와는 달리 제소기간의 제한이 없으므로, 원고는 언제나 결의무효확인의 소를 제기할 수 있다.

(4) 결의무효확인의 소의 절차도 결의취소의 소의 절차와 거의 같으나(商 380조, 186조~188조, 377조), 다만 결의무효확인의 소에는 주주총회결의 자체가 법률상 존재하지 않으므로 이의 존재를 전제로 하는 법원의 재량에 의한 청구기각의 규정(商 379조)은 결의무효확인의 소에는 적용되지 않는다.

(5) 결의무효확인의 소의 판결의 효력도 결의취소의 소의 판결의 효력과 같이 대세적 효력이 있으며 또한 소급효가 있다(商 380조, 190조 본문).

(6) 결의무효확인의 소의 성질에 대하여 확인소송설과 형성소송설로 나뉘어 있는데, 결의의 내용이 강행법규 또는 주식회사의 본질에 반하는 결의까지 일단 효력이 발생하고 소로써만 무효를 주장할 수 있다고 보는 것은 부당하므로 확인소송설이 타당하다고 본다.

C. 관련판례

(1) 대판 1993. 10. 12, 92 다 21692(判商 [263])(이사가 임원개임의 주주총회결의〈1988. 4. 7〉〈제 1 차 결의〉에 의하여 임기만료 전에 이사직에서 해임당하고 그 후임이사의 선임이 있었다 하더라도 그 후에 적법한 절차에 의하여 후임이사가 선임된 때에는〈1988. 6. 4.〉〈제 1 차 결의에 의하여 선임된 이사를 해임하고 이사를 다시 선임함〉, 당초의 이사개임결의의 부존재 또는 무효확인을 구할 이익이 없다고 한 경우).

동지: 대판 1995. 2. 24, 94 다 50427(判商 [259])(후임이사를 선출한 새로운 주주총회의 결의에 하자가 없음을 이유로 당초 선임결의의 무효확인을 구할 법률상 이익이 없다고 한 경우).

(2) 대판 1985. 12. 10, 84 다카 319(이사가 사임한 경우에도 그 사임으로 인하여 법정 또는 정관 소정의 이사의 원수〈員數〉를 결한 때에는 여전히 이사·감사로서의 권리의무를 보유하므로 후임이사 및 감사 선임의 결의의 하자를 주장하여 주주총회결의 무효확인 또는 부존재확인을 구할 법률상 이익이 있다고 한 경우).

동지: 대판 1992. 8. 14, 91 다 45141(判商 [269])(앞의 판결과 같은 이유에서, 대표이사직을 사임한 이사에게 부존재확인의 소의 이익이 없다고 판시한 원심은 법리오해의 위법이 있다고 한 경우).

(3) 대판(전) 1983. 3. 22, 82 다카 1810(주식회사의 이사·감사를 선임하거나 해임하는 주주총회결의의 무효확인을 구하는 소송에 있어서, 동 결의에 의하여 선임되거나 해임된 이사·감사는 회사를 대표할 수 있다고 한 경우).

동지: 대판 1985. 12. 10, 84 다카 319(앞의 판결과 동일한 내용임).

반대: 대판 1963. 4. 25, 62 다 836(주식회사의 이사·감사의 해임 또는 선임결의 무효확인을 구하는 소송에 있어서 그 주주총회에서 해임 또는 선임된 이사·감사는 회사를 대표할 수 없다고 한 경우).

(4) 대판 1982. 12. 14, 82 다카 957(임기만료로 퇴임하는 이사는 후임이사의 취임시까지는 이사로서의 권리의무가 있으므로 후임이사를 선임하는 주주총회결의에 대하여 그 부존재 또는 무효확인을 구할 법률상 이익이 있다고 한 경우).

(5) 대판 1982. 9. 14, 80 다 2425(判商 [274])(사임한 이사는 그 후 새로운 이사들이 적법하게 선임되었다면 주주총회결의의 무효확인을 구할 법률상 이익이 없다고 한 경우).

(6) 대판 1982. 4. 27, 81 다 358(무효이거나 부존재한 주주총회결의에 의하여 이사직을 해임당한 자는 그가 주주인지 여부를 막론하고 주주총회결의의 부존재 또는 무효확인을 청구할 수 있다고 한 경우).

(7) 대판 1977. 4. 26, 76 다 1440·1441(判商 [276])(주주총회의 결의에 찬동·추인한 주주도 다시 그 결의의 무효〈부존재〉확인을 주장할 수 있다고 한 경우).

(8) 대판 1962. 5. 17, 4294 민상 1114(주주총회결의 무효확인의 소의 법적 성질은 확인소송이므로 그 무효의 주장은 소의 방법에 한한다고 해석할 수 없다고 한 경우).

동지: 대판 1992. 9. 22, 91 다 5365(주주총회결의의 효력이 그 회사 아닌 제 3 자 사이의 소송에 있어 선결문제이면, 당사자는 언제든지 당해 소송에서 주주총회결의가 처음부터 무효 또는 부존재하다고 다투어 주장할 수 있고, 반드시 먼저 회사를 상대로 제소하여야만 하는 것은 아니며, 제 3 자간의 법률관계에서는 상법 제380조 · 제190조가 적용되지 않는다고 한 경우); 동 1992. 8. 18, 91 다 39924(判商[268](주주총회결의 부존재확인의 소는 그 법적 성질이 확인의 소에 속한다고 한 경우).

(9) 대판 1962. 1. 25, 4294 민상 525(무효 또는 부존재한 주주총회결의로 대표이사직을 해임당한 자는 그가 주주이거나 아니거나를 막론하고 주주총회결의 무효 또는 부존재 확인을 청구할 수 있다고 한 경우).

동지: 대판 1975. 4. 22, 74 다 1464(앞의 판결과 동일한 내용임); 동 1966. 9. 27, 66 다 980(앞의 판결과 동일한 내용임).

D. 관련논점

(1) 주주총회결의 무효확인의 소와 민법상 법률행위의 무효확인의 소와의 차이점

(2) 주주총회결의 무효확인의 소와 부존재확인의 소와의 차이점

(3) 주주총회결의 무효확인의 소의 법적 성질에 관한 확인소송설과 형성소송설의 근거 및 차이점

3. 결의부존재확인의 소

A. 기본판례

▣ 대판 2007. 2. 22, 2005 다 73020)[주주총회결의 부존재확인의 소의 원인을 인정한 경우]

[판결요지]

주식회사에 있어서 총 주식을 한 사람이 소유한 이른바 1인 회사의 경우 그

주주가 유일한 주주로서 주주총회에 출석하면 전원 총회로서 성립하고 그 주주의 의사대로 결의가 될 것임이 명백하므로 따로 총회소집절차가 필요 없으며, 실제로 총회를 개최한 사실이 없었다 하더라도 그 1인 주주에 의하여 의결이 있었던 것으로 주주총회 의사록이 작성되었다면 특별한 사정이 없는 한 그 내용의 결의가 있었던 것으로 볼 수 있고(대판 1976. 4. 13, 74 다 1755 등 참조), 이 점은 한 사람이 다른 사람의 명의를 빌려 주주로 등재하였으나 총 주식을 실질적으로 그 한 사람이 모두 소유한 경우에도 마찬가지라고 할 수 있을 것이나(대판 1992. 6. 23, 91 다 19500 등 참조), 이와 달리 주식의 소유가 실질적으로 분산되어 있는 경우에는 상법상의 원칙으로 돌아가 실제의 소집절차와 결의절차를 거치지 아니한 채 주주총회의 결의가 있었던 것처럼 주주총회 의사록을 허위로 작성한 것이라면 설사 1인이 총 주식의 대다수를 가지고 있고 그 지배주주에 의하여 의결이 있었던 것으로 주주총회 의사록이 작성되어 있다 하더라도 도저히 그 결의가 존재한다고 볼 수 없을 정도로 중대한 하자가 있는 때에 해당하여 그 주주총회의 결의는 부존재하다고 보아야 할 것이다.

위 법리 및 기록에 비추어 살펴보면, 소외 B 주식회사(이하 「소외 B 회사」이라고만 한다)가 소외 A 회사 주식의 98%를 소유하고 있다고 하여도 소외 A 회사는 1인 회사가 아니라고 보고, 나아가 이 사건 정관변경 결의 당시 실제의 소집절차와 결의절차를 거치지 아니한 채 주주총회의 결의가 있었던 것처럼 주주총회 의사록을 허위로 작성한 것인 이상 그 결의가 존재한다고 볼 수 없을 정도로 중대한 하자가 있는 때에 해당하여 그 주주총회의 결의는 무효 내지 부존재하다고 한 원심의 판단은 정당하고, 거기에 상고이유의 주장과 같은 1인 회사에 있어서 주주총회결의의 방법 및 효력에 관한 법리오해 등의 위법이 없다(기록에 비추어 살펴보더라도, 이 사건 정관변경결의 당시 소외 A 회사의 나머지 200주의 실질 주주가 소외 B 회사이었다는 점을 알아볼 수 있는 자료는 없다).

B. 이론요약

(1) 주주총회결의 부존재확인의 소의 원인은 총회의 소집절차 또는 결의방법에 총회결의가 존재한다고 볼 수 없을 정도의 중대한 하자가 있는 경우(절차상 〈형식적〉 중대한 하자가 있는 경우)이다(商 380조 후단).

(2) 결의부존재확인의 소의 당사자는 결의무효확인의 소의 경우와 동일하다.

(3) 결의부존재확인의 소의 제소기간도 결의무효확인의 소의 경우와 동일하다.

(4) 결의부존재확인의 소의 절차도 결의무효확인의 소의 절차와 같다(商 380조, 186조~188조, 377조).

(5) 결의부존재확인의 소의 판결의 효력도 결의무효확인의 소 및 결의취소의 소의 판결의 효력과 같다(商 380조, 190조 본문).

(6) 결의부존재확인의 소의 법적 성질도 결의무효확인의 소의 경우와 같다.

C. 관련판례

(1) 대판 2004. 8. 16, 2003 다 9636(허위의 주주총회 의사록을 작성하여 한 정관변경결의는 그 존재를 인정할 수 없으나, 이러한 부존재한 정관변경결의의 내용에 따라 주주 이외의 자에 대하여 전환사채를 발행할 위험성이 계속 존재하는 이상, 원고의 이 사건 정관변경결의 부존재확인청구는 그 확인의 이익이 있다고 한 경우).

(2) 대결 2001. 2. 28, 2000 마 7839(判商 [255])(주주는 주주총회의 결의에 관한 부존재확인의 소를 제기하면서 이를 피보전권리로 한 가처분이 허용되는 경우라 하더라도, 주주총회에서 이루어진 결의 자체의 집행 또는 효력정지를 구할 수 있을 뿐, 회사 또는 제 3 자의 별도의 거래행위에 직접 개입하여 회사가 체결한 계약의 무효를 주장하거나 이를 금지할 권리는 없다고 한 경우〈주주는 유지청구권이나 대표소송권 등 상법이 규정하고 있는 권리만을 행사할 수 있음〉).

(3) 대판 1991. 12. 13, 90 다카 1158(判商 [270])(주식을 양도하고 주권을 소지한 대표이사가 자기를 해임한 주주총회결의 및 그 후 이사선임의 주주총회결의에 대하여 부존재확인을 구하는 것은 신의성실에 위배되는 소권의 행사로서 부적법하다고 한 경우).

동지: 대판 1992. 2. 28, 91 다 8715(이사가 임원개임의 주주총회결의에 의하여 임기만료 전에 이사직에서 해임당한 경우 그 이사는 후임이사 선임결의가 부존재하거나 무효 등의 사유가 있으면, 당초의 해임결의의 무효 또는 부존재확인을 구할 법

률상의 이익이 있다고 한 경우); 동 1985. 12. 10, 84 다카 319(이사 · 감사직을 사임하여 퇴임한 자라도 상법 제386조 제 1 항 및 제415조에 의하여 새로 적법하게 선임된 이사 · 감사가 취임할 때까지 여전히 이사 · 감사로서의 권리의무를 보유하면 후임이사 · 감사의 선임결의의 하자를 주장하여 그 부존재확인을 구할 법률상 이익이 있다고 한 경우).

(4) 대판 1982. 9. 14, 80 다 2425(判商 [274])(주주총회결의 부존재확인의 소에 있어서 피고는 회사로 한정되고, 또한 이사가 사임하고 그 후 적법하게 새로운 이사가 선임되었다면 사임한 이사는 주주총회결의 부존재 또는 무효확인을 구할 법률상 이익이 없다고 한 경우).

(5) 대판 1980. 10. 27, 79 다 2267(주주총회결의 부존재확인의 소의 성질은 확인의 소이므로 채권자라도 확인의 이익이 있는 이상 이를 제기할 수 있다고 한 경우).

동지: 대판 1992. 8. 18, 91 다 39924(判商 [268])(주주총회결의 부존재확인의 소는 그 법적 성질이 확인의 소에 속한다고 한 경우); 동 1969. 9. 28, 65 다 940(결의부존재의 주장은 항변으로서도 가능하다고 한 경우).

(6) 대판 1980. 1. 15, 79 다 71(기명주식의 양도양수계약만이 있고 명의개서가 없는 기명주식의 양수인들이 주주로서 주주총회에 참석한 주주총회의 결의에 대하여 주식양도인이 부존재확인의 소를 제기한 것이 금반언의 원칙에 어긋난다고 볼 수 없다고 한 경우).

(7) 대판 1978. 11. 14, 78 다 1269(判商 [275])(주주의 전부 또는 대부분의 주주에게 소집통지를 발송하지 아니하고 개최된 주주총회의 결의는 결의부존재확인의 소의 원인이 된다고 한 경우).

동지: 대판 1980. 12. 9, 80 다 128(발행주식총수 20,000주식 중 12,000주식에 기한 의결권을 행사할 수 있는 자에게 소집통지를 하지 아니하고 한 주주총회의 결의는 부존재확인의 소의 원인이 된다고 한 경우).

(8) 대판 1977. 6. 7, 77 다 54(주권발행 전의 주식양수인들이 한 주주총회의 결의는 부존재확인의 소의 원인이 된다고 한 경우 — 이는 1984년 4월 10일 개정상법에 의하여 상법 제335조 제 3 항 단서가 신설되기 전의 판례임).

(9) 대판 1977. 5. 10, 76 다 878(회사의 단순한 채권자는 그 회사의 주주총회의 결의로 인하여 권리 또는 법적 지위에 현실적으로 직접 어떠한 구체적인 영향을 받게 되는 경우에 한하여 주주총회결의의 부존재확인을 구할 수 있는데, 원고인 채권자에게는 이 점이 명확치 않다고 한 경우).

동지: 대판 1992. 8. 14, 91 다 45141(判商 [269])(사임 등으로 퇴임한 이사는 상법 제386조 제 1 항에 해당하면, 그 후임이사를 선임한 주주총회결의 부존재확인을 구할 법률상 이익이 있다고 한 경우); 동 1980. 10. 27, 79 다 2267(회사의 채권자가 주주총회결의 부존재 확인의 소를 제기하려면 그 주주총회의 결의가 회사채권자의 권리 또는 법적 지위를 구체적으로 침해하고 직접적으로 이에 영향을 미치는 때에 한하므로, 원고에게는 이러한 점이 없어 원고 청구를 배척한 원심은 타당하다고 한 경우); 동 1980. 1. 29, 79 다1322(회사의 채권자는 주주총회로 인하여 채권자로서의 권리 또는 지위에 어떤 구체적인 영향을 받고 있어야 주주총회결의 부존재확인을 구할 소의 이익이 있으므로, 원고는 이에 해당하지 않아 원고의 청구를 각하한 원심은 타당하다고 한 경우).

(10) 대판 1975. 7. 8, 74 다 1969(주식수탁자에 의한 결의는 부존재확인의 소의 원인이 된다고 한 경우).

(11) 대판 1973. 6. 29, 72 다 2611(이사회의 결의 없이 무권한자가 일부 주주에게만 구두통지하여 소집한 주주총회의 결의는 결의부존재확인의 소의 원인이 된다고 한 경우).

(12) 대판 1970. 2. 24, 69 다 2018(원고는 주식회사의 금전상의 채권자로서 주주총회결의 부존재확인을 구할 정당한 이익이 있으므로, 그 회사의 주주총회결의의 부존재확인을 구한 것을 인정한 원심은 타당하다고 한 경우).

(13) 대판 1964. 5. 26, 63 다 670(주주총회를 소집통지한 지정된 일시에 주주총회가 유회된 후, 소집권자의 적법한 새로운 소집절차 없이 동일장소 · 동일자 · 다른 시간에 개최된 주주총회에서의 결의는 결의부존재확인의 소의 원인이 된다고 한 경우).

동지: 대판 1993. 10. 12, 92 다 28235 · 28242(判商 [262])(주주총회가 산회된

후 과반수가 넘는 주식을 가진 3인의 주주만이 별도로 모여 한 결의는 주주총회결의 부존재이고, 또한 제 1 주주총회의 결의가 부존재이면 이에 기하여 선임된 대표이사가 소집한 제 2 주주총회의 결의는 부존재라고 한 경우).

D. 관련논점

(1) 주주총회의 비결의(非決議)와 표현결의(表見決議)와의 차이점(1995년 개정상법 이전과 이후의 경우를 나누어서 설명함)

(2) 주주총회결의 부존재확인의 소를 상법에서 규정한 이유는 무엇인가?

4. 부당결의 취소 · 변경의 소

제 2 관 이사회 · 대표이사 또는 집행임원(업무집행기관)

제 1 이사 · 집행임원

1. 의의(비등기임원의 지위)

A. 기본판례

▣ 대판 2003. 9. 26, 2002 다 64681(判商 [278])[비등기임원을 근로자로 본 경우]

[사실관계]

(1) 주식회사 C는 1997년말 현재 16개의 계열회사로 구성되어 있고 자산총액이 2,085,400,000,000원 가량인 C그룹의 모회사로서 대구지방법원으로부터 1998. 8. 17. 회사정리절차개시결정을, 1999. 7. 13. 정리계획인가결정을 받았다.

(2) C의 정관과 「임원처우에 관한 규정」은 (i) 직위상 회장 · 부회장 · 사장 · 부사장 · 전무이사 · 상무이사 · 이사 · 이사대우 및 감사로 상근인 자를 임원으로 하고, (ii) 주주총회 의결을 거친 임원(법인등기부에 등재되는 임원이다. 이하 「등기임원」이라 한다)의 선임 및 해임의 인사권은 대표이사가 행하고, 주주총회의 의결을 거치지 않은 임원(법인등기부에 등재되지 않는 임원이다. 이하 「비등기임원」이라 한다)의 인사권은 이사회의 결의에 의하여 대표이사가 행하며, (iii) 효과적인 업무추

진을 위하여 임원의 담당업무를 분장할 수 있고, 담당업무는 업무위촉에 의한다고 규정하고 있다.

(3) (i) X_1은 1989. 12. 1. C의 비등기임원인 재무담당 상무이사로 입사하여 자금관리를 담당하다가 1995. 2. 28. 주주총회의 의결을 거친 등기임원인 이사가 되었고 1998. 3. 28. 이사에서 퇴임함과 동시에 감사로 취임하였다가 1998. 5. 9. 퇴직하였다(법인등기부에는 1998. 12. 24. 퇴직한 것으로 기재되어 있다). (ii) X_2는 1991. 8. 16. C의 비등기임원인 기술담당 이사로 입사하여 그 때부터 대구지역 토목담당 이사 및 상무이사로 근무하다가 1998. 6. 24. 퇴직하였다. (iii) X_3는 1989. 1. 4. C의 부장으로 입사하여 근무하다가 1993. 1. 3. 및 1994. 1. 3. 비등기임원인 기술담당 이사대우 및 이사로 각 승진하여 대구지역 공사담당 이사(대구지역 현장PM)로 근무하다가 1998. 6. 24. 퇴직하였다. 이에 X_1들은 C회사의 관리인인 Y에게 퇴직금 지급을 청구하였다.

(4) C의 「임원처우에 관한 규정」은 (i) 임원의 보수 총액은 주주총회에서 정하고, (ii) 임원의 퇴직금은 별도의 임원 퇴직금 지급규정에 의하여 지급한다고 규정하고, 「임원 퇴직금 지급규정」은 임원의 퇴직금에 대하여, (i) 등기 또는 비등기를 불문한 상근임원의 퇴직금은 퇴임 당시의 최종직위 평균보수월액에 회장 · 부회장은 근속기간(이사대우 승진일로부터 퇴임발령일까지의 기간) 1년에 4개월분, 사장 · 부사장 · 전무이사는 근속기간 1년에 3개월분, 상무이사 · 이사 · 이사대우 · 감사는 근속기간 1년에 2개월분의 지급률을 곱하여 산정하고, (ii) 퇴직금은 퇴직일로부터 1개월 이내에 지급함을 원칙으로 한다고 규정하고 있다.

(5) C의 「퇴직금 지급규정」은 직원의 퇴직금에 대하여 (i) 퇴직 당시의 평균임금에 근속연수(입사일부터 퇴직발령일까지의 기간)를 곱하여 산정하고, (ii) 퇴직금은 퇴직일로부터 14일 이내에 지급함을 원칙으로 하며, (iii) 직원이 임원으로 선임되는 경우에는 퇴직으로 간주하고 퇴직금을 지급한다고 규정하고 있다.

(6) 정리회사 C의 관리인인 Y_1들은 회사정리계획안을 작성하여 X_1들을 포함한 임직원 555명의 1999. 7. 13. 현재 미지급 퇴직금을 공익채권으로 분류하는 한편 당사자들과 협의를 거쳐 준비연도인 1999년과 제 1 차연도인 2000년에 그 1/2씩 분할하여 변제하기로 노력한다는 내용을 명시하였고, 그 정리계획안은 1999. 7. 13. 대구지방법원의 인가결정으로 확정되었다. 이에 X_1들은 Y_1들을 상대

로 퇴직금지급청구의 소를 제기하였다.

(7) 이에 대하여 원심(대구고법)은 다음과 같이 판시하였다.

원심은 X_1들이 명목상으로는 C의 임원인 이사 또는 감사의 지위에 있었지만 실질적으로는 대표이사 등의 지휘·감독 아래 일정한 노무를 제공하고 그 대가로 일정한 보수를 지급받는 고용관계에 있었던 것에 불과하였으므로 근로기준법상의 근로자이고, 따라서 X_1들의 퇴직금 채권은 회사정리법(이 법은 2009. 10. 21.부터 채무자 회생 및 파산에 관한 법률로 대체됨)상의 공익채권에 해당하므로, Y_1들은 정리회사의 「임원 퇴직금지급 규정」에 의하여 산정한 퇴직금을 X_1들에게 지급할 의무가 있다는 X_1들의 주장에 대하여, 그 내세운 증거들에 의하여, X_1들은 C로부터 효과적인 업무추진을 위하여 분장된 일정한 업무를 위촉받아 그 업무의 담당임원으로서 임원회의에 참석하는 등 재량과 권한을 가지고 업무수행을 해 온 사실, C의 등기임원과 비등기임원 사이에는 업무수행권한과 보수 등 처우에 관하여 아무런 차별도 없었던 사실을 인정하고 나서, 이에 반하는 증거들을 배척한 다음, 위 인정 사실에 X_1들이 청구의 비등기 또는 등기임원으로 선임된 경위, C의 자산규모, 일반직원이 임원으로 선임되는 경우에는 퇴직으로 간주하여 퇴직금을 지급하도록 하고 있고, 임원의 퇴직금 지급률과 그 지급시기가 일반 직원의 그것과 다른 점 등의 사정을 종합하여 보면, X_1들의 업무 내용이 사용자에 의하여 정하여지고 업무수행과정에 있어서도 사용자로부터 구체적·개별적인 지휘·감독을 받았다고 볼 수 없을 뿐 아니라 X_1들이 받은 보수 역시 근로 자체에 대한 대상적 성격을 가진 것은 아니므로, X_1들은 임금을 목적으로 종속적인 관계에서 사용자에게 근로를 제공한 근로자라고는 할 수 없다는 이유로, X_1들이 근로기준법 소정의 근로자임을 전제로 하는 X_1들의 위 주장을 배척하였다.

따라서 X_1들이 상고하게 된 것이다.

[판결요지]

C의 등기임원과 비등기임원 사이에 업무수행권한에 아무런 차이가 없다고 한 원심의 사실인정과 이에 기하여 X_1들이 근로기준법 소정의 근로자가 아니라고 한 원심의 판단은 다음과 같은 이유로 수긍하기 어렵다.

(1) 상법상 이사와 감사는 주주총회의 선임 결의를 거쳐 임명하고(商 382조 1항, 409조 1항)

그 등기를 하여야 하며, 이사와 감사의 법정 권한은 위와 같이 적법하게 선임된 이사와 감사만이 행사할 수 있을 뿐이고 그러한 선임절차를 거치지 아니한 채 다만 회사로부터 이사라는 직함을 형식적·명목적으로 부여받은 것에 불과한 자는 상법상 이사로서의 직무권한을 행사할 수 없다 할 것인데, 원심이 확정한 사실관계에 의하면, C의 등기임원은 상법의 선임요건을 갖춘 이사 또는 감사에 해당하고 비등기임원은 형식적·명목적으로 명칭만을 부여받은 이사임이 명백하므로, C의 등기임원과 비등기임원 사이에 있어서 업무수행권한의 차이가 없다고 단정할 수 없다.

한편 기록에 의하면 C는 임원을 그 직위에 따라 회장·부회장·사장·부사장·전무이사·상무이사·이사·이사대우 및 감사로 상근인 자 등으로 구분하고, 이들을 상법상 이사·감사의 선임요건을 갖춘 등기임원과 상법상 선임요건을 갖추지 못한 비등기임원으로 나누고 있는 사실, 위 등기임원과 비등기임원은 그 임금과 퇴직금 지급에 있어서 일반직원과 달리 구별하여 동등한 대우를 받고 있는 사실, 그러나 C의 정관은 등기된 이사에 한하여 그 임기를 3년으로 제한하면서, 대표이사에 임용될 자격, 대표이사를 보좌하고 이사회에서 정하는 바에 따라 회사의 업무를 분장·집행하며 대표이사의 유고시에는 그 직무를 대행할 권한, 이사회의 구성원으로서 회사업무의 중요사항 결의에 참여할 권한을 부여하고 있으나 비등기임원의 업무분장에 관하여는 아무런 규정을 두지 않아 등기임원과 비등기임원에 관하여 그 임기·업무내용과 권한 등에 있어서 달리 취급하고 있는 사실을 인정할 수 있는바, 위 인정 사실에 의하면 C는 등기임원과 비등기임원 사이에 그 퇴직금과 보수에 관하여 동등한 처우를 하고 있기는 하나, 상법상 이사회에 참석하여 회사의 업무에 관한 중요한 사항의 결의에 참여할 권한 등은 등기임원에게만 이를 부여함으로써 등기임원과 비등기임원 사이에 업무수행권한에 있어서 명백히 구별하고 있음을 알 수 있다.

그렇다면 C의 등기임원과 비등기임원 사이에 업무수행권한에 있어서 아무런 차별이 없다고 한 원심의 사실인정 및 판단은 위와 같은 상법상 이사의 직무권한에 관한 법리를 오해함과 동시에 채증법칙에 위반하여 사실오인의 위법을 저지른 것이다.

(2) 주식회사의 이사·감사 등 임원은 회사로부터 일정한 사무처리의 위임을

받고 있는 것이므로, 사용자의 지휘·감독 아래 일정한 근로를 제공하고 소정의 임금을 받는 고용관계에 있는 것이 아니며, 따라서 일정한 보수를 받는 경우에도 이를 근로기준법 소정의 임금이라 할 수 없고, 회사의 규정에 의하여 이사 등 임원에게 퇴직금을 지급하는 경우에도 그 퇴직금은 근로기준법 소정의 퇴직금이 아니라 재직중의 직무집행에 대한 대가로 지급되는 보수에 불과하다(대판 2001. 2. 23, 2000 다 61312 등 참조). 그러나 근로기준법의 적용을 받는 근로자에 해당하는지 여부는 계약의 형식에 관계 없이 그 실질에 있어서 임금을 목적으로 종속적 관계에서 사용자에게 근로를 제공하였는지 여부에 따라 판단하여야 할 것이므로, 회사의 이사 또는 감사 등 임원이라고 하더라도 그 지위 또는 명칭이 형식적·명목적인 것이고 실제로는 매일 출근하여 업무집행권을 갖는 대표이사나 사용자의 지휘·감독 아래 일정한 근로를 제공하면서 그 대가로 보수를 받는 관계에 있다거나 또는 회사로부터 위임받은 사무를 처리하는 외에 대표이사 등의 지휘·감독 아래 일정한 노무를 담당하고 그 대가로 일정한 보수를 지급받아 왔다면 그러한 임원은 근로기준법상의 근로자에 해당한다 할 것이다(대판 1997. 12. 23, 97 다 44393; 동 2000. 9. 8, 2000 다 22591 등 참조).

원심이 확정한 사실관계에 의하면, 원고 X_1은 비등기이사로 입사하여 재무담당 상무로서 자금관리를 담당하였고 등기이사로 선임된 후에도 위와 같은 내용의 직무를 수행하였으며 그 이후 퇴직일까지는 감사로 선임되어 한 달 남짓 근무한 사실, X_2는 비등기임원으로서 대구지역 토목담당 이사 및 상무이사로, X_3는 역시 비등기임원으로서 대구지역 공사담당 이사로 각 근무한 사실, 한편 X_1들은 위와 같이 C의 임원으로 근무하면서 매월 정액의 월급여와 상여금을 지급받은 사실, C의 임원 중 회장은 대주주인 S이었고, 회장과 부회장이 C의 대표이사로서 회사의 업무집행권 및 대표권을 가지고 있었던 사실을 인정할 수 있는바, 앞서 본 바와 같은 C의 비등기임원의 지위·상법상 이사와 명목상의 이사와의 업무수행권한의 차이 등과 함께 위 인정 사실을 종합하여 보면, (i) 우선 X_1의 경우 비등기이사로 근무한 기간과 X_2·X_3의 전근무기간 동안에 X_1들의 이사 또는 이사대우라는 지위는 상법상의 이사와 같은 위임관계가 아니라 형식적·명목적인 것으로서 실제로는 이사 또는 이사대우라는 직함을 가지고 회장 등 대표이사의 지휘·감독하에 각자 담당한 회사의 업무를 처리하고 이에 대한 대가로 일정한 보수를 지급받는 관계에 있었던 것으로 보이고, (ii) 한편, X_1이 등기이사와 감사로 선임되어 근무한 기간 동안에 X_1은 C로부터 상법상의 이사 또는 감사로서의 일정한 사무처리 위임을 받고 있었던 것으로서 특별한 사정이 없는 한 사용자의 지휘·감독 아래에 일정한 근로를 제공하고 소정의 임금을 받는 고용관계가 아니라고 할 것이나, 기록에 의하면 X_1은, 그가 등기이사와 감사로 선임된 이후에도 이사 또는 감사로서의 직무 이외에 대표이사 등의 지시에 따라 일정한 노무를 담당하면서 그 대가로 보수를 지급받아 왔다고 주장하는 한편, C의 정관은 비등기이사와 등기이사에 대하여 같은 임원으로서 그 보수에 있어서 동일한 처우를 하고 있고 이에 따라 X_1은 비등기이사에서 등기이사를 거쳐 감사로 선임된 이후에도 회사에서의 지위에 별다른 변동이 없이 정액의 보수를 지급받았음을 알 수 있는바, 사정이 이와 같다면, X_1이 비등기이사에서 등기이사 및 감사로 선임된 이후에도 상법상 이사·감사로서의 위임사무 외에 종래에 담당하고 있던 업무를 대표이사와의 사용종속관계하에서 계속 유지하고 있었다고 볼 여지가 있으므로(위 X_1의 감사로서의 재임기간은 한 달 남짓에 불과하다), 원심으로서는 X_1이 등기이사와 감사로 선임된 기간에도 과연 종래와 같은 회사 업무를 담당하고 있었는지, 이에 관하여 대표이사와 사이에 사용종속관계가 있었는지, 이러한 노무에 대한 대가로 보수가 지급된 것인지 등 근로자의 인정에 전제가 되는 간접사실에 대하여 구체적으로 심리하여 X_1이 근로기준법상의 근로자에 해당하는지 여부를 판단하였어야 할 것이다.

그럼에도 불구하고, 원심은 이에 이르지 아니한 채 그 판시와 같은 사정만으로 X_1들이 근로기준법상의 근로자에 해당하지 않는다는 이유로 이 사건 퇴직금채권이 공익채권임을 전제로 한 X_1들의 청구를 모두 기각하였던바, 거기에는 필요한 심리를 다하지 아니하여 사실을 오인하고 그 결과 근로기준법상 근로자의 해석에 관한 법리를 오해함으로써 판결 결과에 영향을 미친 위법이 있다.

그러므로 나머지 상고이유에 대하여 판단할 필요 없이 원심판결을 파기하고, 사건을 다시 심리·판단하도록 원심법원에 환송하기로 하여, 관여 법관의 일치된 의견으로 주문과 같이 판결한다.

B. 이론요약

(1) 우리 상법상 주식회사의 업무집행기관은 집행임원 비설치회사의 경우 원칙적으로 이사회(업무집행에 관한 의사결정)(商 393조 1항) · 대표이사(대내적으로 업무를 집행하고 대외적으로 회사를 대표)(商 389조)이고 집행임원 설치회사의 경우 집행임원(商 408조의 4)인데, (직전 사업연도말 자산총액이 2조원 이상인) 대회사의 경우에는 이사회를 3명 이상 및 과반수의 사외이사로 구성하여야 하며(商 542조의 8 1항 단서), (자본금 총액이 10억원 미만인) 소회사의 경우에는 이사를 1명 또는 2명 둘 수 있다(이사회가 임의기관)(商 383조 1항 단서).

따라서 이사회가 없는 소회사의 경우에는 이사가 업무집행기관이나, 이사회가 있는 회사의 경우에는 집행임원 비설치회사의 경우 이사가 업무집행기관인 이사회의 구성원이며 대표이사가 될 수 있는 전제자격에 불과하고 이사 자체를 업무집행기관이라고 볼 수는 없고 집행임원 설치회사의 경우 집행임원을 겸하는 이사는 업무집행기관(사내이사)이라고 볼 수 있다.

이하에서는 이사회가 있는 회사를 기준으로 이사 · 집행임원에 대하여 설명하겠다.

(2) 이사 · 집행임원과 회사와의 관계는 위임관계이므로(상업사용인과 회사와의 관계가 보통 고용계약인 점과 구별됨), 민법상의 위임에 관한 규정이 준용된다(商 382조 2항, 408조의2 2항).

그러나 민법상의 위임계약이 원칙적으로 무상인 점과 달리, 회사는 이사 · 집행임원에게 보통 보수를 주는데(유상계약), 이사의 이러한 보수의 액은 정관에서 정하지 아니한 때에는 주주총회의 결의로 이를 정하고(商 388조), 집행임원의 보수는 정관에 규정이 없거나 주주총회의 승인이 없으면 이사회에서 결정한다(商 408조의 2 3항 6호).

(3) 이사는 주주총회에서 보통결의에 의하여 선임된다(商 382조 1항). 주주총회의 이러한 결의에 따라 회사대표자의 청약과 피선자의 승낙(묵시적 승낙을 포함)으로 임용계약(위임계약)이 체결되어야(商 382조 2항) 등기될 수 있고(商 317조 2항 8호), 또한 이사로서 활동할 수 있다. 집행임원은 이사회에서 보통결의에 의하여 선임되고(商 408조의 2 3항 1호), 등기사항이다(商 317조 2항 8호).

이사의 선임방법은 보통 단순투표제인데, 정관에서 이를 배제하는 규정이 없으면 집중투표제에 의하여 선임될 수 있다(商 382조의 2, 542조의 7).

(4) 이사가 될 수 있는 자격에는 원칙적으로 제한이 없으므로 주주가 아니어도 무방한데(소유와 경영의 분리), 정관으로 이사는 주주이어야 한다는 것 등을 정할 수 있다(자격주)(商 387조, 415조의 2 7항). 집행임원의 자격에도 제한이 없으나, 정관으로 주주이어야 한다는 것을 정할 수 있다고 본다(商 387조 유추적용).

사외이사에 대하여는 결격사유가 있고, 사외이사가 그러한 결격사유에 해당하면 그 직을 상실한다(商 382조 3항).

법인이 이사가 될 수 있는가에 대하여, 이를 긍정하는 견해도 있으나, 이사는 본질적으로 인적 개성에 의하여 임면되므로 이를 부정하는 것이 타당하다고 본다. 집행임원도 자연인이어야 한다고 본다.

이사·집행임원은 자연인인 이상 행위능력의 유무를 묻지 아니하나(商 117조 유추), 파산자 또는 금치산자는 해석상 이사·집행임원이 되지 못한다고 본다. 그러나 상장회사의 경우 미성년자·금치산자 및 파산자 등은 사외이사가 될 수 없음을 명문으로 규정하고 있다(商 542조의 8 2항).

또 감사(監事)는 그 회사 및 자회사의 이사가 되지 못하고(商 411조), 그 회사 및 자회사의 집행임원이 되지 못한다고 본다(商 411조 유추적용).

(5) 상장회사는 일정한 경우를 제외하고 사외이사를 이사 총수의 4분의 1 이상이 되도록 하여야 하는데, 최근 사업연도말 현재의 자산총액이 2조원 이상인 상장회사는 사외이사를 3인 이상으로 하고 또한 이사 총수의 과반수가 되도록 하여야 한다(商 542조의 8 1항, 商施 34조 1항·2항).

이와 같이 상장회사 등에게 사외이사를 두는 것을 강제함으로써 상장회사 등은 사외이사를 두는 것을 최소화할 목적으로 이사의 수를 대폭 축소하고 회사의 정관 또는 내규 등에 의하여 선임된 집행임원을 두게 되었는데(비등기임원), 이러한 집행임원은 실제로 등기이사가 수행하던 직무를 담당하고 이로 인하여 보수 등에서도 등기이사와 거의 동등한 대우를 받고 있으면서도 2011년 개정상법 이전에는 상법 등에서 규정하지 않음으로 인하여 발생한 특수한 현상(법률상 미아현상)이라고 볼 수 있었다.

이러한 비등기이사에 대하여 위 기본판례는 주주총회에서 선임되지도 않고 또한 등기되지도 않는다는 점에서 그의 지위는 위임계약에 의한 이사(임원)로 볼 수 없고 고용계약에 의한 직원으로 보아 근로기준법상의 근로자에 해당될 수 있다는 취지로 판시하고 있는데, X_1들은 (사실상) 집행임원으로 이들에게는 2011년 개정상법상 집행임원에 관한 규정이 (유추)적용되어야 할 것으로 본다. 집행임원에 관한 규정이 없었던 2011년 개정상법 이전에도 해석상 이러한 집행임원을 그의 직무집행에서 이사(임원)에 준하여 보아야 한다고 생각한다. 따라서 사견으로 위 기본판례에서 대법원의 판지에 반대하고, 원심의 판지에 찬성한다.

(6) 이사는 원칙적으로 3인 이상이어야 하는데(商 383조 1항 본문), 상장회사의 경우 사외이사의 수에 대하여는 위에서 본 바와 같은 최저수의 제한이 있다(商 542조의 8 1항). 집행임원의 수에는 제한이 없고, 집행임원이 다수인 경우에도 (이사회와 같이) 회의체를 구성하는 것이 아니다. 또한 자본금 총액이 10억원 미만인 소규모 주식회사는 이사를 1인 또는 2인 둘 수 있다(이사회가 임의기관)(商 383조 1항 단서).

(7) 이사의 임기는 원칙적으로 3년을 초과하지 못하는데(商 383조 2항), 임기중의 최종의 결산기에 관한 정기주주총회가 종결하기 전에 임기가 만료한 때에는 예외적으로 정관의 규정에 의하여 정기주주총회의 종결에 이르기까지 임기를 연장할 수 있다(商 383조 3항). 집행임원의 임기는 정관에 다른 규정이 없으면 2년을 초과하지 못하는데(商 408조의 3 1항), 이러한 임기는 정관에 그 임기중의 최종결산기에 관한 정기주주총회가 종결한 후 가장 먼저 소집하는 이사회의 종결시까지로 정할 수 있다(商 408조의 3 2항). 이사·집행임원은 임기만료 후 재선은 가능하다.

C. 관련판례

(1) 대판 2001. 6. 15, 2001 다 23928(判商 [283])(상법 제383조 제 2 항과 동일한 내용을 회사의 정관에서 규정한 것이 이사의 임기를 3년으로 정한 취지라고 해석할 수는 없으므로, 이에 상법 제385조 제 1 항 단서를 적용할 수 없다고 한 경우 〈이사의 임기는 정관 또는 주주총회의 결의로 정함〉).

(2) 대판 1992. 12. 22, 92 다 28228(이사는 근로기준법상 근로자가 아니므로, 이사의 보수나 퇴직금에 관하여 정관·주주총회의 결의가 없으면 이를 청구할 수 없다고 한 경우).

D. 관련논점

(1) 이사회가 없는 소회사, 이사회가 있으나 사외이사가 없는 중회사 및 사

외이사가 과반수인 대회사에서의 업무집행기관

(2) 집중투표제의 내용 및 장단점, 대회사에서 집중투표배제에 관한 정관개정시 주주의 의결권제한에 관한 위헌여부

(3) 회사 설립시의 업무집행기관의 선임기관

(4) 사내이사 · 사외이사 및 집행임원의 자격

(5) 상장회사의 의무적 사외이사에 관한 규정의 위헌여부

(6) 대회사에서의 바람직한 지배구조

2. 선임 · 종임

가. 이사 · 집행임원의 직무집행정지가처분

A. 기본판례

▣ 대결 1997. 1. 10, 95 마 837[이사의 직무집행정지 가처분의 요건]

[사실관계]

이사의 해임의 본안소송을 제기하기 전에는 해임의 소를 제기할 수 있을 정도의 절차요건을 거친 흔적이 소명되어야 피보전권리의 존재가 소명되는 것인데, 이러한 피보전권리의 존재유무가 문제되었다.

이에 대하여 원심은 피보전권리가 없다고 하여 원고(X)의 신청을 기각하여 원고(X)가 상고하게 된 것이다.

[결정요지]

상법 제385조 제 2 항에 의하면 이사가 직무에 관하여 부정행위 또는 법령이나 정관에 위반한 중대한 사실이 있음에도 불구하고 주주총회에서 그 해임을 부결한 때에는 발행주식총수의 100분의 5(비상장회사는 1998년 상법개정에 의하여 100분의 3이고, 상장회사는 10,000분의 50 또는 10,000분의 25임[商 542조의6 3항]) 이상에 해당하는 주식을 가진 주주는 총회의 결의가 있은 날로부터 1월 내에 그 이사의 해임을 법원에 청구할 수 있고, 그와 같은 해임의 소를 피보전권리로 하는 이사의 직무집행정지신청은 본안의 소송이 제기된 경우뿐만 아니라 급박한 경우에는 본안소송의 제기 전이라도 할 수 있음은 같은 법 제407조에서 명문으로 인정하고 있을 뿐더러, 이와 같은 직무집행정지신청을 민사소송법 제714조(民執 300조) 제 2 항 소정의

임시의 지위를 정하는 가처분과 달리 볼 것이 아니므로 반드시 본안소송을 제기하였음을 전제로 할 것은 아니다.

따라서 해임의 본안소송을 제기했다는 소명자료가 없어 신청요건이 불비라는 듯한 원심의 판시는 잘못된 것이라 할 것이다.

그러나 적어도 이 사건과 같이 이사의 직무권한을 잠정적이나마 박탈하는 가처분은 그 보전의 필요성을 인정하는 데는 신중을 기해야 할 것인바, 소수주주가 피보전권리인 해임의 소를 제기하기 위한 절차로는 발행주식총수의 100분의 5 이상에 해당하는 주식을 가진 소수주주가 회의의 목적과 소집의 이유를 기재한 서면을 이사회에 제출하여 임시총회의 소집을 요구하고, 그렇게 하였는데도 소집을 불응하는 때에는 법원의 허가를 얻어 주주총회를 소집할 수 있고, 그 총회에서 해임을 부결한 때 그로부터 1개월 내에 이사의 해임을 법원에 청구할 수 있는 것이므로, 이와 같은 해임의 소를 제기하기 위한 절차를 감안해 보면 특별히 급박한 사정이 없는 한 해임의 소를 제기할 수 있을 정도의 절차요건을 거친 흔적이 소명되어야 피보전권리의 존재가 소명되는 것이고, 그 가처분의 보전의 필요성도 인정될 수 있을 것이다.

그런데 기록에 의해 살펴본즉 이와 같은 절차적 요건을 갖춘 흔적이 전혀 보이지 않고 있을뿐더러 X가 해임 대상으로 지목하는 Y의 횡령사실도 소명되지 않고 있어 이 사건 신청을 기각한 원심의 조치는 정당하고, 거기에 헌법 · 법률 · 명령 또는 규칙의 위반이 있다고 할 수 없다. 논지는 이유 없다.

B. 이론요약

(1) 이사 · 집행임원 선임결의의 무효나 취소의 소(또는 이사 · 집행임원 해임의 소)가 제기된 경우에는 법원은 당사자의 신청에 의하여 가처분으로써 그 이사 · 집행임원의 직무집행을 정지할 수 있고(이사 · 집행임원 직무집행정지가처분), 또는 직무대행자를 선임할 수 있다(이사 · 집행임원 직무대행자선임가처분)(商 407조 1항 1문, 408조의 9).

이러한 직무대행자는 가처분명령에 다른 정함이 있거나 법원의 허가를 얻은 경우 외에는 회사의 상무(常務)에 속하지 아니한 행위를 하지 못한다(商 408조 1항, 408조의 9). 그러나 직무대행자가 이에 위반한 행위를 한 경우에도 회사는 선의의 제 3 자에 대하여 책임을 진다(商 408조 2항, 408조의 9).

이와 같이 이사 · 집행임원 직무집행정지가처분을 인정하는 이유는 이사 · 집행임원 선임결의의 무효나 취소의 소(또는 이사 · 집행임원 해임의 소)의 판결이 확정될 때까지 그 이사 · 집행임원으로 하여금 그대로 직무를 계속하게 하는 것은 회사에 예기치 못한 손해를 생기게 할 염려가 있기 때문이다.

(2) 이러한 가처분은 (i) 원칙적으로 본안소송이 제기된 경우에 본안의 관할법원이 당사자의 신청에 의하여 하나(商 407조 1항 1문, 408조의 9), 급박한 사정이 있는 때에는 본안소송의 제기 전이라도 관할법원은 그러한 가처분을 할 수 있다(商 407조 1항 2문, 408조의 9). (ii) 또한 이러한 가처분은 그러한 이사 · 집행임원이 계속하여 직무를 집행하는 경우에 회사에 현저하게 손해가 발생할 염려가 있어야 하는 보전의 필요가 있어야 한다(民執 300조 2항).

위 기본판례는 이사의 직무집행을 정지하는 가처분을 신청하는 경우에는 「해임의 소를 제기할 수 있을 정도의 절차요건」(소수주주가 이사회에 임시주주총회의 소집을 요구한 점, 주주총회에서 해임을 부결한 때 그로부터 1개월 내에 이사의 해임을 법원에 청구한 점 등)을 거친 흔적이 소명되어야 피보전권리의 존재가 소명되는 것인데, 이러한 절차적 요건을 갖춘 흔적이 전혀 없다고 하여 이사의 직무집행정지 가처분의 신청을 기각한 원심이 타당하다고 본 것이다. 이 판례에서의 이유와 결론은 타당하다고 보고, 이사의 직무집행정지가처분의 신청시 기준이 될 것으로 본다.

(3) 이사 · 집행임원 직무집행정지가처분의 신청인이 될 수 있는 자는 본안소송의 원고 또는 원고가 될 수 있는 자이고, 피신청인이 될 수 있는 자는 그 성질상 해당 이사 · 집행임원이고 회사가 아니다.

(4) 직무집행의 정지를 당한 이사 · 집행임원이 가처분의 취지에 반하여 한 행위는 제 3 자와의 관계에서는 절대적으로 무효이고, 그 후 가처분이 취소된 경우에도 소급하여 유효가 되는 것이 아니다. 또한 직무집행의 정지를 당한 이사 · 집행임원은 직무집행에서 배제되므로 그 직무와 관련하여 발생하는 책임도 없다.

이사 · 집행임원의 직무집행정지가처분은 그 존속기간의 정함이 없는 경우에도 본안소송에서 가처분신청자가 승소하여 그 판결이 확정된 때에는, 그 목적을 달성한 것이 되어 당연히 그 효력을 상실한다.

(5) 법원은 당사자(피신청인)의 신청에 의하여 이러한 가처분을 변경 또는 취소할 수 있다(商 407조 2항, 408조의 9).

이러한 가처분이 있거나 또는 가처분의 변경 · 취소가 있는 때에는, 이는 당사자 및 제 3 자에게 미치는 영향이 크므로 본점과 지점의 소재지에서 등기하여야 한다(商 407조 3항, 408조의 9).

(6) 이러한 가처분은 가처분의 취소가 있어야 가처분에 의한 직무대행자의 권한이 소멸되는 것이지, 가처분에 의하여 직무집행이 정지된 이사 · 집행임원이 사임하고 주주총회의 결의(집행임원의 경우는 이사회의 결의)로 후임이사 · 집행임원이 선임되더라도 그것만으로 위 직무대행자의 권한이 소멸하는 것은 아니다. 또한 그러한 후임이사 · 집행임원이 이사회에서 대표이사 · 대표집행임원으로 선임되더라도 그 대표이사 · 대표집행임원은 가처분이 취소되지 않는 한 그 권한을 행사하지 못한다.

C. 관련판례

(1) 대결 2008. 4. 14, 2008 마 277(상법 제408조 제 1 항에 의하여 법원의 허가가 있는 경우 회사의 상무〈常務〉에 속하지 아니하는 행위〈방송장비 보관장소 이전〉도 가처분에 의한 직무대행자가 할 수 있다고 한 경우).

(2) 대판 1997. 9. 9, 97 다 12167(判商 [373])(청산인의 직무대행자는 회사계속의 결의와 아울러 새로운 이사 및 감사 선임의 결의가 있었다고 하여 그의 권한이 당연히 소멸되는 것은 아니라고 한 경우〈피신청인은 사정변경을 이유로 가처분이의의 소를 제기하여 가처분의 취소를 구할 수 있음〉).

동지: 대판 1992. 5. 12, 92 다 5638(가처분 이후 대표이사가 해임되고 새로운 대표이사가 선임되었더라도 가처분결정이 취소되지 않는 한 직무대행자의 권한은 유효하게 존속하고, 새로운 대표이사는 제 3 자에 대해서도 그 권한을 가지지 못한다고 한 경우).

(3) 대결 1991. 3. 5, 90 마 818(회사 주식의 60%를 소유하고 있는 주주의 의사에 의하여 대표이사 등 임원이 선임된 경우, 선임절차상의 잘못이 있어 무효로 돌아간다 하더라도 그 직무집행을 정지시키고 그 대행자를 선임하여야 할 필요성이 있다고 볼 수는 없다고 한 경우).

(4) 대결 1990. 10. 31, 90 그 44(상법 제407조 제 1 항에 의한 가처분으로 이사 등의 직무집행을 정지하고 그 대행자를 선임하는 때에, 가처분에 의하여 직무집행이 정지된 종전의 이사 등은 직무대행자로 선임될 수 없다고 한 경우).

(5) 대판 1989. 5. 23, 88 다카 9883(判商 [370])(이사의 직무집행정지가처분의 경우 본안소송에서 가처분신청자가 승소하여 그 판결이 확정된 때에는 그 목적을 달성한 것이 되어 가처분은 당연히 그 효력을 상실한다고 한 경우).

동지: 대판 1989. 9. 12, 87 다카 2691(判商 [374])(앞의 판결과 동일한 내용이며, 또한 직무대행자가 변호사에게 소송대리를 위임하는 것은 상법 제408조 제 1 항의 「회사의 상무〈常務〉」에 속한다고 한 경우).

(6) 대판 1982. 4. 27, 81 다 358(가처분결정에 의하여 선임된 청산인 직무대행자는 그 가처분의 본안소송인 주주총회결의 무효확인의 제 1 심 판결에 대한 항소를 취하하는 행위는 회사의 상무〈常務〉에 속하지 아니하므로 상법 제408조 제 1 항의 사유가 없는 한 할 수 없다고 한 경우).

(7) 대판 1980. 3. 31, 79 누 322(직무집행의 정지를 당한 이사는 직무집행에서 배제되므로 그 직무와 관련하여 발생하는 책임도 없으므로, 직무집행이 배제된 대표이사에게 회사의 귀속불명소득에 대하여 종합소득세액을 부과시킬 수 없다고 한 경우).

(8) 대판 1975. 5. 27, 75 다 120(회사를 대표하여 소송상의 인낙〈認諾〉을 하는 것은 상법 제408조 제 1 항의 회사의 상무〈常務〉에 속하지 아니하여, 가처분에 의한 직무대행자가 할 수 없다고 한 경우).

동지: 대판 2007. 6. 28, 2006 다 62362(이사의 선임이나 주주총회의 특별결의를 요하는 사항을 안건으로 한 정기주주총회의 소집은 상법 제408조 제 1 항의 직무대행자의 상무〈常務〉에 속하는 행위가 아니므로 이에 관한 주주총회결의는 취소의 사유에 해당한다고 한 경우); 동 1989. 9. 12, 87 다카 2691(가처분에 의한 대표이사 직무대행자가 변호사에게 소송대리를 위임하고 그 보수계약을 체결하거나 그와 관련하여 반소제기를 위임하는 행위는 상법 제408조 제 1 항의 회사의 상무〈常務〉에 속하는 행위이나, 회사의 상대방 당사자의 변호인의 보수지급에 관한 약정

은 회사의 상무에 속하지 아니하므로 법원의 허가를 받아야 한다고 한 경우); 동 1984. 2. 14, 83 다카 875 · 876 · 877(대표이사 직무대행자가 그 가처분을 신청한 사람측에게 그 권한의 전부를 위임하는 것은 상법 제408조 제1항의 회사의 상무〈常務〉에 속하지 않는다고 한 경우).

(9) 대판 1972. 1. 31, 71 다 2351(청산인 직무집행정지 및 직무대행자선임 가처분신청에 있어서는, 신청인과 저촉되는 지위에 있는 청산인을 피신청인으로 하여야 하고, 회사는 피신청인의 적격이 없다고 한 경우).

동지: 대판 1982. 2. 9, 80 다 2424(判商 [371])(이사 직무집행가처분에 있어서 피신청인이 될 수 있는 자는 그 성질상 이사이고 회사는 피신청인의 적격이 없다고 한 경우).

(10) 대판 1970. 4. 14, 69 다 1613(변호사에게 소송대리를 위임하고 그 보수계약을 체결하는 행위는 회사의 상무〈常務〉에 속하여 가처분에 의한 대표이사 직무대행자가 할 수 있는 행위이므로, 회사의 행위로서 효력이 있다고 한 경우).

동지: 대판 1991. 12. 24, 91 다 4355(출장비 대신에 부동산을 대물변제받기로 한 약정 및 이에 관한 소에서 직무대행자가 항소를 제기하지 않은 것은 상법 제408조 제1항의 회사의 상무〈常務〉에 속한다고 한 경우).

(11) 대판 1965. 10. 26, 65 다 1677(상법 제408조 제2항의 제3자의 선의라는 점에 대한 주장과 입증책임은 상대방에 있다고 한 경우).

D. 관련논점

(1) 위 기본판례에서 X가 Y의 횡령사실을 소명하면 상법 제407조 제1항 제1문의 「급박한 사정」이 있다고 볼 수 있는가?

(2) 이사의 직무집행정지가처분 및 직무대행자선임가처분을 받은 경우, 가처분신청인(원고)이 본안소송에서 패소한 경우에는 언제 그 가처분은 소멸되는가? 또한 이 경우 신청인(원고)은 아무런 책임도 부담하지 않는가?

나. 임시이사 · 집행임원(직무대행자)의 선임

A. 기본판례

▣ 대결 2001. 12. 6, 2001 그 113(判商 [286])[상법 제386조 제 2 항의 「임시이사 선임이 필요하다고 인정되는 때」의 의미]

[사실관계]

상법 제386조 제 1 항의 「임시이사의 선임이 필요한 때」에 해당하는지 여부에 관한 것인데, 원심은 이를 인정하였다. 따라서 이에 불복하는 피신청인이 특별항고를 한 것이다.

[결정요지]

상법 제386조가 규정한 「임시이사 선임이 필요하다고 인정되는 때」라 함은 이사가 사임하거나 장기간 부재중인 경우와 같이 퇴임이사로 하여금 이사로서의 권리의무를 가지게 하는 것이 불가능하거나 부적당한 경우를 의미하는 것으로서 그의 필요성은 임시이사제도의 취지와 관련하여 사안에 따라 개별적으로 판단되어야 하는 것이며, 한편, 비송사건절차법 제84조에 의하여 이사와 감사의 진술을 할 기회를 부여한 이상 법원은 그 진술 중의 의견에 기속됨이 없이, 그 의견과 다른 인선을 결정할 수도 있는 터이어서 이해관계를 달리하는 이사나 감사가 있는 경우 각 이해관계별로 빠짐 없이 진술의 기회를 주지 않았다고 하여 그 사정이 재판의 결과에 영향을 주게 되는 것은 아니다(대결 1985. 5. 28, 85 그 50; 동 2000. 11. 17, 2000 마 5632 등 참조).

기록 중의 자료들과 대조하면서 위의 법리에 비추어 보니, 이 사건에서 원심이 임시이사 선임의 요건이 갖추어졌다고 보고 그 절차에 따라서 한 그 결정은 정당하고, 그 결정에 상법 제386조, 제389조, 비송사건절차법 제84조를 위반하여 재판에 영향을 끼친 사유는 없다.

그러므로 특별항고를 기각하기로 관여 대법관들의 의견이 일치되어 주문에 쓴 바와 같이 결정한다.

B. 이론요약

(1) 임시이사(직무대행자)를 선임하는 경우는 두 가지 경우가 있는데, (i) 첫째는 앞에서 본 바와 같이 이사 선임결의의 무효나 취소의 소(또는 이사해임의 소)

가 제기된 경우에 법원이 당사자의 신청에 의하여 가처분으로써 그 이사의 직무집행을 정지하고 직무대행자(임시이사)를 선임하는 경우와(商 407조 1항), (ii) 둘째는 법률 또는 정관으로 정한 이사의 원수(員數)를 결한 경우에 법원이 필요하다고 인정한 때에는 이사·감사·기타의 이해관계인의 청구에 의하여 일시 이사의 직무를 행할 자(임시이사)를 선임하는 경우이다(商 386조 2항 1문). 집행임원에 대하여는 상법 제407조·제408조를 준용하고 있으나(商 408조의 9) 제386조는 준용하고 있지 않은데, 입법론상 제408조의 9에서 제386조도 준용하는 규정을 두어야 할 것으로 본다.

(2) 이사의 직무집행정지가처분과 함께 가처분으로써 선임되는 임시이사(직무대행자)는 일시적인 필요에 의하여 선임되는 것이므로 이러한 임시이사(직무대행자)는 원칙적으로 회사의 상무(常務)에 속하는 행위만을 할 수 있고(商 408조 1항 본문 후단), 예외적으로 이 외의 행위를 하기 위해서는 가처분명령에 다른 정함이 있거나 또는 법원의 허가가 있어야 한다(商 408조 1항 본문 전단 및 단서).

이러한 직무대행자가 그 직무권한을 초과한 행위를 한 경우에도, 거래안전을 위하여 회사는 선의의 제 3 자에 대하여 책임을 져야 한다(商 408조 2항).

이러한 직무대행자를 선임하는 가처분이 있는 때에는 회사는 본점과 지점의 소재지에서 그 등기를 하여야 한다(商 407조 3항).

(3) 법률 또는 정관으로 정한 이사의 원수(員數)를 결한 경우에 법원이 이사·감사·이해관계인의 청구에 의하여 선임하는 임시이사는 「그 임시이사의 선임이 필요하다고 인정되는 때」에 선임되는데(商 386조 2항), 어느 경우가 이에 해당하는 때이냐가 문제된다.

이에 대하여 위의 기본판례는 「이사가 사임하거나 장기간 부재중인 경우와 같이 퇴임이사로 하여금 이사로서의 권리의무를 가지게 하는 것이 불가능하거나 부적당한 경우를 의미하는 것으로서 그의 필요성은 임시이사제도의 취지와 관련하여 사안에 따라 개별적으로 판단되어야 하는 것이다」라고 판시하여, 이사 결원의 경우 임시이사를 선임하여야 하는 때에 관한 기준을 제시하고 있다.

이사 결원의 경우에 선임되는 임시이사의 권한은 법원에 의하여 특히 제한되지 않는 한 본래의 이사의 권한과 같다(이는 이사의 직무집행정지의 가처분과 함께 선임되는 직무대행자의 권한과 다르다).

이사 결원의 경우에 선임되는 임시이사도 본점소재지에서 그 등기를 하여야 한다(商 386조 2항 2문).

참고로 상장회사의 경우 사임 · 사망 등의 사유로 인하여 사외이사의 수가 법정요건(商 542조의 8 1항)에 미달하게 되면 그 사유가 발생한 후 처음으로 소집되는 주주총회에서 법정요건에 합치되도록 사외이사를 선임하여야 한다(商 542조의 8 3항).

C. 관련판례

(1) **대결 2005. 3. 8, 2004 마 800**(상법 제386조 제 1 항에 의한 퇴임이사가 퇴임등기를 하여야 하는 기간의 기산점은 퇴임일이 아니라 후임이사의 취임일이라고 한 경우).

동지: 대결 2007. 6. 19, 2007 마 311(앞의 판결과 그 내용이 같음).

(2) **대결 1998. 9. 3, 97 마 1429**(判商 [287])(대표청산인이 부재한 것과 다름이 없어 채권자의 그에 대한 재산관계 명시결정이 계속적으로 송달불능 상태에 있다면, 상법 제386조 제 2 항의 직무대행자를 선임할 필요성이 인정된다고 한 경우).

반대: 대결 2000. 11. 17, 2000 마 5632(회사 동업자들 사이에 동업을 둘러싼 분쟁이 계속되고 있다는 사정만으로 상법 제386조 제 1 항을 적용하는 것이 불가능하거나 부적당하다고 할 수 없으므로, 상법 제386조 제 2 항의 「필요한 때」에 해당한다고 볼 수 없다고 한 경우).

(3) **대판 1991. 12. 27, 91 다 4409 · 4416**(수 회에 걸쳐 이사 · 감사로 선임되어 온 자가 그를 다시 이사 · 감사로 선임하는 주주총회결의가 부존재한다고 하더라도 그 후임이사 · 감사가 없는 결과가 되어 퇴임이사 또는 감사가 계속 이사 또는 감사로서의 권리의무를 가지므로, 원고는 회사의 적법한 대표자라고 한 경우).

동지: 대판 1971. 3. 9, 71 다 251(앞의 판결과 동일내용임).

(4) **대판 1981. 9. 8, 80 다 2511**(상법 제386조 제 2 항에 의한 직무대행자의 자격에는 아무런 제한이 없다고 한 경우).

동지: 대결 1985. 5. 28, 85 그 50(判商 [288])(상법 제386조 제 2 항의 규정에 의하여 선임되는 직무대행자는 신청인이 추천한 이외의 사람이 선임된 경우에도, 불복할 수 없다고 한 경우).

(5) 대결 1968. 5. 22, 68 마 119(判商 [290])(상법 제386조 제 2 항에 따라 법원에 의하여 선임된 임시대표이사는 상법 제407조 제 1 항에 따라 선임된 직무대행자와는 달리, 대표이사와 동일한 권리의무를 갖는다고 한 경우).

(6) 대판 1964. 4. 28, 63 다 518(判商 [291])(상법 제386조 제 2 항 소정의 「전항의 경우」라 함은 법률 또는 정관에서 정한 이사의 원수〈員數〉를 결한 일체의 경우를 말하는 것이지, 단지 임기만료 또는 사임으로 인하여 이사의 원수〈員數〉를 결하게 된 경우에 한하지 않는다고 한 경우).

D. 관련논점

(1) 가처분에 의한 이사의 직무대행자와 이사 결원의 경우 이사의 직무대행자와의 차이?

(2) 이사 결원의 경우에 선임된 직무대행자에 대하여도 변경 · 취소가 가능한가?

다. 이사 · 집행임원의 해임

A. 기본판례

▣ 대판 2004. 12. 10, 2004 다 25123(判商 [281])[상법 제385조 제 1 항은 대표이사에게는 유추적용되지 않는다고 본 경우]

[사실관계]

대표이사에 대하여 상법 제385조 제 1 항 단서가 유추적용되는지 여부가 문제되었다.

이에 대하여 원심은 유추적용을 인정하여 Y회사는 X에 대하여 손해배상을 하도록 선고하여, Y회사가 상고하게 된 것이다.

[판결요지]

(1) 원심은, 상법 제385조 제 1 항에 의하면, 「이사는 언제든지 제434조의 규정에 의한 주주총회의 결의로 이를 해임할 수 있다. 그러나 이사의 임기를 정한 경우에 정당한 이유 없이 그 임기만료 전에 이를 해임한 때에는 그 이사는 회사에 대하여 해임으로 인한 손해의 배상을 청구할 수 있다」고 규정하는바, X가 위와 같이 비록 주주총회의 결의에 의하여 이사에서 해임된 것은 아니라고 하더라

도 만약 이사회의 결의에 의하여「정당한 이유 없이」그 임기중에 대표이사에서 해임되고 비상근·무보수 이사로 변경되었다면 상법 제385조 제 1 항이 유추적용될 수 있다고 볼 것이므로, X는 사실상의 해임으로 인하여 입게 된 손해의 배상을 청구할 수 있다고 본 다음, 나아가 Y회사 이사회의 2002. 1. 15.자 X에 대한 대표이사 해임의 정당한 이유의 존부에 대하여 판단하였다.

(2) 그러나 원심이, 상법 제385조 제 1 항은 주주총회결의에 의한 이사의 해임에 적용될 뿐만 아니라 이사회결의에 의한 대표이사의 해임에도 유추적용된다고 판단한 것은 다음과 같은 이유로 수긍할 수 없다.

살피건대, 주식회사의 이사는 주주총회가 선임·해임하고 회사의 의사결정기관의 하나인 이사회의 구성원으로서 3년을 초과하지 아니하는 임기를 정할 수 있지만, 대표이사는 이사회가 이사 중에서 선정·해임하는 것이 원칙이고 회사의 업무를 집행하고 회사를 대표하는 기관으로서 통상 별도의 임기를 정하지 아니하는 점에서 이사와 대표이사는 그 지위와 성질·권한이 다르다고 할 것이고, 더구나 대표이사는 이사회의 경영판단 등에 따라 언제든지 해임할 수 있다고 할 것이므로 주주총회의 이사 해임과 이사회의 대표이사 해임이 유사한 사실이라고 할 수 없다. 그리고 상법 제385조 제 1 항은 주주총회의 특별결의에 의하여 언제든지 이사를 해임할 수 있게 하는 한편, 임기가 정하여진 이사가 그 임기 전에 정당한 이유 없이 해임당한 경우에는 회사에 대하여 손해배상을 청구할 수 있게 함으로써 주주의 회사에 대한 지배권 확보와 경영자 지위의 안정이라는 주주와 이사의 이익을 조화시키려는 규정이고(대판 2004. 10. 15, 2004 다 25611 등 참조), 이사의 보수청구권을 보장하는 것을 주된 목적으로 하는 규정이라 할 수 없으므로, 이를 이사회가 대표이사를 해임한 경우에도 유추적용할 것은 아니고, X가 대표이사 지위의 해임으로 무보수·비상근의 이사로 되었다고 하여 달리 볼 것도 아니다.

(3) 원심이, X의 보수청구권에 주목한 나머지 상법 제385조 제 1 항을 이사회가 대표이사를 해임한 경우에도 유추적용할 것이라고 판단한 것은 법률의 해석·적용에 관한 잘못이 있고, 상법 제385조 제 1 항을 이사회가 대표이사를 해임한 경우에도 적용하거나 유추적용할 것을 전제로 하는 X의 이 사건 손해배상청구는 더 나아가 살펴볼 필요 없이 이유 없다고 할 것이므로, 같은 취지의 주장인 X의 상고이유도 이유 없다.

B. 이론요약

(1) 이사 · 집행임원과 회사간에는 위임에 관한 규정이 준용되기 때문에(商 382조 2항, 408조의 2 2항) 이사 · 집행임원은 위임의 종료사유(民 689조, 690조)에 의하여 종료된다. 또한 이사 · 집행임원은 이 외에 임기만료 · 정관 소정 자격의 상실 등에 의해서도 종임된다. 이사 · 집행임원이 종임한 때에는 이를 등기하여야 한다(商 317조 2항 8호 · 4항, 183조).

이러한 이사의 종임사유 중 특히 문제가 되는 것은 해임인데, 이는 주주총회의 결의에 의한 해임(商 385조 1항)과 법원의 판결에 의한 해임(商 385조 2항 · 3항)이 있다. 집행임원은 이사회결의에 의하여 언제든지 해임된다(商 408조의 2 3항 1호).

(2) 주주총회의 이사해임결의는 주주총회의 특별결의사항이고, 주주총회가 정당한 이유 없이 이사의 임기 전에 그 이사를 해임한 때에는 그 이사는 회사에 대하여 해임으로 인한 손해배상을 청구할 수 있다(商 385조 1항). 이는 이사에만 해당하고 대표이사에는 해당되지 않는다. 위 기본판례는 이에 관한 것이다.

이사가 직무에 관하여 부정행위 또는 법령이나 정관에 위반한 중대한 사실이 있음에도 불구하고 주주총회에서 그 해임을 부결한 때에는 소수주주가 회사와 그 이사를 공동피고로 하여 그 이사의 해임청구의 소를 법원에 제기할 수 있는데, 원고승소판결의 확정에 의하여 해임의 효력이 발생한다(형성판결)(商 385조 2항 · 3항).

(3) 이사의 종임에 의하여 법률 또는 정관에 의한 이사의 원수(員數)를 결한 경우에는 임기의 만료 또는 사임으로 인하여 퇴임한 이사는 새로 선임된 이사가 취임할 때까지 이사의 권리의무를 갖고(商 386조 1항), 이 때 필요하다고 인정한 때에는 법원은 이사 · 감사 · 기타의 이해관계인의 청구에 의하여 일시 이사의 직무를 행할 자(직무대행자 · 임시이사 또는 가이사)를 선임할 수 있는데, 이 경우에는 본점의 소재지에서 그 등기를 하여야 한다(商 386조 2항). 이러한 직무대행자의 권한은 법원에 의하여 특히 제한되지 않는 한 본래의 이사와 같다(직무집행정지가처분과 함께 선임되는 직무대행자와 구별됨).

C. 관련판례

(1) 대판 2006. 11. 23, 2004 다 49570(상법 제385조 제 1 항 단서의 「정당한 이유」의 존부에 대한 입증책임은 손해배상을 청구하는 이사가 부담하는데, 이 사건에서 원고들의 이사직 해임에 정당한 사유가 있었다고 한 경우).

(2) 대판 2004. 10. 15, 2004 다 25611(判商 [282])(회사의 대표이사가 투자유치능력이나 경영능력 및 자질이 부족하여 1년 동안 어느 것 하나 제대로 실천된 것이 없어, 회사가 그 〈대표〉이사를 해임한 것은 정당한 이유가 있다고 한 경우).

(3) 대판 2001. 6. 15, 2001 다 23928(判商 [283])(상법 제385조 제 1 항 단서에서 「이사의 임기를 정한 경우」라 함은 정관 또는 주주총회의 결의로 임기를 정하고 있는 것을 말하므로, 정관에 상법 제383조 제 2 항과 동일하게 규정하여 임기를 정하지 아니한 때에는 이사는 손해배상을 청구하지 못한다고 한 경우).

(4) 대판 1998. 4. 28, 98 다 8615(대표이사에게 이사의 사표처리를 일임한 경우에는 대표이사가 그 사표를 수리함으로써 그 이사의 사임의 효과가 생기므로, 이에는 상법 제385조를 위반한 위법이 없다고 한 경우).

(5) 대판 1993. 8. 24, 92 다 3298(判商 [284])(이사가 의원면직으로 해임되거나 특별조치법에 의하여 해직된 때에는 상법 제385조 제 1 항 단서에 해당하지 않으므로, 이사는 회사에 대하여 손해배상을 청구할 수 없다고 한 경우).

(6) 대판 1993. 4. 9, 92 다 53583(이사가 동종 영업을 목적으로 하는 다른 회사를 설립하고 다른 회사의 이사 겸 대표이사가 되어 영업준비작업을 하였다면 이는 상법 제397조 제 1 항에 위반한 행위를 한 것으로서, 상법 제385조 제 2 항 소정의 「법령에 위반한 중대한 사실」이 있다고 한 경우).

동지: 대결 1990. 11. 2, 90 마 745(앞의 판결과 동일한 내용임).

(7) 대판 1963. 9. 5, 63 다 233(〈대표〉이사의 사망의 경우에는 통지를 요하지 않고 대항력이 발생한다고 한 경우〈사망 이외의 권한소멸사유는 통지를 요함〉).

D. 관련논점

(1) 이사의 해임과 부실등기 및 표현대표이사와의 관계

(2) 이사의 해임결의에서 해임대상인 이사가 주주인 경우, 그 주주는 의결권을 행사할 수 있는가?

3. 이사 · 집행임원의 보수(퇴직금)

A. 기본판례

▣ 대판 1999. 2. 24, 97 다 38930(判商 [294])[이사·감사에 대한 퇴직위로금은 보수의 일종으로 주주총회의 결의를 요하는데, 이에 관한 주주총회의 결의가 없어 지급할 수 없다고 본 경우]

[사실관계]

Y회사의 정관에 이사 · 감사의 보수 또는 퇴직한 임원의 퇴직금은 주주총회에서 결정한다고 규정되어 있는 경우, X들의 퇴직시에 주주총회에서 그에 관한 결의가 있었는지 여부가 문제되었다.

이에 대하여 원심은 주주총회의 결의가 없었다고 하여 X들의 청구를 배척하여, X들이 상고하게 된 것이다.

[판결요지]

상법 제388조 · 제415조에 의하면, 주식회사의 이사와 감사의 보수는 정관에 그 액을 정하지 아니한 때에는 주주총회의 결의로 이를 정한다고 되어 있고, 이사 또는 감사에 대한 퇴직위로금은 그 직에서 퇴임한 자에 대하여 그 재직중 직무집행의 대가로써 지급되는 보수의 일종으로서 상법 제388조에 규정된 보수에 포함되는 것이다(대판 1977. 11. 22, 77 다 1742 참조).

원심판결 이유를 기록에 비추어 살펴보면, Y회사 역시 정관 제24조에서, 이사와 감사의 보수 또는 퇴직한 임원의 퇴직금은 주주총회에서 결정한다고 규정하고 있는바, X들의 퇴직시에 주주총회에서 그에 관한 결의가 있었다거나, X들이 내세우는 회사의 사규 중 퇴직금에 관한 규정이 임원들에 대하여도 적용되는 것으로 볼 자료가 없다는 이유로 X들의 퇴직금 청구를 배척한 원심의 조치는 정당하고, 거기에 채증법칙 위배 또는 이사 및 감사의 보수에 관한 법리오해의 위법이 없다.

B. 이론요약

(1) 위에서 본 바와 같이 이사 · 집행임원과 회사와의 관계는 위임관계로서 민법상의 위임에 관한 규정이 이에 준용되는데(商 382조 2항, 408조의 9), 민법상의 위임계약이

원칙적으로 무상인 점과는 달리 회사는 보통 이사 · 집행임원에게 보수를 준다(유상계약). 따라서 상법은 이사의 보수의 액을 정관에서 정하지 아니한 때에는 주주총회의 결의로 이를 정한다고 규정하고 있고(商 388조), 집행임원의 보수는 정관에 규정이 없거나 주주총회의 승인이 없는 경우 이사회의 결의로 이를 정한다고 규정하고 있다(商 408조의 2 3항 6호).

(2) 이사 · 집행임원의 보수란 이사 · 집행임원의 직무집행에 대한 대가로서 지급되는 것인데, 그 명칭을 불문한다. 따라서 봉급 · 각종의 수당 · 상여금 · 퇴직위로금 · 해직보상금 등이 이사 · 집행임원의 보수에 해당한다.

(3) 이사의 보수액의 결정방법은 정관에 그 액을 정하지 않은 때에는 주주총회의 결의로 이를 정하는데(商 388조), 주주총회의 결의로 정하는 것이 보통이다. 이때 주주총회는 이사의 보수액을 각 이사별로 정할 필요는 없고, 이사 전원에 대한 보수의 총액 또는 한도액을 정하고 각 이사에 대한 배분의 결정을 이사회에 위임할 수는 있다. 그러나 이사의 보수액의 결정 및 지급을 전적으로 이사회나 대표이사에게 위임하는 주주총회의 결의는 무효이다.

집행임원의 보수액의 결정방법은 이사를 겸임하는 집행임원은 보통 이사의 보수액을 결정하는 방법에 의하게 될 것이나, 이사를 겸임하지 않는 집행임원은 보통 이사회가 결정할 것으로 본다(商 408조의 2 3항 6호).

이사의 보수액을 결정하는 주주총회의 결의에서 주주인 이사는 특별이해관계인이고, 집행임원의 보수액을 결정하는 이사회의 결의에서 이사인 집행임원은 특별이해관계인이다.

(4) 이사에게 지급되는 퇴직금도 이사의 보수에 포함되는데, 이 퇴직금도 정관이나 주주총회의 결의로 그 총액 또는 한도액만을 정하고 구체적으로 각 이사에게 지급할 퇴직금의 액수 · 지급기일 · 지급방법 등의 결정은 이사회에 위임할 수 있다. 이사의 퇴직금은 보통 이사회에서 정한 퇴직금지급규정에 의하여 지급되는데, 이는 보통 주주총회에 의한 명시적 · 묵시적 승인이 있었다고 보므로, 주주총회에서 퇴직금을 지급하지 않기로 결의하거나 주주총회의 결의가 없다고 하여 지급을 거절할 수는 없다고 보고 있다(판례).

C. 관련판례

(1) 대판 2006. 11. 23, 2004 다 49570(이사에게 퇴직금과는 별도로 지급되는 해직보상금도 상법 제388조의 이사의 보수에 포함되므로 정관에 규정이 없으면 주주총회의 승인이 있어야 회사에 대하여 지급청구할 수 있다고 한 경우).

(2) 대판 2006. 5. 25, 2003 다 16092·16108(判商 [292])(퇴직한 이사에 대하여 직원으로 근무한 기간과 이사로 근무한 기간을 합쳐서 이사의 보수로서 퇴직금을 산정한 것은 정당하고, 회사가 정관에서 퇴직하는 이사에 대한 퇴직금액의 범위를 구체적으로 정한 다음 다만 그 재임중 공로 등 여러 가지 사정을 고려하여 이사회가 그 금액을 결정할 수 있도록 하였다면 그러한 이사회의 결의가 없었음을 이유로 퇴직한 이사에 대하여 정관에 구체적으로 정한 범위 안에서의 퇴직금 지급을 거절할 수는 없다고 한 경우).

(3) 대판 2004. 12. 10, 2004 다 25123(判商 [293])(임원퇴직금지급규정에 관하여 주주총회결의가 있거나 주주총회의사록이 작성된 적은 없으나, 위 규정에 따른 퇴직금이 사실상 1인회사의 실질적 1인 주주의 결재·승인을 거쳐 관행적으로 지급되었다면 위 규정에 대하여 주주총회의 결의가 있었던 것으로 볼 수 있다고 한 경우).

(4) 대판 1988. 6. 14, 87 다카 2268(判商 [296])(이사의 퇴직금은 근로기준법 소정의 퇴직금이 아니라 재직중 직무집행에 대한 대가로 지급되는 보수의 일종이므로, 이에는 근로기준법 제41조의 임금채권의 시효에 관한 규정〈3년〉이 적용되지 아니하고 일반채권의 시효에 관한 규정이 적용되어야 한다고 한 경우).

(5) 대판 1983. 3. 22, 81 다 343(정관 및 관계규정상 이사의 보수에 관하여는 사원총회의 결의가 있어야 한다고 규정되어 있는 경우, 그와 같은 절차가 이행되지 않는 한 이사의 보수청구는 이유 없다고 한 경우).

(6) 대판 1979. 11. 27, 79 다 1599(判商 [297])(3,000주 중 2,000주를 가지고 있는 대표이사가 한 이사에 대한 보수·퇴직금 등에 관한 약정은 주주총회의 결의가 없는 이상 무효라고 한 경우).

반대: 대판 1978. 1. 10, 77 다 1788(判商 [298])(회사 주식의 80%를 소유한

대표이사가 주주총회결의를 거치지 않고 이사에게 공로상여금을 지급하겠다는 약속은 주주총회에서 이를 지급하기로 하는 결의가 이루어질 것은 당연하므로 주주총회의 결의가 있었음과 다름이 없어 유효라고 한 경우).

(7) 대판 1977. 11. 22, 77 다 1742(이사에 대한 퇴직위로금이 이미 퇴직금지급규정에 의하여 결정되어 있는데, 그 규정에 주주총회의 승인을 얻어 지급한다고 되어 있다면, 이의 의미는 그 지급시기와 지급방법 등을 규제하려는 내부적인 절차규정에 불과하므로 주주총회에서 지급하지 않기로 결의한 것은 무효라고 한 경우).

(8) 대판 1969. 5. 27, 69 다 327(判商 [300])(이사회에서 작성한 퇴직금지급규정에 대한 주주총회의 결의가 없다는 것만으로 퇴직금지급을 거절한 것은 잘못이고, 원심은 이 규정에 의하여 퇴직금이 지급되었는지 유무 등 주주총회의 묵시적 승인이 있었는지 여부를 심리 · 판단하였어야 한다고 한 경우).

(9) 대판 1964. 3. 31, 63 다 715(정관이나 주주총회의 결의 또는 주무부장관의 승인에 의한 보수액의 결정이 없었다고 하더라도, 주주총회의 결의에 의하여 상무이사로 선임되고 그 임무를 수행한 자에 대하여는 명시적이든 묵시적이든 보수금 지급의 특약이 있다고 한 경우).

동지: 대판 1973. 5. 8, 73 다 213(주주총회에서 정한 대표이사에 대한 보수규정이 있다 하더라도 대표이사 본인이 그 보수를 원하지 아니한다고 회사에 대하여 의사표시를 하였다면, 회사는 보수지급의무가 없다고 한 경우); 동 1969. 2. 4, 68 다 2220(주주총회결의에 의하여 회사의 상임이사로 선임되어 이사회의 결정에 의하여 보수를 받았다면, 특단의 사유가 없는 한 명시적이든 묵시적이든 보수지급의 특약이 있었다고 인정함이 상당하고, 정관이나 주주총회의 결의에 의한 보수액의 정함이 없다고 하여 퇴직위로금 지급을 거절할 수 없다고 한 경우).

D. 관련논점

(1) 이사 · 집행임원 · 감사의 퇴직금의 소멸시효기간은?

(2) 무보수 이사 · 집행임원의 선임이 가능한가?

(3) 사실상 1인 주주가 한 이사에 대한 보수 · 퇴직금 등에 관한 약속은 유효한가?

제2 이 사 회

1. 소 집

2. 권 한

3. 결 의

4. 의 사 록

5. 이사회내 위원회

제3 대표이사 · 대표집행임원

1. 선임 · 종임

2. 권 한

가. 대표권의 제한(이사와 회사간의 소)

A. 기본판례

▣ 대판 1990. 5. 11, 89 다카 15199(判商 [323])[이사와 회사간의 소에서 회사를 대표하는 자를 감사(監事)로 표시하지 않은 경우 그 소송행위는 무효이나, 그 흠결은 보정될 수 있다고 본 경우]

[사실관계]

이사(X)와 회사(Y)간의 소에서 대표이사를 Y회사의 대표자로 표시한 소장을 법원에 제출한 경우, 동 소송행위의 효력 및 소장의 정정이 가능한지 여부가 문제되었다.

[판결요지]

(1) Y주식회사의 이사인 X가 Y회사에 대하여 소를 제기함에 있어서 상법 제394조에 의하여 그 소에 관하여 회사를 대표할 권한이 있는 감사를 대표자로 표시하지 아니하고 대표이사를 Y회사의 대표자로 표시한 소장을 법원에 제출하고, 법원도 이 점을 간과하여 Y회사의 대표이사에게 소장의 부본을 송달한 채, Y회사의 대표이사로부터 소송대리권을 위임받은 변호사들에 의하여 소송이 수행되

었다면, 이 사건 소에 관하여는 Y회사를 대표할 권한이 대표이사에게 없기 때문에 소장이 Y에게 적법유효하게 송달되었다고 볼 수 없음은 물론, Y회사의 대표이사가 Y회사를 대표하여 한 소송행위나 Y회사의 대표이사에 대하여 X가 한 소송행위는 모두 무효이다.

(2) 위 (1)과 같은 경우에도 X가 스스로, 또는 법원의 보정명령에 따라, 소장에 표시된 Y회사의 대표자를 이 사건 소에 관하여 Y회사를 대표할 권한이 있는 감사로 표시하여 소장을 정정함으로써 그 흠결을 보정할 수 있고, 이 경우 법원은 X의 보정에 따라 Y회사의 감사에게 다시 소장의 부본을 송달하여야 하고, 소장의 송달에 의하여 소송계속의 효과가 발생하게 됨에 따라 Y회사의 감사가 위와 같이 무효인 종전의 소송행위를 추인하는지의 여부와는 관계 없이 법원과 X · Y의 3자간에 소송법률관계가 유효하게 성립한다고 보아야 할 것이다.

B. 이론요약

(1) 집행임원 비설치회사의 경우 주식회사의 업무집행에 관하여는 그 의사결정기관과 집행 및 대표기관이 분리되어, 전자는 이사회가 담당하고(商 393조 1항) 후자는 대표이사가 담당하고 있다(商 389조 1항). 따라서 이 경우 대표이사가 아닌 이사는 원칙적으로 이사회의 구성원으로서 회사의 업무집행 및 이사의 직무집행감독에 관한 의사결정에 참여할 수 있을 뿐이다. 집행임원 비설치회사의 경우 이와 같이 대표이사만이 업무집행기관이지만 회사는 보통 대표이사 이외의 이사에게도 대내적으로 업무집행권을 부여하는데(업무담당이사, 상근이사), 이러한 이사를 사내이사라고 하고, 이에 반하여 회사의 내부에서 업무를 담당하지 않는 이사를 사외이사(비상근이사)라고 한다. 대표권이 없는 이러한 업무담당이사가 대외적인 행위를 하고 그 행위의 상대방이 대표권이 있다고 믿은 경우에는(선의) 회사는 표현대표이사의 책임을 진다(商 395조).

집행임원 설치회사의 경우에는 집행임원이 대내적으로 회사의 업무를 집행하고(商 408조의 4) 대표집행임원이 대외적으로 회사를 대표하며(商 408조의 5), 이사회는 원칙적으로 업무집행기관의 업무집행을 감독한다(商 408조의 2 3항).

(2) 대표이사 · 대표집행임원은 회사의 영업에 관한 재판상 · 재판외의 모든 행위에 대하여 회사를 대표할 수 있는 권한을 가지며(포괄성 · 정형성), 이 권한에

대한 내부적 제한은 선의의 제 3 자에게 대항하지 못한다(획일성 또는 불가제한성)(商 389조 3항, 209조, 408조의 5). 대표권의 제한은 등기할 수도 없고, 이를 등기하였다고 하더라도 선의의 제 3 자에게 대항할 수 없는 점에서, 비영리법인의 이사의 그것과 다르다(民 60조 참조).

대표이사 · 대표집행임원이 수 인 있는 경우에도 수 인의 대표이사 · 대표집행임원은 원칙적으로 각자 독립하여 회사를 대표하나(각자대표), 예외적으로 이사회(또는 주주총회)의 결의로써 수 인의 대표이사 · 대표집행임원이 공동으로 회사를 대표하도록 정할 수 있는데(공동대표)(商 389조 2항, 408조의 5 2항), 이 경우에 능동대표는 공동으로 하여야 하고(商 389조 2항, 408조의 5 2항) 수동대표는 공동대표이사 중의 1인이 하면 그 효력이 생긴다(商 389조 3항, 208조 2항, 408조의 5 2항).

(3) 대표이사 · 대표집행임원의 대표권은 법률 · 정관 · 이사회규칙 등에 의하여 제한을 받는다.

대표이사의 대표권이 법률(상법)에 의하여 제한을 받는 경우는 한 가지뿐인데, (대표)이사와 회사간의 소송행위에 관한 것이다. 즉, 회사와 (대표)이사와의 소송에 관하여는 어느 쪽이 원고이고 피고인가를 불문하고 대표이사는 대표권이 없고 감사 또는 감사위원회가 회사를 대표한다(商 394조, 415조의 2 6항). 이 때 감사위원회를 둔 회사에서 감사위원회의 위원이 소의 당사자인 경우에는 감사위원회 또는 이사는 법원에 회사를 대표할 자를 선임하여 줄 것을 신청하여야 한다(商 394조 2항).

이 기본판례에서도 이사와 회사간의 소에서 감사가 회사를 대표하여야 하는데, 감사가 회사를 대표하지 않고 대표이사가 회사를 대표한 그 소송행위는 무효이나 회사를 대표할 자를 감사로 표시하여 소장을 정정하면 그 흠결은 보정될 수 있다고 한 것이다.

집행임원과 집행임원 설치회사와의 소송에서는 이사회가 회사를 대표할 자를 선임한다(商 408조의 2 3항 3호).

대표이사 · 대표집행임원의 대표권이 정관 · 이사회규칙 · 이사회결의 등에 의하여 제한을 받는 경우에 대표이사 · 대표집행임원은 이에 따라야 할 것이나, 대표이사 · 대표집행임원이 이에 위반한 경우에도 회사는 이러한 제한으로써 선의의 제 3 자에게 대항하지 못한다(商 389조 3항, 209조 2항, 408조의 5 2항).

C. 관련판례

(1) 대판 2002. 3. 15, 2000 다 9086(전〈前〉 이사를 상대로 그 이사의 재직중에 일어난 사유로 회사가 소를 제기하는 때에는 상법 제394조 제 1 항이 적용되지 않는다고 한 경우).

(2) 대판 1998. 3. 24, 95 다 6885(대표이사의 업무집행권은 대표이사의 개인적인 재산상의 권리가 아니므로 특별한 사정이 없는 한 대표이사의 업무집행권에 기하여 회사가 제 3 자에 대하여 가지는 특정물에 대한 물권적 청구권 등의 재산상의 청구권을 직접 또는 대위행사할 수 없으므로, Y회사의 사실상 대표이사 또는 주주인 X가 Y회사를 대위하여 Y회사 명의의 토지에 대하여 등기말소를 청구할 수 없다고 한 경우).

(3) 대판 1997. 8. 29, 97 다 18059(判商 [301])(대표이사의 대표권한을 벗어난 행위〈회사명의 채무부담행위〉는 그것이 회사의 권리능력의 범위 내에 속하는 행위라면, 설사 남용된 경우라도 대표권의 제한을 알지 못하는 제 3 자의 신뢰는 보호되어야 한다고 한 경우).

동지: 대판 2004. 3. 26, 2003 다 34045(앞의 판결과 동일한 내용인데, 대표권한을 남용하여 대출을 받아가는 사실을 상대방이 알 수 있었으므로 이 사건에서의 대표이사의 대표행위〈차입행위〉는 무효라고 한 경우).

(4) 대판 1995. 2. 14, 94 다 42174(判商 [330])(주식회사의 대표이사직에서 사임한 자는 사임등기가 경료되지 아니하여도 그 사임 이후에 회사의 대표이사의 자격으로 한 법률행위의 효력이 회사에 대하여 미칠 수 없다고 한 경우〈그러나 상법 제39조나 동 제395조가 적용되는 경우는 회사에 미치는데, 당사자는 이를 명백히 주장하지 아니하여 패소함: 저자 주〉).

동지: 대판 1959. 7. 23, 4291 민상 759(법인등기부에 대표이사로 등기되어 있는 자는 적법한 대표이사로 추정됨).

(5) 대판 1993. 1. 26, 92 다 11008(判商 [303])(이사회의 결의로써 공동대표이사를 정한 경우에는 이를 폐지하는 것도 이사회의 결의로써 할 수 있다고 한 경우).

(6) 대판 1992. 10. 27, 92 다 19033(判商 [304])(공동대표이사 중의 1인이 단

독으로 제 3 자와 한 법률행위에 대하여 다른 공동대표이사는 사후추인을 할 수 있고, 이 때 추인의 상대방은 단독으로 행위한 공동대표이사나 상대방인 제 3 자라고 한 경우).

동지: 대판 1989. 5. 23, 89 다카 3677(判商 [308])(공동대표이사 1인은 그 대표권의 행사를 다른 공동대표이사에게 일반적 · 포괄적으로 위임할 수 없다고 한 경우).

(7) 대판 1989. 10. 24, 89 다카 14714(적법한 선임기관에 의하여 대표이사로 선임되지 않은 이사는, 그가 사실상 대표이사의 직무를 수행하더라도 대표이사로 볼 수 없다고 한 경우).

(8) 대판 1985. 12. 10, 84 다카 319(判商 [311])(이사 또는 대표이사의 선임결의의 부존재를 다투는 분쟁중에 한 결의부존재확인의 소를 제기하지 않겠다는 불제소약정에 있어서는 그 대표이사가 부존재를 다투는 결의에서 선임되었다 하더라도 그는 주식회사를 대표할 수 있다고 한 경우).

동지: 대판(전) 1983. 3. 22, 82 다카 1810(그 대표이사가 무효 또는 부존재확인청구의 대상이 된 주주총회결의에 의하여 선임된 이사라 할지라도 그 소송에서 회사를 대표할 수 있다고 한 경우).

(9) 대판 1963. 8. 31, 63 다 254(대표이사는 회사의 주주인지 여부에 관계가 없으므로 그 소유주식 전부를 매도하였다 하여 회사를 대표할 권한을 상실하는 것은 아니라고 한 경우).

D. 관련논점

(1) 대표이사 · 대표집행임원과 이사회와의 관계

(2) 대표이사 · 대표집행임원의 대표권과 지배인의 지배권과의 관계

나. 부적법한 대표행위의 효력(위법한 대표행위의 효력)

A. 기본판례

▣ 대판 1993. 6. 25, 93 다 13391(判商 [302])[이사회결의 없는 대표이사의 제 3 자와의 거래행위는 유효하다고 본 경우]

[사실관계]

주식회사 Z(1심 공동피고, 대표이사 A)와 X보증보험주식회사는 1987. 12. 21. 보험계약자를 Z, 피보험자를 B리스주식회사, 보험금액을 스테레오 성능시험기 외 13종의 리스물건 등에 대한 총 110,049,600원으로 정하고, 만약 위 Z가 B에 대하여 부담하는 리스료의 지급을 연체하여 X가 위 B에게 보험금을 지급하는 경우에는 Z회사는 X회사에게 X회사가 지급한 보험금 및 지연손해금을 지급하기로 하는 리스보증보험계약을 체결하였고, 피고회사들($Y_1 \cdot Y_2$주식회사)은 1심 공동피고 C · A(C의 자) 등과 함께 Z회사가 장차 X회사에 대하여 부담하게 될 구상금채무에 대하여 연대보증하였다.

그 후 주식회사 Z가 B에 대하여 부담하는 리스료의 지급을 연체하여 X회사는 보험계약에 따라 B에게 총 104,097,985원의 보험금을 지급하였고, Y_1들에 대하여 연대보증계약에 따라 구상금청구를 하였으나, Y_1회사는 「Y_1회사의 대표이사인 1심 공동피고 C가 이사회의 결의도 없이 자기 멋대로 Y_1회사들이 Z의 X회사에 대한 구상금채무에 대하여 연대보증하는 계약을 체결하였으며, X도 위 B가 연대보증에 관한 이사회의 결의가 없이 연대보증계약을 체결한다는 사실을 잘 알고 있었으므로, Y_1회사 명의의 위 연대보증계약은 Y_1회사에 효력이 없다」고 주장하고 X의 청구를 거절하였다.

원심은 「주식회사의 대표이사가 어떤 대외적인 거래행위를 함에 있어 이사회의 결의를 거쳐야 하도록 정관 등에 규정되어 있고 또한 이를 거치지 아니하고 한 경우에도 이와 같은 이사회의 결의는 회사의 내부적인 의사결정에 관한 사항에 불과하다 할 것이므로, 대표이사가 대내적으로 회사에 대하여 임무위배로 인한 책임을 지는 것은 변론으로 하고, 그 거래상대방이 선의인 경우, 즉 그 회사의 정관상에 대표이사가 특정사항에 관한 업무집행을 함에 있어서는 이사회의 결의를 거쳐야 한다는 대표이사의 대표권을 제한하는 규정이 있다는 사실과 그에 관한 이사회의 결의가 없었다는 사실을 알았거나 중대한 과실로 인하여 이를 알지 못한 경우가 아니면 그 거래행위는 유효하다고 해석함이 상당하다 할 것이고, 위와 같은 상대방의 악의 혹은 중과실은 위 거래행위의 무효를 주장하는 주식회사측에서 주장·입증하여야만 하는데, 본건에서는 X가 Y_1회사들의 정관에 대표이사의 대표권을 제한하는 규정이 있다는 사실 및 위 연대보증계약체결에 관한 Y_1회사들 이사회의 결의가 없었다는 사실을 알았거나 중대한 과실로 인하여 이를 알지 못하였다는 점을 인정할 증거가 없고, X회사가 Y_1회사들의 각 정관에 대표이사의 대표권을 제한하는 규정이 있다는 사실이나 각 이사회의 결의가 없었다는 사실을 알고 있었다기보다는, 오히려 Y_1회사들의 정관에 위와 같은 대표이사의 대표권을 제한하는 규정이 있다는 사실을 몰랐거나 위 연대보증계약을 체결함에 있어서 거쳐야 할 대내적인 의사결정과정인 이사회의 결의를 적법하게 거친 것으로 믿었다고 봄이 상당하고 또 그렇게 믿은 데에 어떠한 과실이 있었다고 보기도 어렵다 할 것이므로, 위 연대보증계약이 무효라는 Y_1회사들의 주장은 이유 없다」고 판시하여, X의 청구를 모두 인용하였다.

이에 Y_1회사들이 상고하게 된 것이다.

[판결요지]

(1) 주식회사의 대표이사가 이사회의 결의를 거쳐야 할 대외적 거래행위에 관하여 이를 거치지 아니하고 한 경우라도 이와 같은 이사회 결의사항은 회사의 내부적 의사결정에 불과하다 할 것이므로, 그 거래상대방이 그와 같은 이사회결의가 없었음을 알았거나 알 수 있었을 경우가 아니라면 그 거래행위는 유효하다고 해석되고, 위와 같은 상대방의 악의는 이를 주장하는 회사측이 주장·입증하여야 할 것이다(대판 1978. 6. 27, 78 다 389; 동 1989. 5. 23, 89 도 570; 동 1990. 12. 11, 90 다카 25253 각 참조).

원심판결 이유에 의하면, 원심은 주식회사의 대표이사가 어떤 대외적인 거래 행위를 함에 있어 이사회의 결의를 거쳐야 하도록 정관 등에 규정되어 있고 또한 이를 거치지 아니하고 한 경우에도 이와 같은 이사회의 결의는 회사의 내부적인 의사결정에 관한 사항에 불과하다 할 것이므로, 대표이사가 대내적으로 회사에 대하여 임무위배로 인한 책임을 지는 것은 별론으로 하고, 그 거래상대방이 선의인 경우, 즉 그 회사의 정관상에 대표이사가 특정사항에 관한 업무집행을 함에 있어서는 이사회의 결의를 거쳐야 한다는 대표이사의 대표권을 제한하는 규정이 있다는 사실과 그에 관한 이사회의 결의가 없었다는 사실을 알았거나 중대한 과실로 인하여 이를 알지 못한 경우가 아니라면 그 거래행위는 유효하다고 해석함이 상당하다고 판단하고 있는바, 원심의 위 판단에 있어 이사회결의가 없었다는 사실을 안 경우에 관한 판시부분은 수긍이 가나 중대한 과실로 인하여 이를 알지 못한 경우가 아닌 한 그 거래행위는 유효하다고 설시한 부분은 위 법리에 비추어 잘못이라 할 것이다.

그러나 원심은 X회사가 Y_1회사들의 정관에 대표이사의 대표권을 제한하는 규정이 있다는 사실 및 이 사건 연대보증계약체결에 관한 Y_1회사들 이사회의 결의가 없었다는 사실을 알았다거나 중대한 과실로 인하여 이를 알지 못하였다는 점을 인정할 증거가 없다고 한 다음, 오히려 그 인정사실에 의하면 X가 이 사건 연대보증계약을 체결함에 있어 Y_1회사들의 각 정관에 대표이사의 대표권을 제한하는 규정이 있다는 사실이나 이사회의 결의가 없었다는 사실을 알고 있었다기보다는 그러한 규정이 있다는 사실을 몰랐거나 이사회의 결의를 적법하게 거친 것으로 믿었다고 봄이 상당하다고 판단함으로써, X회사가 이 사건 보증계약을 체결함에 있어 Y_1회사들의 이사회결의가 없었다는 사실을 알았거나 알 수 있었을 경우에 해당하지 않는다는 취지로 판단하였으니, 원심의 위와 같은 위법은 결론에 영향이 없으므로 원심판결에 주식회사의 대표권에 관한 법리오해의 위법이 있다는 논지는 이유 없다.

(2) 또한 원심은 Y_1회사들의 정관에는 위 연대보증계약체결과 같은 사항은 이사회의 결의사항으로 규정되어 있음에도 Y_1회사들의 대표이사인 C가 그 결의 없이 위 연대보증계약을 체결한 경우, X회사가 Y_1회사들의 당시 대표이사인 위 C로부터 권한을 위임받은 위 D와 위 연대보증계약을 체결함에 있어 Y_1회사들의 각 정관에 대표이사의 대표권을 제한하는 규정이 있다는 사실이나 각 이사회의 결의가 없었다는 사실을 알고 있었다기보다는, 오히려 Y_1회사들의 정관에 위와 같은 대표이사의 대표권을 제한하는 규정이 있다는 사실을 몰랐거나 위 연대보증계약을 체결함에 있어서 거쳐야 할 대내적인 의사결정과정인 이사회의 결의를 적법하게 거친 것으로 믿었다고 봄이 상당하고 또 그렇게 믿은 데에 어떠한 과실이 있었다고 보기도 어렵다 할 것이므로, 위 연대보증계약이 무효라는 Y_1회사들의 주장은 이유 없다고 판단하였다.

기록에 비추어 보면 원심의 위 인정은 정당한 것으로 수긍이 되고 소론이 지적하는 입보결의서는 기록에 의하면 이 사건 보증 당시에 요구된 서류가 아니고 그 후 X회사의 개정된 업무처리지침에 포함된 서류에 불과함을 알 수 있다. 그러므로 원심판단의 논지가 지적하는 채증법칙위배 · 심리미진으로 인한 사실오인의 위법이 있다 할 수 없어 논지는 이유 없다.

(3) 기록에 의하면, Y_1들은 이 사건 연대보증계약은 Y_1회사들의 영업과는 상관없이 Y_1회사들의 대표이사인 위 C가 자기 아들인 위 D를 위하여 개인적으로 한 것이고, X는 이를 알고 있었거나 알 수 있었을 것이므로 이 사건 연대보증계약은 Y_1회사들에 대하여 무효라고 주장하였음에도 불구하고, 원심은 이에 대하여 아무런 판단을 하지 않았음은 원심판결문상 명백하다.

그러나 주식회사의 대표이사가 회사의 이익을 위해서가 아니고 자기 또는 제 3 자의 이익을 도모할 목적으로 그 권한을 행사한 경우에 상대방이 대표이사의 진의를 알았거나 알 수 있었을 때에는 그 행위는 회사에 대하여 무효가 된다고 할 것이나(대판 1988. 8. 9, 86 다카 1858; 동 1990. 3. 13, 89 다카 24360 각 참조), 이 사건 기록을 살펴보아도 이 사건 연대보증계약이 Y_1회사들의 대표이사인 위 C가 개인이나 제 3 자의 이익을 도모할 목적으로 행해진 것이라는 점을 X가 알았거나 알 수 있었다는 점을 인정할 아무런 자료가 없으므로 이 사건 연대보증계약이 무효로 된다고 할 수 없으므로 원심의 위와 같은 판단유탈은 결론에는 영향이 없으니 이 점 논지도 이유 없다.

B. 이론요약

(1) 부적법한 대표행위에는 대표이사 · 대표집행임원의 불법행위 · 위법한 대표행위(전단적 대표행위) 및 대표권의 남용행위가 있다.

(2) 대표이사 · 대표집행임원이 그 업무집행으로 인하여 타인에게 손해를 가한 때에는(대표이사 · 대표집행임원의 불법행위) 회사와 대표이사 · 대표집행임원은 연대하여(부진정연대채무) 그 손해를 배상할 책임이 있다(商 389조 3항, 210조, 408조의 5 2항). 이 때 회사가 타인에게 배상한 경우에는 대표이사 · 대표집행임원에게 구상할 수 있다.

(3) 주주총회나 이사회의 결의를 얻어야 하는 경우에 이것을 얻지 않고(또는 그 결의가 무효 또는 취소된 경우에) 한 대표이사 · 대표집행임원의 행위 또는 결의가 있는 경우에도 그 결의에 위반하여 한 대표이사 · 대표집행임원의 행위(위법한

대표행위 또는 전단적 대표행위)의 효력은 어떠한가의 문제가 있다.

1) 이 경우 그 행위가 대내적 행위(예컨대, 주주총회의 결의 없는 정관변경, 이사회의 결의 없는 준비금의 자본금 전입 등)이면, 언제나 무효이다(통설 · 판례).

2) 이 경우 그 행위가 대외적인 행위이면 거래의 안전과 법률 등의 위반효과를 어떻게 조화할 것인가가 문제되는데, 다음과 같이 정리할 수 있다.

① 법률(상법 또는 특별법)에 의하여 주주총회의 결의(商 374조, 375조 등)를 요하는 경우에는, 그러한 결의 없이(즉, 그러한 법률에 위반하여) 대표행위를 한 때에는 회사(또는 주주)를 보호하기 위한 강행법규의 위반이므로 무효라고 보아야 할 것이다.

② 법률(상법 또는 특별법)에 의하여 이사회의 결의를 요하거나(商 393조, 398조, 416조, 469조 등) 또는 정관 등 회사의 내부규칙에 의하여 주주총회 또는 이사회의 결의를 요하는 경우에는, 이러한 결의 없이 대표이사 · 대표집행임원이 한 대외적 행위의 효력은 회사(또는 주주)보다는 제 3 자를 보호할 필요성이 더 크므로 제 3 자가 선의인 한(악의 또는 과실이 없는 한) 유효라고 보아야 할 것이다.

위 기본판례에서도 정관에 의하여 이사회의 결의를 거치도록 되어 있는 대외적인 거래행위를 대표이사가 이사회의 결의 없이 한 행위는 그 거래상대방이 이사회의 결의가 없었다는 사실을 알았거나 과실로 인하여 이를 알지 못한 경우가 아니라면 그 거래행위는 유효하다는 것으로 위와 같은 취지로 판시하고 있다.

그런데 신주발행(商 416조)이나 사채발행(商 469조)의 경우에는 집단적 행위이므로 제 3 자의 선의 · 악의에 의하여 개별적으로 그 효력이 달라지는 것으로 할 수는 없으므로 획일적으로 유효로 보아야 하고, 이사회결의 없이 대표이사 · 대표집행임원이 소집한 주주총회의 결의의 효력에 대하여는 별도의 규정에 의하여 주주의 선의 · 악의를 불문하고 언제나 결의취소의 소의 원인(商 376조 1항)이 된다(통설 · 판례).

(4) 대표이사 · 대표집행임원이 객관적으로는 그 대표권의 범위에 속하는 행위를 하였으나 주관적으로는 자기 또는 제 3 자의 이익을 위하여 대표행위를 하는 경우(대표권의 남용행위를 하는 경우)에는 원칙적으로 유효한데, 다만 상대방이 대표권의 남용을 알고 있거나 알 수 있었을 경우에는(비진의표시 또는 권리남용) 예외적으로 회사는 그 무효를 주장할 수 있다고 본다(통설 · 판례).

C. 관련판례

(1) 대판 2003. 1. 24, 2000 다 20670(判商 [317])(주식회사의 대표이사가 이사회의 결의를 거쳐야 할 대외적 거래행위에 관하여 이를 거치지 아니한 경우라도, 이와 같은 이사회 결의사항은 회사의 내부적 의사결정에 불과하다 할 것이므로, 그 거래 상대방이 그와 같은 이사회결의가 없었음을 알았거나 알 수 있었을 경우가 아니라면 그 거래행위는 유효하다 할 것이고, 이 경우 거래의 상대방이 이사회의 결의가 없었음을 알았거나 알 수 있었음은 이를 주장하는 회사측이 주장·입증하여야 한다[대판 1999. 10. 8, 98 다 2488; 동 1998. 7. 24, 97 다 35276; 동 1995. 4. 11, 94 다 33903 등 참조]. 원심이, 이 사건 1991. 2. 1.자 이사회결의는 X회사의 이사 총 11인의 과반수에 해당하는 6인의 이사가 이사회에 출석하여, 특별이해관계인으로서 의결권이 없는 P를 제외한 출석이사 5인의 전원 찬성에 의하여 의결된 것이어서 상법 제391조 제 1 항 소정의 의사정족수 및 의결정족수 요건을 갖추었다고 할 것이고, 달리 위 이사회결의에 하자가 있다거나 이러한 하자를 Y은행이 알았거나 알 수 있었음을 인정할 증거가 없다고 판단한 조치를 수긍할 수 있고, 가사 이 사건 1991. 2. 1.자 이사회결의가 부존재하였다고 하더라도 Y은행이 그러한 사실을 알았거나 알 수 있었음을 인정할 만한 아무런 자료가 없는 이 사건에 있어서는 위 이사회결의에 따른 연대보증계약이 무효라고 할 수 없다고 할 것이다).

동지: 대판 2005. 7. 28, 2005 다 3649(앞의 판결과 동일한 내용임).

(2) 대판 1999. 10. 8, 98 다 2488(주식회사의 대표이사가 이사회의 결의를 거쳐야 할 대외적 거래행위에 관하여 이를 거치지 아니한 경우라도 이와 같은 이사회 결의사항은 회사의 내부적 의사결정에 불과하다 할 것이므로, 그 거래 상대방이 그와 같은 이사회결의가 없었음을 알았거나 알 수 있었을 경우가 아니라면 그 거래행위는 유효하다 할 것이고, 이 경우 거래의 상대방이 이사회의 결의가 없었음을 알았거나 알 수 있었음은 이를 주장하는 회사측이 주장·입증하여야 한다[대판 1996. 1. 26, 94 다 42754 참조]. 원심판결 이유에 의하면 원심은, K시멘트제조 주식회사〈이하 「정리회사」라고 한다〉가 이 사건 대출금 채무에 대하여 연대보증한 사실을 확정한 다음, 그 회장인 J가 평소 보관하던 정리회사 대표이사와 이사들의 인장을 이용하여 임의로 위 연대보증을 의결하는 내용의 이사회의사록을 작성하여 X에게 교부하였고, 당시 X도 이를 알았거나 알 수 있었으므로 위 연대보증행위는 정리회사에 대하여 효력이 없다는 Y의 주장에 대하여, 이 사건 연대보증 당시 정리회사 이사회의 결의가 없었던 사실은 인

정이 되지만, X가 이를 알았거나 알 수 있었다고 볼 만한 증거가 없다는 이유로 위 주장을 배척하였는바, 기록에 의하여 살펴보면 원심의 위와 같은 사실인정과 판단은 정당하고, 거기에 지적하는 바와 같은 채증법칙 위배 등의 잘못이 없다).

(3) 대판 1998. 7. 24, 97 다 35276(주식회사의 대표이사가 이사회결의를 요하는 대외적 거래행위를 하면서 실제로 이사회결의를 거치지 아니하였거나 이사회결의가 있었다고 하더라도 그 결의가 무효인 경우, 거래 상대방이 그 이사회결의의 부존재 또는 무효사실을 알았거나 알 수 있었다면 그 거래행위는 무효라고 할 것임은 상고이유에서 주장하는 바와 같다. A회사가 이사회결의 없이 이사회의 기재결의서를 위조하여 X〈신용보증기금〉와 신용보증계약을 체결하였으며, X는 이를 알았거나 알 수 있었다는 Y〈A의 구상금채권에 대한 연대보증인〉의 주장을 배척한 원심의 판단은 정당하고, 거기에 상고이유에서 주장하는 바와 같은 채증법칙 위반의 위법이 없으므로, 이 부분 주장은 받아들이지 아니한다).

(4) 대판 1998. 3. 24, 95 다 6885(법인의 대표자가 이사회의 결의를 거쳐야 할 대외적 거래행위에 관하여 이를 거치지 아니한 경우라도 그 거래 상대방이 그와 같은 이사회결의가 없었음을 알았거나 알 수 있었을 경우가 아니라면 그 거래행위는 유효하고, 이 경우 거래 상대방의 악의나 과실은 거래행위의 무효를 주장하는 자가 주장 · 입증하여야 할 것인데[대판 1994. 10. 28, 94 다 39253 참조], 기록에 의하여 관계 증거를 살펴보면 위와 같은 점을 인정할 만한 증거가 없다는 원심의 판단은 정당한 것으로 수긍이 간다).

(5) 대판 1997. 8. 29, 97 다 18059(대표권의 남용행위는 일단 회사의 행위로서 유효한데, 다만 그 행위의 상대방이 대표이사의 진의를 알았거나 알 수 있었을 때에는 회사에 대하여 무효가 된다고 한 경우).

동지: 대판 2004. 3. 26, 2003 다 34045(앞의 판결과 동일한 내용임); 동 1988. 8. 9, 86 다카 1858(앞의 판결과 동일한 내용임).

(6) 대판 1996. 1. 26, 94 다 42754(주식회사의 대표이사가 이사회의 결의를 거쳐야 할 대외적 거래행위에 관하여 이를 거치지 아니한 경우라도 이와 같은 이사회결의사항은 회사의 내부적 의사결정에 불과하다 할 것이므로 그 거래 상대방이 그

와 같은 이사회결의가 없었음을 알았거나 알 수 있었을 경우가 아니라면 그 거래행위는 유효하다 할 것이고, 이 경우 거래의 상대방이 이사회의 결의가 없었음을 알았거나 알 수 있었음은 이를 주장하는 회사측이 주장 · 입증하여야 한다[대판 1994. 10. 28, 94 다 39253; 동 1993. 6. 25, 93 다 13391 등 참조]. 원심판결과 원심이 인용한 제 1 심판결 이유에 의하면 원심은, Y의 대표이사인 A가 1992. 6. 8. 주식회사 Z가 X에게 부담하고 있는 이 사건 대출금 채무에 관하여 연대보증을 한 사실을 확정하고, 위 A가 Y의 대표이사로서 이 사건 연대보증을 할 당시 Y의 정관상 필요한 이사회의 결의가 없었을 뿐 아니라, X도 이사회의 결의가 없었음을 알았거나 알 수 있었으므로 A의 위 연대보증행위는 Y에 대하여는 효력이 없다는 Y의 주장에 대하여, 이 사건 연대보증 당시 Y 이사회의 결의가 없었던 사실은 인정이 되지만 그 판시와 같은 사유만으로 당시 X가 이를 알았거나 알 수 있었다고 보기에는 부족하고 달리 이를 인정할 만한 증거가 없다는 이유로 위 주장을 배척하였는바, 이를 기록과 대조하여 살펴보면 원심의 위와 같은 사실인정과 판단은 옳다고 여겨지고, 거기에 상고이유의 주장과 같은 채증법칙을 위배하여 사실을 오인한 위법이나 이사회의 결의 없이 한 주식회사 대표이사의 법률행위의 효과에 관한 법리오해의 위법이 있다고 할 수 없다).

(7) 대판 1993. 9. 14, 91 다 33926(주주총회의 결의가 없고 이에 관한 의사록만을 작성한 때라도 상법 제374조 · 제434조의 특별결의에 필요한 의결권을 갖고 있는 발행주식 중 72%의 다수주주의 의사에 합치하여 부동산매매가 이루어졌다면, 대표이사가 한 외부적 거래는 상대방이 선의이면 유효하다고 한 경우)(이는 1995년 개정상법 이전의 판례로서 주주총회결의 부존재확인의 소에 소급효가 제한된 경우인데, 1995년 개정상법에 의하여 소급효가 인정되므로 1995년 이후에 회사의 책임을 인정하기 위하여는 상법 제395조의 표현책임에 의하여야 할 것임: 저자 주).

(8) 대판 1988. 11. 8, 87 다카 958(Y상호신용금고의 대표이사 A가 위 금고의 사주인 B의 개인자금조달을 위하여 X의 위 금고에 대한 예탁금을 외관상 동 금고의 차입금으로 가장한 경우, Y 금고는 사용자로서 대주〈貸主〉인 X에게 손해배상을 할 책임이 있다고 한 경우 — 이는 A의 불법행위에 대하여 Y회사의 불법행위책임을 인정한 것임〈저자 주〉).

(9) 대판 1987. 10. 13, 86 다카 1522(대표권의 남용행위에 대하여 상대방이 이를 알고 있으면서〈중대한 과실로 인하여 알지 못한 경우는 해당하지 않음〉 주장하는 것은 민법 제 2 조 제 1 항의 신의칙에 반하나, 본건에서 상대방이 알고 있었다고 볼 수 없으므로 피고는 원고에게 약속어음금을 지급하여야 한다는 원심은 타당하다고 한 경우).

동지: 대판 1990. 3. 13, 89 다카 24360(주식회사의 대표이사가 자기의 개인적인 채무변제를 위하여 회사 대표이사 명의로 약속어음을 발행하여 그 권한을 남용한 것은, 어음발행의 원인관계가 없는 것이라고 할 수 없고, 상대방이 그 진의를 알았거나 알 수 있었을 때에는 상대방이 회사에 대하여 권리를 행사하는 것은 신의칙에 반하는 것이므로, 원심이 이 점을 심리하지 않고 원고의 청구를 배척한 것은 타당하지 않다고 한 경우).

(10) 대판 1978. 6. 27, 78 다 389(주식회사의 대표이사가 이사회의 결의를 거쳐야 할 대외적 거래행위에 관하여 이를 거치지 아니하고 한 경우라도 이와 같은 이사회 결의사항은 회사의 내부적 의사결정에 불과하다 할 것이므로, 그 거래상대방이 그와 같은 이사회결의가 없었음을 알았거나 알 수 있었을 경우가 아니라면 그 거래행위는 유효하다 해석함이 상당하고, 위와 같은 상대방의 악의는 이를 주장하는 회사측에서 주장 · 입증하지 아니하는 한 유효하다고 해석함이 상당한 점에서 볼 때, 피고회사가 상대방의 악의를 입증하지 못하고 있음에도 불구하고 원심이 이사회의 결의가 없다는 사유만으로 본건 양도계약을 무효로 본 것은 타당하지 않다고 한 경우).

동지: 대판 2005. 7. 28, 2005 다 3649(앞의 판결과 같은 내용인데, 피고가 상대방의 악의를 입증하지 못하여 이 매매계약을 유효로 본 원심은 정당하다고 한 경우); 동 1995. 4. 11, 94 다 33903(앞의 판결과 같은 내용인데, 이사회결의가 상법의 강행규정에 반하여 무효라는 점을 상대방이 알 수 있었다고 인정한 원심은 정당하다고 한 경우); 동 1990. 12. 11, 90 다카 25253(골프장을 운영하는 피고회사의 대표이사가 원고에게 회원가입을 권유하여 입회금을 받고 영수증 및 회원증서를 발급하여 준 때에, 원심은 이사회의 가입승인을 거치지 아니한 하자가 있다고 하여 회원이 될 수가 없다고 하였으나, 대법원은 원고는 피고회사가 이러한 내부절차를 다 마쳤으리라고 신뢰하였다고 보는 것이 경험법칙에 합치하다고 하여 원심을 파기환송함); 동 1989. 5. 23, 89 도 570(앞의 판결과 동일한 내용임).

(11) 대판 1959. 8. 27, 4291 민상 395(대표이사가 그 회사 소유의 자동차에 대한 집달리의 강제집행을 방해하여 회사의 채권자에게 손해를 입힌 경우는, 대표이사의 불법행위라고 한 경우).

동지: 대판 1980. 1. 15, 79 다 1230(判商 [315])(대표이사의 불법행위에 대하여 회사의 책임을 인정한 경우).

D. 관련논점

(1) 위법한 대표행위와 대표권 남용행위의 차이점

(2) 주주총회의 특별결의 없이 대표이사 · 대표집행임원이 이사회결의만으로 전환사채를 발행하여 제 3 자에게 배정한 경우, 동 전환사채 발행의 효력은?

(3) 이사회결의 없이 대표이사 · 대표집행임원이 신주를 발행하여 주주에게 배정한 경우, 동 신주발행의 효력은?

3. 표현대표이사 · 표현대표집행임원

A. 기본판례

▣ 대판 1993. 12. 28, 93 다 47653(判商 [333])[공동대표이사의 1인의 행위에 대하여 표현대표이사의 책임을 인정한 경우]

[사실관계]

X_1 · X_2는 Y주식회사의 공동대표이사인 A와 이 사건 제 1 부동산과 제 2 부동산을 각각 분양받기로 아파트분양계약을 체결하였고, 이후 Y회사가 B에 대한 금 50,000,000원의 채무 중 금 10,000,000원에 갈음하여 위 B의 지정에 따라 실질적으로 자금을 제공한 Y_1에게 이 사건 제 2 부동산의 소유권을 이전하기로 약정하고 그의 명의로 소유권이전등기를 경료하였고, 그 외 이 사건 제 1 부동산에 대해서도 Y_1에게 매도하여 소유권이전등기를 경료하였다.

이에 X_1 · X_2는 Y회사와 Y_1 외 1인을 상대로 소유권이전등기말소 청구의 소를 제기하자, Y들은 X_1 · X_2의 Y회사와의 아파트분양계약은 Y회사의 공동대표이사인 위 A 1인과 체결되었으므로 공동대표이사제도의 취지에 반하여 회사에 대하여 효력이 없다고 항변하였다.

이에 대하여 원심은 Y의 항변을 배척하였다. 따라서 Y 등이 상고하게 된 것이다.

[판결요지]

회사가 수 인의 대표이사가 공동으로 회사를 대표할 것을 정하고 이를 등기한 경우에도, 공동대표이사 중의 1인이 대표이사라는 명칭을 사용하여 법률행위를 하는 것을 용인하거나 방임한 때에는, 그 공동대표이사가 단독으로 회사를 대표하여 한 법률행위에 관하여 회사가 선의의 제 3 자에 대하여 상법 제395조에 따른 책임을 진다고 할 것이므로(대판 1991. 11. 12, 91 다 19111; 동 1992. 10. 27, 92 다 19033 등 참조), 이와 같은 취지로 판단한 원심판결에 상법 제395조 소정의 표현대표이사에 관한 법리를 오해한 위법이 있다고 비난하는 논지는 받아들일 것이 못 된다. 따라서 원심판결은 정당하고, 논지는 이유 없다.

B. 이론요약

(1) 사장 · 부사장 · 전무 · 상무 기타 회사를 대표할 권한이 있는 것으로 인정될 만한 명칭을 사용한 이사 · 집행임원의 행위에 대하여는 그 이사 · 집행임원이 회사를 대표할 권한이 없는 경우에도 회사는 선의의 제 3 자에 대하여 그 책임을 지는데(商 395조, 408조의 5 3항), 이것이 표현대표이사 · 표현대표집행임원에 의한 회사의 책임이다. 이는 기업거래에 있어서 선의의 제 3 자를 보호하고자 하는 입법정책의 소산이라고 볼 수 있다.

대표이사 · 대표집행임원의 성명 등은 등기사항이고(商 317조 2항 9호), 이러한 등기사항을 등기하지 않으면 선의의 제 3 자에게 대항하지 못하는데(商 37조 1항), 상법 제395조의 표현대표이사 · 표현대표집행임원제도는 상법등기의 효력에 관한 상법 제37조의 예외규정이라고 볼 수 있다.

위 기본판례에서와 같이 공동대표이사 중의 1인이 제 3 자에 대하여 단독대표행위를 하고 제 3 자가 그러한 공동대표이사에게 단독으로 대표할 권한이 있다고 믿은 경우에, 공동대표이사제도의 기본취지(대표권 남용으로 인한 위험예방)에서 볼 때는 상법 제395조의 (유추)적용을 부정하여야 할 것 같으나, 거래의 안전을 위하여 상법 제395조를 (유추)적용하는 것이 타당하다고 본다. 따라서 위 기본판례의 판지에 찬성한다.

(2) 표현대표이사 · 표현대표집행임원의 행위로서 유효하기 위하여는 (i) 회사가 표현대표이사 · 표현대표집행임원의 명칭사용을 허락하고(외관의 부여에 따른

회사의 귀책사유), (ii) 표현대표이사 · 표현대표집행임원이 거래의 통념상 회사대표권의 존재를 표시하는 것으로 인정될 만한 명칭을 사용하여야 하며(외관의 존재), (iii) 제 3 자는 표현대표이사 · 표현대표집행임원에게 대표권이 없음을 알지 못하여야 한다(외관의 신뢰).

(3) 상법 제395조 · 제408조의 5 제 3 항이 적용되는 경우에는 표현대표이사 · 표현대표집행임원의 행위에 대하여 회사는 마치 대표권이 있는 대표이사 · 대표집행임원의 행위와 같이, 제 3 자에 대하여 권리를 취득하고 의무를 부담한다. 다만 표현대표이사 · 표현대표집행임원이 어음행위를 한 경우에는 어음법의 특칙에 의하여 표현대표이사 · 표현대표집행임원도 어음상의 권리자에 대하여 어음채무를 부담한다(어 8조 1문).

(4) 상법 제395조 · 제408조의 5 제 3 항은 거래의 안전을 보호하기 위한 것이므로 법률행위에 대해서만 적용되고, 불법행위 · 소송행위 및 조세의 부과와 징수 등에는 적용되지 않는다. 또한 표현대표이사 · 표현대표집행임원이 한 법률행위는 대표이사 · 대표집행임원의 권한에 속하는 행위이어야 한다.

C. 관련판례

(1) 대판 2003. 2. 11, 2002 다 62029(判商 [326])(경리담당이사는 표현대표이사로 인정될 만한 명칭에 해당하지 않는다고 한 경우).

(2) 대판 1998. 3. 27, 97 다 34709(判商 [328])(상법 제395조는 회사가 이사의 자격이 없는 자에게 표현대표이사의 명칭을 사용하게 허용한 경우는 물론 이사의 자격이 없는 사람이 임의로 표현대표이사의 명칭을 사용하고 있는 것을 회사가 알면서도 아무런 조치를 취하지 아니한 채 그대로 방치하여 소극적으로 묵인한 경우에도 유추적용되고, 상법 제395조의 「선의」란 표현대표이사가 대표권이 없음을 알지 못한 것을 말하는 것이지 반드시 형식상 대표이사가 아니라는 것을 알지 못한 것에 한정할 필요는 없다고 한 경우).

동지: 대판 1992. 7. 28, 91 다 35816(이사의 자격도 없는 사람이 임의로 표현대표이사의 명칭을 사용하고 있는 것을 회사가 알면서도 아무런 조치를 취하지아니한 때에도 상법 제395조가 유추적용된다고 한 경우); 동 1987. 7. 7, 87 다카 504(앞의 판결과 동일한 내용임); 동 1985. 6. 11, 84 다카 963(앞의 판결과 동일한 내용

임); 동 1979. 2. 13, 77 다 2436(앞의 판결과 동일한 내용임); 동 2003. 9. 26, 2002 다 65073(상법 제395조에 의하여 회사가 책임을 지는 선의의 제 3 자의 범위에는 표현대표이사로부터 직접 어음을 취득한 상대방뿐만 아니라 그로부터 어음을 다시 배서양도받은 제 3 취득자도 포함된다고 하고, 제 3 자의 중과실을 부정하여 상법 제395조의 적용을 인정한 경우); 동 2003. 7. 22, 2002 다 40432(자기의 명칭을 사용하지 아니하고 다른 대표이사의 명칭을 사용하여 행위를 한 때에도 상법 제395조가 유추적용되고, 이 때 제 3 자의 선의는 대표이사를 대행하여 법률행위를 할 권한이 있느냐에 대한 것인데 제 3 자의 중과실을 부정하여 상법 제395조의 적용을 인정한 경우); 동 1999. 11. 12, 99 다 19797(금융기관 임직원이 상장회사의 전무이사〈주택사업본부장〉에게 회사를 대표하여 백지어음에 배서할 권한이 있다고 믿은 것은, 표현대표이사라고 믿은 것에 대하여 중대한 과실이 있다고 하여 상법 제395조의 책임을 부인한 경우); 동 1973. 2. 28, 72 다 1907(상법 제395조의 적용에 제 3 자의 선의에는 무과실까지 요하는 것은 아니라고 한 경우); 동 1971. 12. 28, 71 다 2141(X가 Y회사를 대표할 권한이 없는 전무인 A에게 금원을 대여할 당시에 Y회사가 이사회 결의에 의하여 회사가 사채를 부담하지 못하도록 결의하고 있었던 사실을 알고 있었다면, X의 악의를 인정하여 회사의 표현책임을 부정한 경우); 동 1971. 6. 29, 71 다 946(Y회사의 대표이사는 A인데 이사 겸 부사장인 B가 회사의 대내 · 대외적인 업무집행을 하면서 X로부터 자금을 차입하였다면, X가 악의였다는 입증이 없는 한 Y회사는 상법 제395조에 의하여 X의 대여금에 대한 상환채무가 있다고 한 경우).

(3) 대판 1995. 11. 21, 94 다 50908(判商 [329])(회사의 명칭사용 승인 없이 임의로 명칭을 참칭한 자의 행위에 대하여는, 회사는 상법 제395조에 의한 책임이 없다고 한 경우).

동지: 대판 1995. 11. 21, 94 다 50908(회사의 명칭사용 승인 없이 임의로 명칭을 잠칭한 자의 행위에 대하여는 이를 제지하지 못한 점에 있어서 회사에게 과실이 있다고 할지라도 회사는 선의의 제 3 자에게 책임을 지지 않는다고 한 경우); 동 1975. 5. 27, 74 다 1366(앞의 판결과 동일한 내용임); 동 1974. 11. 12, 74 다 1091(명목상 회사로서의 법정요건인 기관을 갖추기 위하여 이사로 등기되어 있는 자들이 자의로 금전을 차용한 때에, 회사가 동인들에게 대표이사 또는 전무이사의 명칭을

사용하게 한 일이 없다면 회사는 상법 제395조에 의한 책임을 지지 않는다고 한 경우); 동 1972. 9. 26, 71 다 2197(사임한 대표이사가 사임등기 경료 후에 대표이사 명의를 모용하여 수표를 발행한 때에, 회사는 책임을 지지 않는다고 한 경우).

(4) 대판 1994. 12. 27, 94 다 7621 · 7638(判商 [331])(주주총회를 소집 · 개최함이 없이 의사록만을 작성한 주주총회의 결의로 대표자로 선임된 자의 행위에 대하여 회사에게 그 책임을 물으려면, 의사록의 작성으로 대표자격의 외관이 현출된 데에 대하여 회사에 귀책사유가 있음이 인정되어야 하는데, 이 사건에서 회사에 귀책사유가 있는지 여부를 살펴보지 않고 회사의 책임을 인정한 원심을 파기한 경우 — 이 판결은 1995년 개정상법 이전의 것으로 비결의〈非決議〉가 있는 경우에 상법 제395조가 유추적용될 수 있다고 본 판결인데, 1995년 개정상법에 의하여 주주총회결의 하자의 소의 판결이 소급효가 있게 되어 1995년 이후에는 주주총회결의 하자의 소의 판결이 있는 모든 경우에 상법 제395조가 유추적용될 수 있게 되었다〈저자 주〉).

(5) 대판 1994. 12. 2, 94 다 7591(判商 [332])(회사의 운영권을 인수한 자라도 그가 이사회에서 대표이사로 선정되지 않았다면 회사의 적법한 대표자라고 볼 수 없는데, 표현대표이사로 인정되어 회사의 책임을 인정한 경우).

동지: 대판 1955. 11. 24, 4288 민상 340(회사가 대표권한이 있다고 인정할 만한 명칭의 사용을 이사에게 허용한 이상, 회사는 그 이사의 행위에 대하여 선의의 제 3 자에게 책임을 진다고 한 경우).

(6) 대판 1992. 9. 22, 91 다 5365(判商 [335])(회사가 표현대표를 허용하였다고 하기 위하여는 진정한 대표이사, 이사회의 결의의 성립을 위하여 회사의 정관에서 정한 이사의 수, 최소한 이사 정원의 과반수의 이사가 적극적 · 묵시적으로 허용하여야 한다고 한 경우).

(7) 대판 1991. 11. 12, 91 다 19111(判商 [338])(회사가 공동으로만 회사를 대표할 수 있는 공동대표이사에게 단순한 대표이사라는 명칭의 사용을 용인 내지 방임한 경우에는, 회사는 상법 제395조에 의한 표현책임을 진다고 한 경우).

동지: 대판 1992. 10. 27, 92 다 19033(判商 [334])(앞의 판결과 같은 내용임).

(8) 대판 1987. 7. 21, 87 누 224(상법 제395조는 조세의 부과 및 징수에는 적용되지 않는다고 한 경우).

(9) 대판 1979. 2. 13, 77 다 2436(상법 제395조는 상업등기에 관한 상법 제37조와는 다른 차원에서 회사의 표현책임을 인정한 규정이므로 상법 제395조의 책임을 물음에 상업등기가 있는지 여부는 고려의 대상에 넣어서는 아니 된다고 하고, 표현대표이사가 대표이사 명의로 대표권이 없으면서 대표권에 속하는 행위를 제 3 자와 한 때에도 상법 제395조의 적용을 긍정한 경우).

동지: 대판 1998. 3. 27, 97 다 34709(이사의 자격이 없는 사람이 임의로 표현대표이사의 명칭을 사용하고 있는 것을 회사가 알면서도 아무런 조치를 취하지 아니한 채 그대로 방치하여 소극적으로 묵인한 경우에도 상법 제395조가 유추적용되고, 이 때 표현대표이사가 다른 대표이사의 명칭을 사용한 경우에도 동일하며, 상법 제395조의 「선의」란 대표권이 없음을 알지 못하는 것이지 반드시 형식상 대표이사가 아니라는 것을 알지 못한 것에 한정되지 않는다고 한 경우); 동 1988. 10. 25, 86 다카 1228(표현대표이사가 자기의 명칭을 사용하지 않고 다른 대표이사의 명칭을 사용한 때에도 상법 제395조가 적용된다고 한 경우); 동 1988. 10. 11, 86 다카 2936(회사의 이사로 등기되어 있으나 실질적으로는 사장으로서 회사의 대내외적인 모든 업무를 처리하는 자가 체결한 분양계약은 상법 제395조에 의하여 유효하다고 한 경우).

(10) 대판 1977. 5. 10, 76 다 878(대표이사 또는 공동대표이사로 등기되어 있는 사람들이 적법한 주주총회의 결의에 기하지 아니하여 그 선임이 무효인 경우에 그들이 상법 제395조에 의하여 책임을 지기 위하여는 회사가 그들 대표명의 사용을 적극적 또는 묵시적으로 허용하였어야 하는데, 회사가 대표명의를 사용하는 것을 적극적 또는 묵시적으로 허용하였다고 할 수 있는 사정이 없다 하여, 상법 제395조의 적용을 배척한 경우).

(11) 대판 1971. 6. 29, 71 다 946(이사 겸 부사장은 표현대표이사로 인정될 만한 명칭에 해당한다고 하여 회사는 상법 제395조에 의하여 책임을 진다고 한 경우).

동지: 대판 1959. 12. 3, 4292 민상 123(Y회사 상무 B가 X와 납품계약을 체결함에 있어서 형식상 당사자를 Y회사 대표이사 A로 하고 B는 입회인으로만 표시되었다 하더라도 Y회사는 상법 제395조에 의하여 선의인 X에게 책임을 진다고 한 경우).

(12) 대판 1970. 6. 30, 70 후 7(이사로 등기되어 있지 아니한 전무이사가 한 항소취하에 대하여, 상법 제395조를 적용한 경우).

(13) 대판 1968. 7. 16, 68 다 334(표현대표이사〈상무이사〉가 대표이사 명의로 대표권이 없으면서 대표권에 속하는 행위를 제 3 자와 한 경우, 민법 제126조 등 대리에 관한 규정이 적용되고 상법 제395조의 적용을 부정한 경우).

동지: 대판 1969. 9. 30, 69 다 964(Y회사의 경리담당 상무이사인 B가 대표이사 A의 명의로 어음을 발행하고 X로부터 금전을 차용하여 사적으로 사용하였다면, Y회사는 민법 제125조 · 제126조에 의하여 어음상의 책임을 진다고 한 경우); 동 1968. 7. 30, 68 다 127(Y회사의 대표권이 없는 상무이사 B가 자기명의가 아닌 대표이사 A를 대리하여 법률행위를 한 경우에는, 상법 제395조를 적용하지 않고 대리에 관한 규정이 적용되는데, 원심은 이 점을 밝히지 않고 상법 제395조를 적용하여 Y회사의 책임을 인정한 것은 잘못이라고 판시한 경우).

(14) 대판 1964. 5. 19, 63 다 293(대표이사로서도 상법 제374조의 주주총회의 특별결의 없이는 할 수 없는 행위에 대하여는, 상법 제395조가 적용될 여지가 없다고 한 경우).

D. 관련논점

(1) 표현대표이사 · 표현대표집행임원과 민법상 표현대리와의 관계

(2) 표현대표이사 · 표현대표집행임원과 표현지배인과의 관계

(3) 표현대표이사 · 표현대표집행임원과 상업등기의 일반적 효력(商 37조)과의 관계

(4) 표현대표이사 · 표현대표집행임원과 부실등기의 공신력(商 39조)과의 관계

(5) 표현대표이사 · 표현대표집행임원과 이사를 선임한 주주총회결의 하자의 소와의 관계

(6) 표현대표이사 · 표현대표집행임원과 대표이사 · 대표집행임원의 무권대행과의 관계

제 4 이사 · 집행임원의 의무

1. 일반적 의무(선관의무와 충실의무)

2. 경업피지의무(겸직금지의무)

A. 기본판례

▣ 대판 1993. 4. 9, 92 다 53583(判商 [341])[이사가 상법 제397조 제 1 항에 의한「동종영업을 목적으로 하는 다른 회사의 이사에 취임한 것」을 인정한 경우]

[사실관계]

Y_1주식회사는 1971년 6월 17일 콘크리트 제조판매업 · 토목건축 자재판매업 등을 목적으로 설립되어 1985년 8월 5일 사업목적을 콘크리트제품 제조판매업 · 조립식주택 자재판매업 등과 이에 부대되는 일체의 사업으로 변경한 회사로서 각 이사 겸 대표이사인 X와 Y_2가 그 발행주식 20만주를 실질적으로 반씩 소유하고 있는 2인회사이나, 주주명부상으로는 X가 5만 2백 90주, 위 Y_2가 6만 6백 90주를 소유하고 있는 것으로 하고 그 나머지 주식은 A 등 수인에게 위장 분산시켜 놓고 있었다.

Y_2는 1990년 3월 5일 Y_1회사의 주주총회(1995년 개정상법 이전의 규정: 저자 주)의 승인 없이 B와 함께 Y_1회사의 사업목적과 동일한 콘크리트제품 제조판매 및 시공업 · 경량판넬 제조판매업 및 이에 부대되는 사업 일체를 사업목적으로 하는 Z회사를 설립하여 Z회사의 이사 겸 대표이사로 취임한 다음 Z회사의 본점소재지로 되어 있는 충남 예산군 봉산면 화전리 산 25의 1 등의 임야를 공장부지로 사용하기 위하여 매수하는 등 그 영업 준비작업을 추진하여 오다가, X로부터 위와 같은 사실에 대한 항의를 받고 같은 해 4. 3. Z회사의 이사 및 대표이사직을 사임하고 같은 달 12일 Z회사의 전 주식을 콘크리트제품의 생산 및 판매분야에 있어 전혀 경험이 없는 C에게 양도하였다. 위 C가 대표이사로 있는 Z회사는 1990년 8월 9일 공장부지 정지공사를 위 Y_2가 대표이사로 있는 Y_1회사의 계열회사인 W건설주식회사에게 도급을 주어 시행하여 1991년 7월경 완공하고 현재 Z회사에서 생산한 콘크리트제품을 위 W건설주식회사가 상당량을 납품받고 있다.

X는 Y_1회사의 총 발행주식 20만주 중 5만 8천 5백 90주를 소유하고 있는 주

주로서 1990년 3월 6일 위 Y_2의 이사해임의 건을 상정하여 임시주주총회를 소집하였으나, 출석주주가 정족수인 과반수에 미달하여 임시주주총회는 유회되었다. 이에 X는 Y_2를 Y_1주식회사의 이사직으로부터 해임한다는 취지의 청구를 법원에 하였다.

이에 대하여 원심은 X가 상정하여 소집한 임시주주총회가 유회된 것은 상법 제385조 제 2 항의 「그 해임을 부결한 때」에 해당한다는 이유로 Y_2에 대한 X의 이사해임을 구하는 청구를 이유 있다고 판시하였다. 따라서 Y_2가 상고하게 된 것이다.

[판결요지]

(1) 이사의 경업금지의무를 규정한 상법 제397조 제 1 항의 규정 취지는 이사가 그 지위를 이용하여 자신의 개인적 이익을 추구함으로써 회사의 이익을 침해할 우려가 큰 경업을 금지하여 이사로 하여금 선량한 관리자의 주의로써 회사를 유효적절하게 운영하여 그 직무를 충실하게 수행하여야 할 의무를 다하도록 하려는 데 있으므로, 경업의 대상이 되는 회사가 영업을 개시하지 못한 채 공장의 부지를 매수하는 등 영업의 준비작업을 추진하고 있는 단계에 있다 하여 위 규정에서 말하는 「동종영업을 목적으로 하는 다른 회사」가 아니라고 볼 수는 없다.

(2) 회사의 이사가 회사와 동종영업을 목적으로 하는 다른 회사를 설립하고 다른 회사의 이사 겸 대표이사가 되어 영업준비 작업을 해 오다가 영업활동을 개시하기 전에 다른 회사의 이사 및 대표이사직을 사임하였다고 하더라도 이는 상법 제397조 제 1 항 소정의 경업금지의무를 위반한 행위로서, 특별한 다른 사정이 없는 한 이사의 해임에 관한 상법 제385조 제 2 항 소정의 「법령에 위반한 중대한 사실」이 있는 경우에 해당한다.

따라서 X의 Y_2에 대한 이사해임을 구하는 청구를 이유 있다고 판시한 원심판결은 정당하고, 논지는 이유 없다[이 판결의 결론에 찬성하는 취지의 평석으로는 임홍근, 「법률신문」, 제2238호(1993. 8. 9.), 15면 참조].

B. 이론요약

(1) 이사 · 집행임원과 회사간의 관계는 위임관계이므로(商 382조 2항, 408조의 2 2항), 이사 · 집행임원은 일반적인 의무로서 회사에 대하여 선량한 관리자의 주의의무(선관의무)를 부담한다(民 681조).

1998년 개정상법은 이사의 책임강화를 통한 건전한 기업경영을 촉진한다는 목적으로 영미법계의 개념인 이사의 충실의무(商 382조의 3)를 다시 도입하였고 이러한 이사의 충실의무에 관한 규정은 집행임원에 대하여도 준용되는데(商 408조의 9), 이러한 이사 · 집행임원의 충실의무가 이사 · 집행임원의 선관의무와 어떠한 관계에 있는 것인가가 문제된다. 이에 대하여, 이사 · 집행임원의 충실의무는 종래의 선관의무와는 전혀 다른 영미법상의 충실의무를 도입한 것이라고 보고(異質說), 이는 이사 · 집행임원이 개인관계적 측면에서 요구되는 의무로 이사 · 집행임원의 경업피지의무(商 397조, 408조의 9) · 회사기회유용금지의무(商 397조의 2, 408조의 9), 자기거래금지의무(商 398조, 408조의 9) 등은 이사 · 집행임원의 충실의무 등에 의하여 설명되어야 한다는 견해도 있으나, 이러한 충실의무는 이사 · 집행임원의 회사에 대한 선관의무를 구체화한 것이거나 또는 이사 · 집행임원의 주의의무를 다시 강조한 선언적 규정이라고 볼 수 있다(同質說). 이와 같이 보면 상법에서 이사 · 집행임원의 의무를 규정한 것은(商 397조, 397조의 2, 398조, 382조의 4, 412조의 2, 415조의 2 7항) 모두 이사 · 집행임원의 회사에 대한 선관의무를 구체화한 것으로 볼 수 있다.

(2) 이사 · 집행임원의 회사에 대한 선관의무를 구체화한 것으로 상법이 구체적으로 규정한 것 중 대표적인 것은 이사 · 집행임원의 경업피지의무(商 397조, 408조의 9)이다. 이사 · 집행임원의 이러한 경업피지의무는 상업사용인의 그것(商 17조)과 같이 회사의 이익을 보호하기 위한 부작위의무인데, 이에는 경업금지의무(협의의 경업피지의무)와 겸직금지의무가 있다.

1) 경업금지의무는 이사 · 집행임원이 이사회(소규모 주식회사의 경우에는 주주총회 ―商 383조 4항)의 승인이 없으면 자기 또는 제 3 자의 계산으로 회사의 영업부류에 속하는 거래를 하여서는 안 되는 의무이다(商 397조 1항 전단, 408조의 9).

이사 · 집행임원이 경업금지의무에 위반한 경우, 그 위반한 거래 자체는 유효하나, 회사는 그 이사 · 집행임원을 해임할 수 있고(商 385조 2항, 408조의 2 3항 1호) 또 그 이사 · 집행임원에 대하여 손해배상을 청구할 수 있으며(商 399조, 408조의 8 1항) 이사회의 결의로 개입권을 행사할 수 있다(商 397조 2항, 408조의 9). 개입권은 거래가 있은 날로부터 1년을 경과하면 소멸한다(제척기간)(商 397조 3항, 408조의 9).

2) 겸직금지의무는 이사·집행임원이 이사회의 승인이 없으면 동종영업을 목적으로 하는 다른 회사의 무한책임사원·업무집행자나 이사·집행임원이 되지 못하는 의무이다(商 397조 1항 후단, 408조의 9). 이는 상업사용인의 겸직금지의무의 범위(商 17조 1항 후단)보다 좁다. 위 기본판례도 이에 관한 것이다.

이사·집행임원이 겸직금지의무에 위반한 경우에는 회사는 그 이사·집행임원을 해임할 수 있고(商 385조 2항, 408조의 2 3항 1호) 또 손해가 있는 경우에는 손해배상을 청구할 수 있다(商 399조, 408조의 8 1항). 위 기본판례도 이사가 겸직금지의무에 위반한 경우에는 상법 제385조 제 2 항에 의하여 해임할 수 있다고 한 것인데, 타당하다고 본다.

C. 관련판례

대결 1990. 11. 2, 90 마 745((i) 상법 제397조 제 1 항이 이사의 경업금지의무를 규정한 취지는 이사가 그 지위를 이용하여 자신의 개인적 이익을 추구함으로써 회사의 이익을 침해할 우려가 큰 경업을 금지하여 이사로 하여금 선량한 관리자의 주의로써 회사를 유효·적절하게 운영하여 그 직무를 충실하게 수행하지 않으면 안 될 의무를 다하도록 하려는 데 있는 것이므로, 아직 영업을 개시하지 못한 채 공장의 부지를 매수하는 등 영업의 준비작업을 추진하고 있는 회사라고 하여 경업이 금지된 위 법조항에 규정된 「동종영업을 목적으로 하는 다른 회사」가 아니라고 볼 것이 아니다. (ii) Y주식회사의 이사가 ~~주주총회~~[1995년 개정상법에 의하여 이사회로 함]의 승인 없이 그 회사와 동종영업을 목적으로 하는 Z회사를 설립하고 Z회사의 이사 겸 대표이사가 되었다면 설령 Z회사가 영업활동을 개시하기 전에 Z회사의 이사 및 대표이사를 사임하였다고 하더라도, 이는 분명히 상법 제397조 제 1 항 소정의 경업금지의무를 위반한 행위로서 특별한 다른 사정이 없는 한 이사의 해임에 관한 상법 제385조 제 2 항 소정의 「법령에 위반한 중대한 사실」이 있는 경우에 해당하므로, 이사 등 직무집행정지 가처분신청을 기각한 원심 결정을 파기환송한다).

D. 관련논점

(1) 이사·집행임원의 선관의무와 충실의무와의 관계(이사·집행임원의 경업피

지의무 위반은 선관의무 위반인가, 충실의무 위반인가)

(2) 이사 · 집행임원의 경업피지의무가 상업사용인의 경업피지의무와 다른 점

(3) 이사의 경업행위에 대한 승인기관을 이사회로 하는 것이 타당한가?

3. 자기거래금지의무

A. 기본판례

▣ 대판 2004. 3. 25, 2003 다 64688(判商 [342])[상법 제398조 위반의 효력과 제 3 자의 중과실을 인정한 경우]

[사실관계]

M의 개인채무를 담보하기 위하여 Y회사의 대표이사로 있는 M이 Y회사의 종전의 대표이사인 D의 명의로 발행된 어음에 자기를 수취인으로 하고 M이 X은행에 배서양도한 경우, X은행은 Y회사와 이사 M간의 거래에 대하여 이사회의 승인이 없었음을 알고 있었는지 여부에 대하여 문제가 되었다.

이에 대하여 원심은 X은행이 이를 알고 있었다고 보아 Y회사의 어음발행은 무효라고 하여 X은행의 청구를 배척하였다. 따라서 X은행이 상고하게 된 것이다.

[판결요지]

(1) 회사의 대표이사가 이사회의 승인 없이 한 이른바 자기거래행위는 회사와 이사간에서는 무효이지만, 회사가 위 거래가 이사회의 승인을 얻지 못하여 무효라는 것을 제 3 자에 대하여 주장하기 위해서는 거래의 안전과 선의의 제 3 자를 보호할 필요상 이사회의 승인을 얻지 못하였다는 것 외에 제 3 자가 이사회의 승인 없음을 알았다는 사실을 입증하여야 할 것이고(대판 1984. 12. 11, 84 다카 1591; 동 1994. 10. 11, 94 다 24626 등 참조), 비록 제 3 자가 선의였다 하더라도 이를 알지 못한 데 중대한 과실이 있음을 입증한 경우에는 악의인 경우와 마찬가지라고 할 것이며, 이 경우 중대한 과실이라 함은 제 3 자가 조금만 주의를 기울였더라면 그 거래가 이사와 회사간의 거래로서 이사회의 승인이 필요하다는 점과 이사회의 승인을 얻지 못하였다는 사정을 알 수 있었음에도 불구하고, 만연히 이사회의 승인을 얻은 것으로 믿는 등 거래통념상 요구되는 주의의무에 현저히 위반하는 것으로서 공평의 관점에서 제 3 자를 구태여 보호할 필요가 없다고 봄이 상당하다고 인정되는 상태를 말한다.

(2) 원심이 인용한 제 1 심판결 이유와 기록에 의하면, 한국금융연수원을 비롯한 시중 일반은행들의 여신실무책자나 금융법률실무책자 및 업무연수교재 등에는 이사와 회사간의 이해상반행위의 전형적 사례로서 회사의 이사 앞 약속어음 발행행위를 들면서 「주식회사의 경우에는 이사회의 승인을 요하고 자기거래에 해당하는 여신거래에 있어 은행이 주의의무를 다하였다고 하기 위해서는 은행이 이사회결의서와 그 결의서에 기명날인한 이사들의 인감증명서까지 징구하여 자기거래에 관한 승인 여부를 확인하여야 한다」고 기재되어 있는 사실, X은행의 여신담당직원이었던 H와 L은 회사의 이사 앞 어음발행행위가 회사와 이사간의 이해상반행위로서 이사회의 승인이 없으면 무효가 된다는 점과 Y회사의 대표이사로 재직하던 M이 1999. 2. 25. 대표이사인 자신 앞으로 이 사건 어음을 발행하여 같은 날 X은행에 배서·양도한 사정을 잘 알고 있었음에도 불구하고, 발행인란에 Y회사의 대표이사로서 종전 대표이사인 D 이름이 기재되어 있음을 기화로, 위 어음이 이사회의 승인을 거쳐 발행된 것인지 여부에 관하여 Y회사에게는 물론, M에게도 확인조차 하지 않은 사실, X은행은 어음의 할인업무 등 전문적으로 여신을 취급하는 국책은행으로서 M의 개인적인 연대보증채무를 담보하기 위하여 그 채무와는 별다른 관계가 없는 Y회사에 의하여 발행된 위 어음을 취득하였으며, 또한 위 어음의 발행인란에는 Y회사의 종전 대표이사 D명의의 명판이 날인되어 있었음에도, X은행은 M이 대표이사로 되어 있는 새로운 어음 발행을 요구하지 않은 채 M의 배서만을 받은 사실을 알 수 있다. 위와 같이 X은행은 일반인의 경우보다 어음거래 및 취득에 있어 더욱 신중하고도 치밀한 대처가 요구되는 금융기관으로서, Y회사가 X은행에 대하여 어음금채무를 부담하여야 할 아무런 원인관계가 없이 단지 대표이사인 위 M의 개인채무를 담보하기 위하여 이 사건 어음을 위 대표이사 앞으로 발행하여 X은행에게 배서·양도하게 한다는 사정을 알면서도 이사회의 승인이 있었는지 여부를 확인해 보지도 않고 취득하였다고 할 것이므로, X은행은 이 사건 어음을 취득함에 있어 Y회사의 이사회 승인이 없음을 알았거나 또는 적어도 이를 알지 못한 데 중대한 과실이 있었다고 할 것이다. 가사 X은행의 주장과 같이, X은행이 어음문면상 발행인란에 종전 대표이사의 명판이 날인되어 대표이사의 이름이 D라고 기재되어 있고, 수취인란에는 현 대표이사인 M이 기재되어 있었다는 점 때문에 이사와 회사간의 거래에 해당

하지 아니하여 이사회의 승인이 필요 없는 것으로 생각하였다고 하더라도, X은행은 위 어음의 발행 당시 M이 Y회사의 대표이사라는 사정과 실질적으로 Y회사가 그 대표이사인 M의 개인채무를 담보하기 위하여 M 앞으로 위 어음을 발행한다는 사정을 잘 알고 있었던 만큼, X은행으로서는 위 어음의 발행이 이사와 회사간의 거래에 해당하여 이사회의 승인이 필요하다는 점을 충분히 알 수 있었다고 할 것이므로, 이 사건 어음을 취득함에 있어 Y회사의 이사회 승인을 얻었는지 여부를 확인해 보지 않은 데에 중대한 과실이 있었다고 하지 않을 수 없다.

원심이 같은 취지에서 Y회사는 이 사건 어음 발행의 무효로써 이 사건 어음의 지급을 구하는 X은행에게 대항할 수 있다고 판단한 것은 정당하고, 거기에 상고이유의 주장과 같은 상법 제398조의 요건에 관한 법리오해 · 심리미진 · 채증법칙 위배 등의 위법이 있다고 할 수 없다.

B. 이론요약

(1) 이사 · 집행임원 등(주요 주주를 포함하고, 이들의 배우자 및 직계존비속 등을 포함함)은 이사회의 승인이 있는 때에 한하여 자기 또는 제 3 자의 계산으로 회사와 거래를 할 수 있는데(商 398조 1문, 408조의 9), 이것이 이사 · 집행임원 등의 자기거래금지의무이다. 이사가 1명 또는 2명인 소규모 주식회사의 경우에는 이사회가 없으므로 주주총회의 승인을 받아야 한다(商 383조 4항). 이러한 상법 제398조는 민법 제124조를 단체법적으로 수정한 것이므로 이사회(소규모 주식회사의 경우에는 주주총회)의 승인이 있으면 민법의 자기계약 또는 쌍방대리의 규정은 적용되지 않는다고 본다(2011년 개정전 商 398조 2문 참조).

(2) 상법 제398조의 법문에서 보면 「이사 등이 (자기 또는 제 3 자의 계산으로) 회사와 하는 모든 거래」가 이에 해당하는 것 같이 생각되나, 형식상 이사 등과 회사간의 모든 거래가 이에 해당하는 것이 아니라 그 실질에 의하여 「이사 등과 회사간의 이해충돌을 생기게 할 염려가 있는 모든 재산상의 법률행위」가 이에 해당한다(통설).

또한 실질적으로 이사 등과 회사간에 이해충돌을 생기게 할 염려가 있는 거래이면, 형식상 이사 등과 회사간의 거래이든(직접거래) 회사와 제 3 자간의 거래이든(간접거래) 불문한다(통설). 이러한 직접거래와 간접거래에는 각각 자기계약의 형태와 쌍방대리(대표)의 형태가 있다.

(3) 이사 · 집행임원 등과 회사간의 행위가 이해충돌을 생기게 할 염려가 있는 재산상의 행위라고 하더라도, 이사회(소규모 주식회사의 경우에는 주주총회)의 승인이 있는 때에는 이사 · 집행임원은 회사와 유효하게 그러한 행위를 할 수 있다.

이 때 승인기관은 (이사회가 있는 주식회사의 경우) 이사회에 한한다고 보므로, 정관의 규정에 의해서도 주주총회의 결의사항으로 할 수 없고 또한 총주주의 동의에 의해서도 이사회의 승인을 갈음할 수 없다고 본다.

승인시기는 사전에 하여야 하고, 사후승인(추인)은 인정되지 않는다(商 398조, 408조의 9).

이사 · 집행임원 등의 이러한 거래에 관하여 이사회의 승인을 받기 위하여는 미리 이사회에서 해당 거래에 관한 중요사실을 밝혀야 하고, 그 거래 내용과 절차는 공정하여야 한다(商 398조, 408조의 9).

승인방법은 원칙적으로 개개의 거래에 관하여 개별적으로 하여야 하나(통설), 반복적으로 이루어지는 동종거래에서는 합리적인 범위 내에서의 포괄적인 승인이 예외적으로 가능하다고 본다.

이사회의 승인결의에 있어서 거래당사자인 이사는 특별이해관계인이므로 의결권을 행사하지 못한다(商 391조 2항, 368조 4항).

이사회의 승인은 이사 3분의 2 이상의 수로써 하여야 한다(특별결의)(商 398조, 408조의 9).

이사회의 승인은 이사 · 집행임원 등의 자기거래의 유효요건에 불과하고, 이사 · 집행임원의 회사에 대한 책임(商 399조, 408조의 8 1항)을 면제하는 것은 아니다.

(4) 상법 제398조에 위반한 행위의 효력에 대하여 동조를 강행법규로 보아 무효로 보는 견해(무효설)와 동조를 명령규정으로 보아 유효로 보는 견해(유효설)가 있으나, 거래의 안전과 회사의 이익을 보호하기 위하여는 동조에 위반하는 행위의 효력에 대하여 대내적으로는 무효로 보고 대외적으로는 상대방인 제 3 자의 악의를 회사가 증명하지 못하는 한 유효로 보아야 할 것이다(상대적 무효설)(통설). 이러한 상대적 무효설은 이사 · 집행임원 등이 거래의 당사자로서 참여하지 않는 간접거래에서 그 의미가 크다.

위 기본판례는 X가 은행이고 Y회사의 대표이사인 M의 개인채무를 담보하기 위하여 Y회사가 M 앞으로 이 어음을 발행한 이사와 회사간의 거래에 대하여 X가 이사회 승인유무를 확인하지 않은 것은 중과실이므로 Y는 X에 대하여 어음상 책임이 없다는 것인데, 제 3 자인 X의 중과실을 인정한 대표적인 판례라고 본다. X의 중과실을 인정한 대법원판결에 찬성한다.

이 때 이사 · 집행임원은 법령위반의 행위를 한 것이므로 회사에 대하여 손해배상의 책임을 진다(商 399조, 408조의 8 1항).

(5) 상장회사의 경우에는 회사의 이익을 보호하기 위하여 상장회사와 이사 등과의 거래에 대하여 (상법 제398조와는 별도로) 금지행위(商 542조의 9 1항) 및 제한행위(商 542조의 9 3항)를 특별히 규정하고 있다.

C. 관련판례

(1) 대판 2007. 5. 10, 2005 다 4284(상법 제398조의 승인기관은 주주 전원의 동의가 있다거나 정관의 규정에 의하여 주주총회의 결의사항으로 정해져 있다는 등의 특별한 사정이 없는 한 이사회의 전결사항이라 할 것이고, 상법 제398조 위반행위에 대하여 이사회의 사후추인을 인정하며〈이 사건에서는 이사회의 사후추인이 있었다고 볼 수 없다고 하고 또한 주주총회에 의한 사후추인은 부정함〉, 그 거래와 관련된 이사는 이사회의 승인을 받기에 앞서 이사회에 그 거래에 관한 자기의 이해관계 및 그 거래에 관한 중요한 사실들을 개시하여야 할 의무가 있다고 한 경우)(2011년 개정상법은 이사회의 사후추인을 인정하지 않고, 해당 거래에 관한 중요사실을 이사회에 밝힐 것에 대하여 명문규정을 두고 있다: 저자 주).

(2) 대판 1992. 3. 31, 91 다 16310(判商 [344])(상법 제398조에 해당하는 행위라도 사전에 주주 전원의 동의가 있었다면, 회사는 책임을 부담한다고 한 경우).

동지: 대판 2002. 7. 12, 2002 다 20544(상법 제398조에 해당하는 거래에 대하여 사실상 1인 주주가 사전에 동의하였다면 이사회의 승인이 없어도 그 거래가 유효하다고 한 경우).

(3) 대판 1989. 1. 31, 87 누 760(주식회사의 대표이사가 그의 개인적인 용도에 사용할 목적으로 회사명의의 수표를 발행하거나 타인이 발행한 약속어음에 회사명의의 배서를 해 주어 회사가 그 지급책임을 이행하여 손해를 입었다면, 이사회의 승인 여부에 불구하고, 회사는 상법 제399조의 손해배상청구권을 행사할 수 있음은 물론이고 대표권의 남용에 따른 불법행위를 이유로 한 손해배상청구권도 행사할 수

있는데, 상법 제399조의 책임은 상법 제400조에 의하여 면책될 수 있으나 불법행위 책임은 상법 제400조에 의하여 면책될 수 없다고 한 경우).

(4) 대판 1988. 9. 13, 88 다카 9098(判商 [345])(이사〈공동대표이사〉가 회사에 투자하였다가 이사직을 떠난 후 투자금을 반환받는 거래는, 상법 제398조에 해당하지 않는다고 한 경우).

(5) 대판 1984. 12. 11, 84 다카 1591(判商 [346])(Y회사와 Z회사의 대표이사가 동일인인 A인데, 그가 Z회사의 X에 대한 채무를 위하여 Y회사가 Y회사 · X간의 계약으로 보증을 하는 것은, 상법 제398조에 해당한다고 하여 원심을 파기환송한 경우).

(6) 대판 1981. 4. 14, 80 다 2950(判商 [347])(실질적으로 회사의 사장직을 맡고 있었을 뿐 이사나 대표이사가 아닌 자가 회사를 위하여 필요한 자금을 일시 출연 · 투입하였다면, 이는 상법 제398조가 적용되지 않는다고 한 경우).

(7) 대판 1973. 10. 31, 73 다 954(상법 제398조 위반행위는 대내적으로 무효이지만, 제 3 자에 대하여 무효를 주장하기 위하여는 회사가 그 거래에 대하여 이사회의 승인을 받지 않은 것 이외에 상대방인 제 3 자가 악의라는 사실을 주장 · 입증하여야 한다고 하는데, 원판결이 본건 거래는 무효라고 판시한 것을 파기환송한 경우).

동지: 대판 1994. 10. 11, 94 다 24626(앞의 판결과 동일한 내용임); 동 1984. 12. 11, 84 다카 1591(간접거래에 대하여 앞의 판결과 동일한 내용임); 동 1981. 9. 8, 80 다 2511(주식회사의 청산인이 청산인회의 승인 없이 회사소유 부동산을 매수하여 제 3 자에 매도하였을 때 회사의 부동산소유권 이전등기청구가 제 3 자의 선의로 기각되면 청산인에 대한 관계에서도 청산인회의 승인이 없다는 무효주장으로 등기말소를 구할 이익이 없다고 한 경우); 동 1978. 12. 26, 77 다 907(80 다 2511과 동일 내용임); 동 1978. 11. 14, 78 다 513(Y회사가 그 회사의 이사인 A에게 발행한 약속어음이 A로부터 X에게 배서양도되었다면, X가 선의인 한 Y회사는 상법 제398조 위반을 주장할 수 없다고 한 경우); 동 1978. 3. 28, 78 다 4(78 다 513과 동일내용임); 동 1974. 1. 15, 73 다 955(간접거래에서 84 다카 1591과 동일한 내용임).

(8) 대판 1969. 11. 11, 69 다 1374(Y회사와 X회사의 대표자를 겸하고 있는 A가 양 회사를 대표하여 Y회사에 불리한 협약을 체결한 것은 상법 제398조에 해당하는데, 원심이 민법규정의 쌍방대리에 해당하지 않는다고 한 것을 상법 제398조의 법리를 오해한 위법이 있다고 한 경우).

동지: 대판 1996. 5. 28, 95 다 12101 · 12118(Y회사와 X회사를 대표하고 있는 A가 Y회사의 토지 및 건물을 X회사에 매도하는 것은, 상법 제398조에 해당한다고 한 경우).

(9) 대판 1967. 3. 21, 66 다 2436(대표이사가 개인명의로 차용한 금원을 일부는 회사가 인수하고 일부는 회사가 상환하기로 나머지 이사가 합의한 것은, 상법 제398조에 의한 이사회의 승인이 있는 것과 동일하게 본 경우).

(10) 대판 1966. 9. 6, 66 다 1146(회사가 이사에 발행한 약속어음과 같이 회사와 이사간의 어음행위에도 상법 제398조가 적용된다고 한 경우).

(11) 대판 1965. 6. 22, 65 다 734(Y회사의 이사인 A개인의 X에 대한 채무를 Y회사가 면책적이든 중첩적이든 인수하고 Y회사가 X에게 그 지급을 위하여 약속어음을 발행하였을 때, Y회사는 X에게 이사회 승인 없이 인수된 채무의 지급을 위하여 약속어음이 발행되었다는 원인관계의 항변을 주장할 수 있다고 한 경우).

동지: 대판 1980. 7. 22, 80 다 828(Y회사의 이사이었던 X가 Y회사의 대표이사인 A에게 금전을 대여할 때 Y회사가 이를 연대보증한 것은, 상법 제398조에 해당하여 Y회사의 이사회의 승인이 있어야 하는데 이러한 승인이 없어 무효라고 한 경우); 동 1980. 7. 22, 80 다 341 · 342(判商 [348])(회사가 이사로부터 금원을 차용하거나 회사가 이사의 제 3 자에 대한 금원의 대여에 연대보증을 하는 것은, 상법 제398조에 해당한다고 한 경우); 동 1980. 1. 29, 78 다 1237(이사가 회사로부터 채권양도를 받으면서 이사회의 승인을 얻지 않았다 하더라도 선의의 제 3 자에 대한 관계에서는 유효하다고 한 경우).

(12) 대결 1962. 3. 13, 62 라 1(Y주식회사의 대표이사인 A가 자기회사의 채무를 담보하기 위하여 자기 앞으로 Y회사의 약속어음을 발행한 것은 상법 제398조에 해당하지 않는다고 한 경우).

D. 관련논점

(1) 이사의 자기거래금지의무(商 398조)의 범위를 확대한 2011년 개정상법의 타당성 여부

(2) 이사 등의 자기거래금지의무의 위반행위에 대하여 이사회가 사후추인할 수 있는지 여부 및 이사회에 갈음하여 주주총회가 승인할 수 있는지 여부

(3) 상장회사와 이사 등의 거래에 대하여 별도로 금지행위(商 542조의 9 1항) 및 제한행위(商 542조의 9 3항)를 규정한 것은 타당하지 여부와 이것과 상법 제398조와의 관계

4. 보고의무

5. 비밀유지의무

6. 감시의무

제 5 이사 · 집행임원의 책임

1. 회사에 대한 책임

A. 기본판례

▣ 대판 2002. 6. 14, 2001 다 52407(判商 [353])[이사의 회사에 대한 책임을 인정한 경우]

[사실관계]

Y가 X금고의 이사장으로 재직하다가 퇴직에 임박할 무렵에 이르러 상호간에 자매 또는 부부 사이였던 $A_1 \cdot A_2 \cdot A_3 \cdot A_4$에게 5건으로 나누어 합계 6,000만원을 대출해 준 바 있었다. A_1 등이 대출금을 상환하지 못하여 X금고는 Y에 대하여 상법 제399조에 의한 손해배상을 청구하였다.

이에 대하여 원심(서울고법)은 A_1들 중 일부가 과거 X금고로부터의 대출금 상환을 연체한 전력이 있었다고는 하나 A_1들이 그 대출 당시에 이르러서는 신규대출금지 대상인 대출연체자나 신용불량거래자에 해당하지 아니하게 된데다가 X금고 소정의 대출요건을 모두 구비한 점까지 고려해 보면 Y로서는 A_1들의 과거 대출금 연체경력 기타 신용상황을 파악하여 향후 대출금 상환이 원활하게 이루

어질 수 있는지만을 판단하면 충분하고, Y가 위 A_1들이 이 사건 대출 당시 변제 능력이 없어 그 대출금을 상환할 능력이 없었음을 알았거나 충분히 알 수 있었다는 사실이나 또는 위 A_1들로부터 개인적인 대여금을 회수하기 위하여 무리하게 대출을 시도한 사실을 인정할 증거가 없으므로, 비록 Y가 X금고에서 퇴직하기 직전에 근접한 시기에 상호 친족관계에 있는 A_1들에게 여러 건의 대출을 집중적으로 해 주었다는 등의 사정을 감안해 보더라도, Y가 X금고의 이사장으로서 이 사건 대출에 관한 직무를 수행함에 있어서 고의 또는 중과실이 있었다고 볼 수 없다고 판단하고, X의 주장을 배척하였다. 따라서 X가 대법원에 상고하게 된 것이다.

[판결요지]

구 새마을금고법(2001. 7. 24. 법률 제6493호로 개정되기 전의 것) 제23조 제 2 항은 임원이 그 직무를 수행함에 있어서 고의 또는 중대한 과실로 금고 또는 타인에게 끼친 손해에 대하여는 연대하여 손해배상의 책임을 진다고 규정하고 있다.

금융기관의 임원은 소속 금융기관에 대하여 선량한 관리자의 주의의무를 지므로, 그 의무를 충실히 한 때에야 임원으로서의 임무를 다한 것으로 된다고 할 것이지만, 금융기관이 그 임원을 상대로 대출과 관련된 임무를 게을리함을 내세워 채무불이행으로 인한 손해배상책임을 물음에 있어서는 임원이 한 대출이 결과적으로 회수곤란 또는 회수불능으로 되었다고 하더라도 그것만으로 바로 대출결정을 내린 임원에게 그러한 미회수금 손해 등의 결과가 전혀 발생하지 않도록 하여야 할 책임을 물어 그러한 대출결정을 내린 임원의 판단이 선량한 관리자로서의 주의의무 내지 충실의무를 위반한 것이라고 단정할 수 없고, 대출과 관련된 경영판단을 함에 있어서 통상의 합리적인 금융기관 임원으로서 그 상황에서 합당한 정보를 가지고 적합한 절차에 따라 회사의 최대이익을 위하여 신의성실에 따라 대출심사를 한 것이라면 그 의사결정과정에 현저한 불합리가 없는 한 그 임원의 경영판단은 허용되는 재량의 범위 내의 것으로서 회사에 대한 선량한 관리자의 주의의무 내지 충실의무를 다한 것으로 볼 것이며, 금융기관의 임원이 위와 같은 선량한 관리자의 주의의무에 위반하여 자신의 임무를 게을리하였는지의 여부는 그 대출결정에 통상의 대출담당임원으로서 간과해서는 안 될 잘못이 있는지의 여부를 대출의 조건과 내용, 규모, 변제계획, 담보의 유무와 내용, 채무자의 재산 및 경영상황, 성장가능성 등 여러 가지 사항에 비추어 종합적으로 판정해야 할 것이다(대판 2002. 3. 15, 2000 다 9086 참조).

그리고 금융기관의 임원, 특히 이 사건과 같이 새마을금고의 임원이 대출을 결정함에 있어서 임원이 법령이나 정관에 위반한 대출이었음을 알았거나 또는 어떤 부정한 청탁을 받거나 당해 대출에 관한 어떤 이해관계가 있어 자기 또는 제 3 자의 부정한 이익을 취득할 목적으로 대출을 감행한 경우 또는 조금만 주의를 기울였으면 임원으로서의 주의의무를 다할 수 있었을 것임에도 그러한 주의를 현저히 게을리하여 쉽게 알 수 있었던 사실을 알지 못하고 대출을 실행한 경우에는 고의 또는 중과실로 인한 책임을 진다고 할 것이다.

그런데 Y가 일정한 친분관계 있는 자에 대하여 개인적인 채권을 가지고 있었고 그 채권의 환수가 채무자의 당시 자력에 비추어 어렵게 되자 퇴임 직전 자신의 직권을 남용하여 Y금고로부터 동일인 한도를 초과하여 집중적으로 대출을 일으켜 그 대출금의 일부로 자신의 채권변제에 충당하게 함으로써 채권회수불능의 위험성을 Y금고에게 전가시켜 결과적으로 Y금고의 부실을 초래하게 하였다고 하는 등의 사정이 있음을 내세워 X가 Y에게 손해배상책임이 있다고 주장하는 이 사건에 있어서, Y의 고의 또는 중과실을 따짐에 있어서는, 규정상 A_1들이 대출을 받을 형식적인 자격을 구비하였는지 여부만을 단순하게 판별해 보는 것만으로 그쳐서는 아니 되고 더 나아가, Y의 다른 고의 또는 중과실사유인 Y가 당해 대출이 법령이나 정관에 위반한 대출이었음을 알았거나 또는 어떤 부정한 청탁을 받거나 당해 대출에 관한 어떤 이해관계가 있어 자기 또는 제 3 자의 부정한 이익을 취득할 목적으로 대출을 감행한 경우에 해당하는지 여부에 관하여도 심리·판단하여야 할 것이고, 그 결과 이러한 점이 사실로 드러난다면 Y에게 고의 또는 중과실로 인한 책임을 인정할 수 있을 것이다.

X가 이러한 사정을 뒷받침하기 위하여 내세운 증거에 의하면, 위 A_1은 평소 친분이 있었던 B의 소개로 Y를 알게 되어 Y와 개인적인 금전거래관계를 해 오던 끝에 Y에 대하여 합계 5,000만원의 차용금 채무를 부담하게 되었고 이를 전액 변제하라는 Y의 요구를 받게 되자 Y의 이사장 임기가 얼마 남지 않은 시점에서 X금고로부터 2,000만원의 신규 신용대출을 받아 이를 위 B를 통하여 Y에게

전달하도록 하였으며 Y의 퇴직 이후 Y로부터 나머지 3,000만원의 변제독촉을 받은 일이 있었다고 진술하고 있으며(Y도 위 A_1에게 1996. 10. 8. 2,000만원을, 같은 해 12. 6. 1,500만원을 각 대여한 바 있음은 인정하고 있으나, 다만 이들 대여금을 지금까지 변제받지 못하고 있다고 주장함), 한편 증거에 의하면, X금고의 대출서류 접수담당 직원 O는 Y와 위 A_1은 같이 식사를 하고 다닐 정도로 매우 친밀한 사이였는데, 위 A_1이 Y와 친분관계가 있음을 기화로 Y의 퇴직 직전 언니, 여동생, 남편의 이름을 빌어 이 사건 대출을 받은 것이고 이 사건 대출에 있어서 실제 차용인은 위 A_1일 뿐이며 위 A_1에 대한 대출이 부당한 것이라는 자신의 만류에도 불구하고 Y는 무리하게 이 사건 대출을 강행하였다고 진술하고 있음을 알 수 있다.

따라서 이러한 주장을 담은 진술서 등이 서증으로 제출된 바라면, 원심으로서는 응당 위 A_1과 Y 사이의 친분의 정도, 위 A_1과 Y 사이의 개인적 금전거래관계의 규모와 내역, Y와 A_1 사이의 친분관계와 금전거래관계 등에 비추어 이 사건 대출 당시 Y가 위 A_1 등의 변제자력 정도를 알았거나 쉽사리 알 수 있었는지 여부, 이 사건 대출에 있어서 실제 차용인이 A_1인지 여부, 위 A_1이 X금고로부터의 대출금을 가지고 Y에 대한 개인적 채무 변제에 사용하였는지 여부, 이 사건 대출에서 Y가 관계 직원의 만류에도 불구하고 부당한 압력을 행사하여 이 사건 대출을 무리하게 강행한 일이 있었는지 여부 등에 대한 심리를 더 나아가 진행하여 X 주장의 당부를 살펴보았어야 할 것이다(그러한 심리를 함에 있어서는, 이러한 제반 정황에 대한 Y의 입장을 명백하게 할 것을 촉구하는 이외에, 이 부분 쟁점에 관한 진상을 확인하기 위하여 위 A_1 및 O를 증인으로 심문하는 등으로 관련 서증의 진정성립 여부와 그 취지를 명확히 밝혀 보고, 그 밖에 $A_2 \cdot A_3 \cdot A_4$ 또는 B 등 관련자들에 대하여 증인신문을 시행할 필요도 있을 것이며, 나아가 위 A_1이 위 증거에서 Y의 개인 통장에 무통장입금을 시키는 방법으로 채무변제를 하였다는 취지로 주장하고 있으므로 X금고로부터의 대출금이 어떤 용도로 사용되었는가를 확인해 보는 의미에서 관련 자금 흐름이나 통장거래내역에 대한 사실조회를 하는 방도도 강구해 볼 수 있을 것이다).

그럼에도 불구하고, 원심은 위와 같은 증거를 가벼이 배척해 버렸음은 물론, Y가 위 A_1에 대한 개인적인 채권을 변제받고자 이 사건 대출을 하였다는 점을 인정하기에 부족하다고 단정하고 이 부분에 관하여 더 이상의 심리를 해 봄이 없이 Y의 고의 또는 중과실을 뒷받침할 만한 정황이 없다고 판단하였으니 원심판결에는 Y의 이 사건 대출에 있어서 고의 또는 중과실 여부에 대한 법리를 오해한 나머지 심리를 다하지 아니하였거나 채증법칙을 위반하여 사실을 오인한 위법이 있다고 할 것이고, 이를 지적하는 X의 상고이유의 주장은 이유 있다.

따라서 원심판결을 파기하고, 사건을 다시 심리 · 판단하게 하기 위하여 원심법원에 환송하기로 하여 관여 법관의 일치된 의견으로 주문과 같이 판결한다.

B. 이론요약

(1) 이사의 회사에 대한 책임은 그의 업무집행과 관련한 손해배상책임(商 399조)과 자본금 충실의 책임(商 428조)이 있다. 이사의 회사에 대한 손해배상책임은 과실책임이고(商 399조 1항) 총주주의 동의로 면제할 수 있으나(商 400), 이사의 회사에 대한 자본금 충실의 책임(商 48조)은 회사채권자에 대한 담보의 기능을 가지기 때문에 무과실책임이고 또한 총주주의 동의에 의해서도 면제될 수 없다.

집행임원은 회사에 대하여 과실책임으로 손해배상책임은 부담하나(商 408조의 8 1항), 자본금 충실의 책임을 부담하지 않는다.

(2) 이사가 법령 또는 정관에 위반한 행위를 하거나 그 임무를 게을리한 때에는 그 이사는 회사에 대하여 연대하여 손해배상할 책임을 지는데(商 399조 1항), 이것이 이사의 회사에 대한 손해배상책임이다. 이는 민법상의 일반책임(民 390조)에 대한 특칙이라고 볼 수 있다.

집행임원의 회사에 대한 책임은 연대책임이 아닌 점에서 이사의 회사에 대한 책임과 구별된다(商 408조의 8 1항). 집행임원이 회사에게 손해를 배상할 책임이 있는 경우에 다른 집행임원 · 이사 또는 감사도 그 책임이 있으면 다른 집행임원 · 이사 또는 감사와 연대하여 배상할 책임이 있다(商 408조의 8 3항).

위 기본판례에서 Y가 X금고의 대출을 A_1 등에게 실행하여 Y 개인의 채권을 그 대출금으로 A_1으로부터 회수하였다면, Y는 상법 제399조의 책임을 면하기 어려울 것으로 보인다. 따라서 대법원판결에 찬성한다.

또 이사가 아니라도 업무집행지시자 등은 회사에 대하여 이러한 책임을 진다(商 401조의 2, 408조의 9).

(3) 이사 · 집행임원의 회사에 대한 손해배상책임은 총주주의 동의에 의하여 면제할 수 있고(적극적 책임면제)(商 400조, 408조의 9), 또한 정기주주총회에서 재무제표 등을

승인한 후 2년 내에 다른 결의가 없으면 이사·집행임원의 부정행위를 제외하고 회사는 그 이사·집행임원의 책임을 해제한 것으로 의제하고 있다(소극적 책임면제)(商 450)(집행임원에 대하여 상법 제408조의 9에서 상법 제450조를 준용하는 규정을 두고 있지 않으나, 해석상 유추적용하고 입법론상 준용규정을 두어야 한다고 본다).

(4) 이사·집행임원의 회사에 대한 손해배상책임의 시효기간은 채권의 일반 시효기간(民 162조 1항)과 같이 10년이다(통설·판례). 또한 상법 제399조·제408조의 8에 의한 손해배상청구의 소를 제기한 것이 일반 불법행위로 인한 손해배상청구권에 대한 소멸시효 중단의 효력은 없다.

C. 관련판례

(1) 대판 2007. 11. 30, 2006 다 19603(배당가능이익이 없음에도 있는 것으로 재무제표를 분식하여 주주에 대하여 이익배당을 한 것은, 상법 제399조의 법령 또는 정관에 위반한 행위를 한 것이라고 본 경우).

(2) 대판 2007. 10. 11, 2007 다 34746(주식회사의 이사 내지 대표이사가 개인적으로 지급의무를 부담하여야 할 사저〈私邸〉근무자들의 급여를 회사의 자금으로 지급하도록 한 것은 상법 제399조 제 1 항에 따라 회사가 입은 손해를 배상할 책임이 있다고 한 경우).

(3) 대판 2007. 10. 11, 2006 다 33333(회사의 경영상 부담에도 불구하고 관계회사의 부도 등을 방지하는 것이 회사의 신인도를 유지하고 회사의 영업에 이익이 될 것이라는 일반적·추상적인 기대하에 일방적으로 관계회사에 자금을 지원하게 하여 회사에 손해를 입게 한 것은, 경영판단의 재량 범위 내의 행위가 아니므로 이사는 상법 제399조의 책임을 진다고 한 경우).

동지: 대판 2008. 7. 10, 2006 다 39935(금융기관의 이사에 대하여, 앞의 판결과 동일하게 판시함).

(4) 대판 2007. 7. 26, 2006 다 33609(상법 제399조에 의한 이사의 손해배상책임의 범위를 정함에 있어서 법원은 제반사정을 참작하여 손해배상액을 제한할 수 있고, 이사가 법령에 위반한 행위를 한 때에는 원칙적으로 경영판단의 원칙이 적용되지 않으며, 이사가 법령·정관위반행위 또는 임무위반행위를 하였더라도 그 결

과로서 발생한 손해와의 사이에 상당인과관계가 있어야 손해배상책임이 있다고 한 경우).

동지: 대판 2005. 10. 28, 2003 다 69638(회사의 자금으로 뇌물을 공여한 것은, 상법 제399조에 정한 「법령에 위반한 행위」로서 경영판단의 원칙이 적용될 수 없다고 한 경우); 동 2004. 12. 10, 2002 다 60467 · 60474(주식회사의 이사는 업무담당이사의 업무집행이 위법하다고 의심할 만한 사유가 있음에도 이를 방치하면 상법 제399조의 책임이 있는데, 법원은 그 손해배상액을 제한할 수 있다고 한 경우).

(5) **대판 2007. 5. 31, 2005 다 56995**(상법 제399조에 해당하는 대표이사의 대출행위를 추인하는 이사회의 결의에 찬성한 이사들도 상법 제399조에 의한 책임을 지고, 또한 기한연장된 부실대출에 대하여는 원칙적으로 최초에 부실대출 실행을 결의하거나 이를 추인한 이사들만이 상법 제399조의 책임을 진다고 한 경우).

(6) **대판 2006. 11. 9, 2004 다 41651 · 41668(判商 [349])**(금융기관의 임원이 한 대출 및 외화채권의 매입행위에 대하여, 상법 제399조에서 「법령」이라 함은 법률과 그 밖의 법규명령으로서의 대통령령 · 총리령 · 부령 등을 의미하고, 종합금융회사 업무운용지침 · 외화자금거래취급요령 · 외국환관리규정 · 종합금융회사 내부의 심사관리규정 등은 이에 해당하지 않는다고 하여, 이사의 상법 제399조 제 1 항에 의한 법령위반행위를 부정하고 경영판단의 원칙을 적용한 경우).

(7) **대판 2005. 10. 28, 2003 다 69638(判商 [350])**(S전자의 이사가 회사의 자금으로 뇌물을 공여한 것은 상법 제399조의 법령 또는 정관에 위반한 행위를 한 것으로 이 때에는 경영판단의 원칙이 적용될 여지가 없으나 그가 한 I전기주식의 인수결정에 대하여는 경영판단에 속한다고 하고, 이사가 회사가 보유하고 있는 비상장주식을 적정가격보다 현저하게 낮은 가액으로 매도한 것은 상법 제399조에 의하여 손해배상책임을 지며 또한 이는 상법 제450조의 부정행위에 해당한다고 한 경우)

동지: 대판 2008. 4. 10, 2004 다 68519(2003 다 69638과 동일한 내용임); 동 2007. 9. 20, 2007 다 25865(이사가 상법 제399조의 「법령에 위반한 행위」를 한 때에는 그 행위 자체가 회사에 대하여 채무불이행이 되므로 회사에 손해가 발생한 이상 손해배상책임이 있다고 한 경우); 동 2007. 7. 26, 2006 다 33609(대출을 담당한 금융기관의 임원의 회사에 대한 책임을 인정한 경우).

(8) 대판 2002. 6. 14, 2002 다 11441(判商 [352])(상법 제399조에 의한 이사의 책임을 면제하는 총주주의 동의는 묵시적 의사표시의 방법으로 할 수 있고 또한 사실상의 1인 주주가 한 동의도 총주주의 동의로 보아야 한다고 하고, 상호신용금고의 대표이사가 충분한 담보를 확보하지 못하고 동일인 대출한도를 초과하여 대출함으로써 이를 회수하지 못한 때에는 동 대표이사는 상법 제399조의 책임을 지고 이러한 상법 제399조에 기한 손해배상청구의 소를 제기한 것이 일반 불법행위로 인한 손해배상청구권에 대한 소멸시효 중단의 효력은 없다고 한 경우).

(9) 대판 2002. 2. 26, 2001 다 76854(상호신용금고의 대표이사가 재직 당시 동일인에 대한 대출한도를 초과하여 돈을 대출하면서 충분한 담보를 확보하지 아니한 것은 상법 제399조의 임무를 게을리함에 해당한다고 하고, 이 책임은 상법 제450조에 따라 책임해제 될 수 없다고 한 경우).

(10) 대판 2007. 12. 13, 2007 다 60080(이사는 다른 업무담당이사의 업무를 감시할 의무가 있으므로 업무담당이사의 업무집행이 위법하다고 의심할 만한 사유가 있음에도 불구하고 이를 방치한 때에는 상법 제399조에 의한 책임을 지고, 상법 제450조에 따른 이사·감사의 책임해제는 재무제표 등에 그 책임사유가 기재되어 정기총회에서 승인을 얻은 경우에 한한다고 한 경우).

(11) 대판 1989. 1. 31, 87 누 760(判商 [355] 참고판례)(대표이사의 위법행위 또는 대표권남용으로 인한 행위에 대하여 회사가 손해배상책임을 부담하고 이를 회사의 장부상 일시특별손실비용으로 처리하였음을 공고하였다가 철회한 것은, 구상권을 포기하였다고 볼 수 없다고 한 경우).

동지: 대판 1996. 4. 9, 95 다 56316(상법 제415조 및 제400조에 의하여 총 주주의 동의로 면제되는 감사의 책임은 제415조 및 제399조 소정의 감사의 책임에 국한되는 것이지, 감사의 불법행위로 인한 손해배상책임까지 면제되는 것은 아니므로, 사실상 1인 주주는 감사의 불법행위책임을 면제할 수 없다고 한 경우).

(12) 대판 1985. 6. 25, 84 다카 1954(判商 [356])(평이사가 대표이사 등 업무담당이사의 업무집행이 위법하다고 의심할 만한 사유가 있음에도 감시의무를 위반하여 방치한 것은 상법 제399조의 임무를 게을리함에 해당한다고 하고 이사의 임무

를 게을리함으로 인한 손해배상책임은 위임관계로 인한 채무불이행책임이므로 그 소멸시효기간은 일반채무와 같이 10년이라고 한 경우).

(13) 대판 1977. 6. 28, 77 다 295(전〈前〉 이사를 상대로 그 이사의 재직중에 일어난 사유로 회사가 손해배상을 청구하는 경우에는 상법 제450조가 적용되지 않는다고 한 경우).

(14) 대판 1969. 1. 28, 68 다 305(책임해제를 주장하는 이사는 회사의 정기총회에 제출·승인된 서류에 그 책임사유가 기재되어 있는 사실을 입증하여야 하고, 상법 제399조에 의한 이사의 책임의 소멸시효기간은 10년이라고 한 경우).

D. 관련논점

(1) 이사·집행임원의 회사에 대한 책임(商 399조, 408조의 8 1항)과 이사·집행임원의 불법행위책임(民 750조)과의 관계

(2) 이사·집행임원의 회사에 대한 책임(商 399조 1항, 408조의 8 1항)과 경영판단의 원칙과의 관계

(3) 업무집행지시자 등의 회사에 대한 책임(商 401조의 2, 408조의 9)

(4) 이사·집행임원의 회사에 대한 책임을 감경하는 2011년 개정상법의 내용 및 그 타당성 여부

(5) 이사의 회사에 대한 책임과 집행임원의 회사에 대한 책임의 차이점

2. 제 3 자에 대한 책임

A. 기본판례

▣ 대판 2006. 9. 8, 2006 다 21880(判商 [357])[주식회사의 대표이사가 자신의 모든 업무를 다른 이사 등에게 위임하고 스스로 집행하지 않았다면, 상법 제401조 제 1 항에 의하여 손해배상책임을 부담한다고 본 경우]

[사실관계]

Y회사는 수산물을 담보로 한 대출업무를 취급하는 금융기관인 X와 수산물 검품대행계약을 체결하였는데, Y회사의 검품업무 담당자인 A는 X의 차주들의 담보물을 검품하면서 수산물에 대한 기초자료인 구입가격을 전혀 조사하지 않고

자신의 주관적인 경험과 판단만을 근거로 하여 임의로 구입가격과 시장가격을 검품확인서에 기재하고 이에 터잡아 대출가능금액을 산정하고, Y회사의 명의상 대표이사인 B는 그의 업무 일체를 다른 이사에게 위임한 경우, Y회사 및 A와 B의 X에 대한 책임이 문제되었다.

이에 대하여 원심은 Y회사 및 A와 B의 X에 대한 책임을 인정하여, Y회사 및 A와 B가 상고하게 된 것이다.

[판결요지]

(1) 원심은 그 채용 증거를 종합하여 판시와 같은 사실을 인정한 다음, Y회사는 수산물을 담보로 한 대출업무를 취급하는 금융기관인 X와의 사이에 체결한 수산물 검품대행계약에 따라 그 전문지식을 활용하여 담보가 될 수산물의 기초적인 상태를 확인하고, 객관적으로 확보할 수 있는 자료들에 의하여 수산물의 생산과 수입, 통관, 구매경로, 구입(수입)가격 등을 조사한 후, 변화가 많은 수산물 시장의 특성을 감안하여 검품 당시의 해당 수산물에 대한 시장가격을 평가하고 그에 기초하여 대출가능금액을 산정하여야 할 뿐만 아니라, X를 위하여 각종 관련 자료들을 성실하게 조사하고 그에 따라 객관적이고 공정한 평가를 함으로써 X에게 불측의 손해가 발생하지 않도록 협력하여야 할 것인데도, Y회사의 검품업무 담당자인 A가 이 사건 차주들의 담보물을 검품하면서 수산물에 대한 기초자료인 구입가격을 전혀 조사하지 않고 객관적인 시장가격도 제대로 파악하지 않은 채 차주들이 주장하는 금액 및 자신의 주관적인 경험과 판단만을 근거로 하여 임의로 구입가격과 시장가격을 검품확인서에 기재하고 이에 터잡아 대출가능금액을 산정함으로써, 위와 같이 X를 위하여 객관적이고 공정하게 검품업무를 수행하여야 할 의무를 위반하였고, 그로 말미암아 X는 이 사건 차주들에 대하여 대출하지 않았을 돈을 대출하거나 그 대출금 채권에 상당한 담보를 확보하지 못하는 손해를 입게 되었으며, 또한 담보물의 가치에 대한 Y회사의 과대평가로 인하여 X가 과다한 대출을 하였을 때에는 대출 즉시 X에게 과다대출 부분만큼의 손해가 발생하므로, 대출 후에 비로소 발생한 담보물의 가격하락, 경기침체로 인한 일반적인 부실채권 증가 등의 사유를 내세워 Y회사가 면책될 수 있는 것은 아니라고 판단하였는바, 기록에 비추어 살펴보면 원심의 이러한 판단은 모두 정당한

것으로 수긍되고, 거기에 상고이유의 주장과 같이 심리를 다하지 아니하고 채증법칙에 위반하여 사실을 오인하거나 불법행위로 인한 손해배상책임 및 인과관계에 관한 법리를 오해하여 판결에 영향을 미친 위법이 없다.

(2) 한편, 주식회사의 대표이사가 대표이사로서의 업무 일체를 다른 이사 등에게 위임하고 대표이사로서의 직무를 전혀 집행하지 않는 것은 그 자체가 이사의 직무상 충실 및 선관의무를 위반하는 행위에 해당하는 것이므로(대판 2003. 4. 11, 2002 다 70044 참조), 이 사건에서 Y회사의 명의상 대표이사에 불과하다고 주장하는 B에게도 상법 제401조 제 1 항에 의한 손해배상책임이 있다고 판단한 원심의 조치 역시 위의 법리에 따른 것으로 옳고, 거기에 이사의 제 3 자에 대한 손해배상책임에 관한 법리오해 등의 위법이 없다.

B. 이론요약

(1) 이사가 고의 또는 중대한 과실로 인하여 그 임무를 게을리한 때에는 그 이사는 제 3 자에 대하여 연대하여 손해를 배상할 책임을 지는데(商 401조 1항), 이것이 이사의 제 3 자에 대한 책임이다. 이 때 이러한 행위가 이사회의 결의에 의한 것이면 그 결의에 찬성한 이사는 연대하여 책임을 지고, 이사회의 결의에 참가한 이사로서 이의를 한 기재가 의사록에 없는 자는 그 결의에 찬성한 것으로 추정한다(商 401조 2항, 399조 2항 · 3항).

집행임원의 제 3 자에 대한 책임은 연대책임이 아닌 점에서 이사의 제 3 자에 대한 책임과 구별된다(商 408조의 8 2항). 집행임원이 제 3 자에게 손해를 배상할 책임이 있는 경우에 다른 집행임원 · 이사 또는 감사도 그 책임이 있으면 다른 집행임원 · 이사 또는 감사와 연대하여 배상할 책임이 있다(商 408조의 8 3항).

업무집행지시자 등도 제 3 자에 대하여 이러한 책임을 지는데(商 401조의 2 1항, 408조의 9), 이사 · 집행임원도 책임이 있는 경우 이사 · 집행임원과 연대책임을 진다(商 401조의 2 2항, 408조의 9).

이사 · 집행임원의 제 3 자에 대한 손해배상책임은 제 3 자를 보호하고 또 이사 · 집행임원의 직무집행을 신중하게 하기 위하여 인정된 법정책임(일반법정책임)이라고 볼 수 있다(통설). 이와 같이 보는 경우 이사 · 집행임원의 민법상 불법행위책임(民 750조)과는 경합한다고 볼 수 있다.

(2) 이사 · 집행임원이 주식청약서 · 사채청약서 · 재무제표 등에 허위의 기재를 하거나 허위의 등기나 공고를 하여 제 3 자에게 손해를 입힌 경우에는, 고의 또는 중대한 과실로 그 임무를 게을리한 행위라고 볼 수 있어 상법 제401조 · 제408조의 8 제 2 항에 의한 책임을 진다. 또한 이사 · 집행임원이 회사의 자산 · 경영상태 등에 비추어 만기에 지급가능성이 없는 어음을 발행한 경우에도 그 어음의 소지인(제 3 자)에 대하여 상법 제401조 · 제408조의 8 제 2 항의 책임을 지고, 대표이사 · 대표집행임원이 회사의 경영을 지나치게 방만하게 경영한 결과 회사의 채무를 지급할 수 없게 된 경우에도 회사채권자에 대하여 상법 제401조 · 제408조의 8 제 2 항에 의한 책임을 진다.

(3) 제 3 자의 범위에 주주는 언제나 포함된다고 본다(통설). 이 경우 주주는 그가 입은 직접손해에 대하여는 상법 제401조 · 제408조의 8 제 2 항에 의하여 해당 이사 · 집행임원에 대하여 직접 손해배상청구권을 행사할 수 있으나, 주주가 입은 간접손해에 대하여는 주주는 그 이사 · 집행임원에 대하여 자기에게 직접 손해배상을 할 것을 청구할 수는 없고 회사에게 손해배상할 것을 청구할 수 있을 뿐이다. 이 경우 주주는 대표소송의 요건이 구비된 경우가 아니어도 이러한 주장을 할 수 있다는 점에서 제 3 자의 범위에 주주를 포함시키는 실익이 있다.

그러나 제 3 자의 범위에 공법관계인 국가와 지방자치단체는 포함되지 않는다.

C. 관련판례

(1) 대판 2008. 9. 11, 2006 다 68636(대표이사가 다른 이사의 업무집행이 위법하다고 의심할 만한 사유가 있음에도 이를 방치한 것은, 그로 인하여 제 3 자가 입은 손해에 대하여 상법 제401조에 의한 책임을 진다고 한 경우).

(2) 대판 2008. 2. 14, 2006 다 82601(상법 제401조에 기한 이사의 제 3 자에 대한 손해배상책임은 제 3 자를 보호하기 위하여 상법이 인정하는 특수한 책임이므로, 이에는 일반 불법행위책임의 단기소멸시효를 규정한 민법 제766조 제 1 항은 적용될 여지가 없고, 일반채권으로서 민법 제162조 제 1 항에 따라 그 소멸시효기간은 10년이라고 한 경우).

동지: 대판 2008. 1. 18, 2005 다 65579(금융기관이 회사 임직원의 대규모 분식회계로 그 회사의 재무구조를 잘못 파악하고 대출을 하여 손해를 보았다면, 회사의 대출금채무와 임원의 상법 제401조에 의한 책임은 부진정연대채무이고, 위 대출금채권의 양도로 임원에 대한 손해배상채권이 수반하는 것이 아니며, 임원에 대한 이 채권의 소멸시효기간은 10년이라고 한 경우); 동 2006. 12. 22, 2004 다 63354(대규모 분식회계를 한 기업에 대하여 기업어음의 회전매입을 계속하였다면 인과관계가 있고, 상법 제401조에 의한 이사의 제 3 자에 대한 손해배상청구권의 소멸시효기간은 10년이라고 한 경우).

(3) 대판 2006. 8. 25, 2004 다 26119(判商 [362])(통상의 거래행위로 부담하는 회사의 채무를 이행할 능력이 있었음에도 단순히 그 이행을 지체하여 상대방에게 손해를 끼치는 사실만으로는 상법 제401조에 의한 책임을 물을 수 없다고 하고, 법인인 지배회사도 상법 제401조의 2 제 1 항 제 1 호의 업무집행지시자에 포함된다고 한 경우).

동지: 대판 1985. 11. 12, 84 다카 2490(회사채무의 이행지체는 상법 제401조에 해당되지 않는다고 한 경우).

(4) 대판 2003. 4. 11, 2002 다 70044(判商 [358])(대표이사가 대표이사로서의 업무 일체를 다른 이사 등에게 위임하고 대표이사로서의 직무를 전혀 집행하지 않았다면 그러한 대표이사는 회사가 발행한 수출환어음의 소지인에게 상법 제401조에 의한 책임을 진다고 한 경우).

(5) 대판 2002. 3. 29, 2000 다 47316(判商 [359])(부동산의 매수인인 주식회사의 대표이사가 매도인과 사이에 매매잔대금의 지급방법으로 매수부동산을 금융기관에 담보로 제공하여 그 대출금으로 잔금을 지급하기로 약정하였으나, 대출이 이루어진 후 해당 대출금 중 일부만을 잔대금으로 지급하고 나머지는 다른 용도로 사용한 후, 나머지 잔금이 지급되지 않은 상태에서 피담보채무도 변제하지 아니하여 그 부동산이 경매절차에서 경락되어 결과적으로 매도인이 손해를 입었다면, 매수인인 주식회사의 대표이사는 매도인에 대하여 상법 제401조에 의한 책임을 진다고 한 경우).

(6) 대판 1993. 1. 26, 91 다 36093(判商 [360])(대표이사가 회사재산을 횡령하여 회사재산이 감소함으로써 회사가 손해를 입고 결과적으로 주주의 경제적 이익이 침해되는 손해와 같은 간접손해는 상법 제401조 제 1 항에서 말하는 손해의 개념에 포함되지 아니하므로 주주는 상법 제401조에 의한 손해배상을 청구할 수 없다고 한 경우).

동지: 대판 2003. 10. 24, 2003 다 29661(주주는 이사가 임무를 게을리함으로 입은 간접손해에 대하여 상법 제401조 제 1 항에 의한 손해배상을 청구할 수 없다고 한 경우).

(7) 대판 1982. 12. 14, 82 누 374(상법 제401조는 공법관계에 속하는 수도사업의 이용대가인 급수사용료의 부과처분에 대한 근거규정이 될 수 없다고 한 경우).

동지: 대판 1983. 7. 12, 82 누 537(앞의 판결과 동일내용임); 동 1983. 4. 12, 82 누 517(앞의 판결과 동일내용임).

D. 관련논점

(1) 주식회사의 대표이사 · 이사 · 피용자의 제 3 자에 대한 책임

(2) 이사 · 집행임원의 제 3 자에 대한 책임(商 401조)과 이사 · 집행임원의 제 3 자에 대한 불법행위책임과의 관계

(3) 주주의 간접손해에 대하여 상법 제401조가 적용될 수 있는지 여부

(4) 이사의 제 3 자에 대한 책임과 집행임원의 제 3 자에 대한 책임의 차이점

제 6 이사 · 집행임원의 위법행위에 대한 주주의 직접감독

1. 위법행위유지청구권

2. 대표소송(이중대표소송)

A. 기본판례

▣ 대판 2004. 9. 23, 2003 다 49221(判商 [363])[이중대표소송을 부정한 경우]

[사실관계]

A회사의 종속회사인 B회사의 대표이사 Y가 부정행위를 하여 B회사가 손해를 입고 결과적으로 B회사의 지배주주인 A회사도 손해를 입은 경우, A회사의 소

수주주인 X는 Y의 책임을 추궁하는 소송(이중대표소송)을 제기할 수 있는지 여부가 문제되었다.

이에 대하여 원심은 X의 원고적격을 인정하여, Y가 상고하게 된 것이다.

[판결요지]

상법 제403조 제 1 항 · 제 3 항은 발행주식의 총수의 100분의 1 이상에 해당하는 주식을 가진 주주는 회사에 대하여 이사의 책임을 추궁할 소의 제기를 청구할 수 있고, 회사가 이 청구를 받은 날로부터 30일 내에 소를 제기하지 아니한 때에는 위 주주는 즉시 회사를 위하여 소를 제기할 수 있다고 규정하고 있고, 이 규정은 상법 제415조에 의하여 감사에 준용되는바, 어느 한 회사가 다른 회사의 주식의 전부 또는 대부분을 소유하여 양자간에 지배종속관계에 있고, 종속회사가 그 이사 등의 부정행위에 의하여 손해를 입었다고 하더라도, 지배회사와 종속회사는 상법상 별개의 법인격을 가진 회사이고, 대표소송의 제소자격은 책임추궁을 당하여야 하는 이사가 속한 당해 회사의 주주로 한정되어 있으므로, 종속회사의 주주가 아닌 지배회사의 주주는 상법 제403조 · 제415조에 의하여 종속회사의 이사 등에 대하여 책임을 추궁하는 이른바 이중대표소송을 제기할 수 없다고 할 것이어서, A회사의 주주의 지위에서 B회사의 대표이사인 Y에 대하여 책임 추궁을 구하는 X의 이 부분 소는 원고적격이 흠결되었다고 할 것이다.

그럼에도 불구하고, 원심(서울고판 2003. 8. 22, 2002 나 13746)은 이중대표소송이 가능함을 전제로 원고적격을 인정하였으니, 이 부분에 관한 원심판결에는 주주의 대표소송에 있어서의 원고적격에 관한 법리를 오해하여 판결에 영향을 미친 위법이 있다고 할 것이므로 더 나아가 본안에 관하여 판단할 필요 없이 그대로 유지될 수 없다 할 것이다.

B. 이론요약

(1) 이사의 위법행위에 대한 주주의 감독권에는 주주총회에서 이사를 해임하거나 재무제표를 승인하지 않는 등 간접적으로 행사하는 것이 원칙이지만, 일정한 경우에는 예외적으로 소수주주를 통하여 직접적으로 행사할 수 있다.

집행임원 설치회사의 경우 집행임원의 업무집행에 대하여 이사회가 감독권을 행사하지만, 주주도 회사의 구성원으로서 이해관계가 크므로 소수주주를 통하여 집행임원을 직접 감독할 필요가 있다.

이사 · 집행임원의 위법행위에 대한 소수주주의 직접감독권에는 사전의 조치로서 위법행위유지청구권이 있고(商 402조, 408조의 9), 사후의 조치로서 대표소송권이 있다(商 403조~406조, 408조의 9).

(2) 주주의 대표소송이란 소수주주가 회사를 위하여 이사 · 집행임원의 책임을 추궁하기 위하여 제기하는 소송을 말한다.

이러한 대표소송은 소수주주가 회사의 이익을 위하여 회사의 대표기관적 자격에서 소송을 수행하는 것이므로 「제 3 자의 소송담당」에 해당하고, 따라서 판결의 효력은 당연히 회사(및 다른 주주)에 미치며(民訴 218조 3항), 소수주주의 이 권리는 공익권의 일종이다.

(3) 대표소송의 대상이 되는 이사의 책임범위에 대하여, 이사가 상법 제399조 및 제428조에 의하여 회사에 대하여 부담하는 채무만을 의미한다고 보는 견해도 있으나(소수설), 이러한 채무 이외에 이사가 회사에 대하여 부담하는 모든 채무가 이에 해당한다고 본다(다수설). 집행임원 설치회사의 경우 집행임원이 회사에 대하여 부담하는 모든 채무가 대표소송의 대상이 된다고 본다.

이사의 책임을 추궁하는 대표소송에 관한 규정은 발기인 · 집행임원 · 감사 · 청산인(商 324조, 408조의 9, 415조, 542조 2항), 불공정한 가액으로 신주를 인수한 자(商 424조의 2) 및 주주권의 행사와 관련하여 이익을 공여받은 자(商 467조의 2)에 대한 책임을 추궁하는 경우에도 준용된다.

(4) 우리 상법에는 규정이 없으나 모회사의 주주가 자회사를 위하여 자회사의 이사의 책임을 추궁하는 소송을 대위하여 행사하는 이중대표소송(관련회사가 2개인 경우) 또는 중복대표소송(대중대표소송)(관련회사가 3개 이상인 경우)이 인정될 수 있는지 여부가 문제된다.

이에 대하여 위 기본판례는 원심에서 인정한 이중대표소송을 부정하고 있다.

(5) 대표소송의 원고는 소수주주이고(商 403조 1항 전단, 408조의 9, 542조의 6 6항), 피고는 이사 · 집행임원 및 업무집행지시자 등(商 403조 1항 후단, 408조의 9, 401조의 2 1항)이다.

소수주주는 먼저 회사에 대하여 이사 · 집행임원 등의 책임을 추궁하는 소의 제기를 청구하여야 하고(商 403조 1항·2항, 408조의 9), 회사가 이러한 청구를 받은 날로부터 30일 내에 소를 제기하지 않으면 소수주주는 즉시 회사를 위하여 직접 소를 제기할 수 있다(商 403조 3항, 408조의 9).

(6) 상법은 대표소송에 관하여 공정한 소송을 위하여 특별히 소송법적 규정(商 403조 5항~7항, 404조~406조, 408조의 9)을 두고 있다. 이 중에는 특히 소송비용에 관하여도 규정하고 있다. 즉, 대표소송을 제기한 주주가 승소한 때에는 그 주주는 회사에 대하여 소송비용 및 그 밖에 소송으로 인하여 지출한 비용 중 상당한 금액의 지급을 청구할 수 있는데, 이 경우 소송비용을 지급한 회사는 이사·집행임원 또는 감사에 대하여 구상권이 있다(商 405조 1항, 408조의 9).

C. 관련판례

(1) 대판 2002. 7. 12, 2001 다 2617(회사가 파산절차중에는 주주가 이사나 감사의 책임을 추궁하는 대표소송을 제기하지 못한다고 한 경우).

(2) 대판 2002. 3. 15, 2000 다 9086(判商 [364])(회사는 소수주주가 제기한 대표소송에 소송참가를 할 수 있는데, 회사의 이러한 소송참가의 법적 성격은 공동소송참가를 의미한다고 한 경우).

D. 관련논점

(1) 감사위원회가 이사의 책임을 추궁하는 소를 제기하는 경우, 문제점은 없는가?

(2) 이중대표소송에 관한 입법론상 장단점

(3) 대표소송에서 원고가 승소한 경우, 그 소송비용을 회사에 대하여 부담하도록 한 규정(商 405조 1항 1문)의 타당성 여부

제 3 관 감사 · 감사위원회 · 검사인(감사기관) · 준법지원인

제 1 감 사

1. 감사의 선임(감사의 지위의 취득시기) · 종임

A. 기본판례

▣ 대결 2005. 11. 8, 2005 마 541(判商 [377])[감사의 지위의 취득시기 및 조건부청약의 효력]

[사실관계]

주주총회의 감사선임결의가 있었다고 하여 감사의 지위를 취득하는지 여부 및 감사임용계약의 조건부청약이 유효한지 여부가 문제되었다.

이에 대하여 원심은 이를 모두 인정하지 않아 감사(감사후보자)가 상고하게 된 것이다.

[결정요지]

(1) 감사의 선임에 관한 주주총회의 결의는 피선임자를 회사의 기관인 감사로 한다는 취지의 회사 내부의 결정에 불과한 것이므로, 주주총회에서 감사선임결의가 있었다고 하여 바로 피선임자가 감사의 지위를 취득하게 되는 것은 아니고, 주주총회의 선임결의에 따라 회사의 대표기관이 임용계약의 청약을 하고 피선임자가 이에 승낙을 함으로써 비로소 피선임자가 감사의 지위에 취임하여 감사로서의 직무를 수행할 수 있게 되는 것이므로, 주주총회에서 감사선임의 결의만 있었을 뿐 회사와 임용계약을 체결하지 아니한 자는 아직 감사로서의 지위를 취득하였다고 할 수 없다(대판 1995. 2. 28, 94 다 31440 참조).

원심이, 채권자를 감사로 선임한다는 채무자의 임시주주총회에서의 결의가 창설적인 효력을 갖는 것으로서 그 자체로 감사임용계약에 대한 청약에 해당하거나 채권자의 승낙을 조건으로 한 단독행위이므로 별도의 임용계약이 체결되지 않았더라도 채권자가 감사로서의 지위를 취득하였다는 채권자의 주장을 배척한 것은 위와 같은 법리에 따른 것으로서 옳고, 거기에 주주총회의 감사선출결의의 효력에 관한 법리오해의 위법이 있다고 할 수 없다.

(2) 채무자의 대표이사는 채권자에 대하여 이사인 주주들을 상대로 대여금 청구소송을 제기할 것과 주주간 경영권 분쟁과 관련하여 특정 주주의 이익만을 위하여 감사의 지위를 악용하지 않을 것 등을 확약하는 내용의 서면을 제출할 것을 정지조건으로 하여 감사임용계약의 청약을 한 사실이 인정되므로, 채무자의 의사표시를 조건부 의사표시로 본 원심의 판단은 옳고, 거기에 법률행위의 해석에 관한 법리를 오해한 위법이 있다고 할 수 없다.

(3) 조건부 법률행위에 있어 조건의 내용 자체가 불법적인 것이어서 무효일 경우 또는 조건을 붙이는 것이 허용되지 아니하는 법률행위에 조건을 붙인 경우 그 조건만을 분리하여 무효로 할 수는 없고 그 법률행위 전부가 무효로 된다고 보아야 한다.

원심은, 채권자가 주장하는 바와 같이 채무자의 대표이사가 채권자에게 청약의 의사표시를 하면서 부가한 조건의 내용 자체가 무효이거나 조건을 부가하여 청약의 의사표시를 하는 것이 무효라면 그 조건뿐만 아니라 청약의 의사표시 전체가 무효로 되는 것이므로, 이에 대하여 채권자가 승낙의 의사표시를 하였다 하더라도 감사임용계약이 성립된 것으로 볼 수 없다고 판단하였는바, 원심의 판단은 위와 같은 법리에 따른 것으로서 옳고 거기에 조건부 법률행위의 효력에 관한 법리를 오해한 위법이 있다고 할 수 없다.

(4) 그러므로 재항고를 기각하기로 하여 관여 법관의 일치된 의견으로 주문과 같이 결정한다.

B. 이론요약

(1) 주식회사의 감사기관에는 상법상 상설기관인 감사(자본금 총액이 10억원 미만인 소규모 주식회사의 경우는 임의기관 — 商 409조 4항) 또는 감사위원회(최근 사업연도말 현재 자산총액이 2조원 이상인 상장회사는 필요기관 — 商 542조의 11 1항, 商施 37조 1항)가 있고, 임시기관인 검사인이 있다. 또한 특별법인 주식회사의 외부감사에 관한 법률에 의하여 일정 규모 이상의 주식회사에 대한 회계감사기관으로 (외부)감사인이 있다.

감사는 이사의 업무집행과 회계를 감사할 권한을 가진 주식회사의 기관이다(商 412조 1항).

(2) 감사는 주주총회에서 선임되는데(주주총회의 전속권한사항)(商 409조 1항), 이사를 선임한 대주주가 감사기관인 감사를 다시 선임하는 것을 방지하고 감사의 선임

에서 소수주주의 의사가 반영될 수 있도록 하기 위하여 발행주식총수(의결권 없는 주식은 제외)의 일정 비율을 초과하는 주식을 가진 주주에 대하여는 의결권의 행사를 제한하고 있다(商 409조 2항·3항, 542조의 12 3항·4항, 商施 38조 1항·2항).

주주총회에서 감사의 선임결의가 있었다고 하여 바로 피선임자가 감사의 지위를 취득하게 되는 것은 아니고, 주주총회의 선임결의에 따라 회사의 대표기관이 그 선임된 감사에 대하여 임용계약의 청약을 하고 피선임자가 승낙을 함으로써 하는 임용계약이 체결되어야 감사의 지위를 취득한다.

위 기본판례도 감사의 지위의 취득시기에 대하여 이와 동일하게 판시하고 있는데, 타당하다고 본다.

위와 같이 감사의 선임절차가 끝나면 그 성명과 주민등록번호는 등기사항이다(商 317조 2항 8호).

(3) 감사의 자격은 원칙적으로 아무런 제한이 없으나, 정관의 규정으로 감사의 자격을 정할 수는 있다. 감사는 직무의 성질상 자연인에 한한다고 해석하며, 감사의 독립성과 공정성을 위하여 그의 회사 및 자회사의 이사·집행임원 또는 지배인 기타의 사용인의 직무를 겸하지 못하게 하고 있다(商 411조)(상법 제411조에서 「집행임원」이 빠진 것은 입법의 미비라고 본다: 저자 주).

상장회사의 상근감사의 결격사유에 대하여는 상법이 별도로 규정하고 있다(商 542조의 10 2항, 商施 36조 2항).

(4) 감사의 수에 대하여는 상법상 제한이 없다. 감사가 2인 이상인 경우에도 각자가 그 권한을 단독으로 행사하는 것이지, 회의체를 구성하는 것은 아니다.

상장회사로서 최근 사업연도말 자산총액이 1,000억원 이상인 상장회사는 (상법의 상장회사에 관한 특례규정 및 다른 법률에 따라 감사위원회를 설치한 경우가 아니면) 반드시 1인 이상의 상근감사를 두어야 한다(商 542조의 10 1항, 商施 36조 1항).

(5) 감사의 임기는 「취임 후 3년 내의 최종의 결산주주총회의 종결시」까지 이다(商 410조). 이러한 감사의 임기는 정관 또는 주주총회의 결의에 의하더라도 이와 달리 단축 또는 연장할 수 없다고 본다. 그러나 중임하는 것은 무방하다.

(6) 감사의 보수에 관한 사항은 이사의 경우와 같다(商 415조, 388조).

감사선임결의에 하자가 있는 경우 그 감사의 직무집행정지와 직무대행자선임의 가처분제도는 이사의 경우와 같다(商 415조, 407조).

(7) 감사의 종임사유는 대체로 이사의 그것과 같다(商 415조, 382조 2항, 385조). 다만 주주총회에서 감사를 해임결의하는 경우에 당해 감사는 그 해임의 부당성에 관하여 의견을 진술할 수 있다(商 409조의 2).

상장회사의 경우는 감사의 해임시에도 최대주주 등의 의결권을 제한하고 있다(商 542조의 12 3항, 商施 38조 1항).

C. 관련판례

(1) 대판 2007. 12. 13, 2007 다 60080(감사가 회사 또는 자회사의 이사 또는 지배인 기타의 사용인에 선임되거나 반대의 경우, 피선임자가 새로이 선임된 지위에 취임할 것을 승낙한 때에는 종전의 직을 사임하는 의사를 표시한 것으로 해석하여야 한다고 한 경우).

(2) 대판 1995. 2. 28, 94 다 31440(判商 [378])(주주총회에서 감사의 선임결의를 하였다고 하더라도 그 피선임자와 회사의 대표기관 사이에 감사로서의 임용계약이 체결되지 않았다면 그 피선임자는 감사로서의 지위를 취득하지 못하므로, 감사선임등기가 지연되었다는 이유로 그 피선임자가 감사변경의 등기절차의 이행을 구할 수는 없다고 한 경우).

(3) 대판 1962. 11. 29, 62 다 524(감사의 사망으로 인한 종임의 경우에는 회사와의 관계는 종료되므로, 상속인이 그 지위를 승계하는 것이 아니라고 한 경우).

D. 관련논점

(1) 감사와 감사위원회의 차이점

(2) 주식회사에서 감사의 실효성을 위한 가장 적합한 지배구조는 무엇인가?

2. 감사의 권한

3. 감사의 의무

4. 감사의 책임(감사의 제 3 자에 대한 책임)

A. 기본판례

▣ 대판 1988. 10. 25, 87 다카 1370(判商 [381])[감사에게 중대한 과실로 인한 임무를 게을리함이 있다는 이유로 손해배상책임을 인정한 경우]

[사실관계]

A주식회사는 지류압출제품의 제조 및 판매를 목적으로 설립된 회사이다. Y_1은 1979년 7월 21일에 위 회사를 인수하여 대표이사로 취임하고, 1980년 2월 5일에는 그 상호를 A′로 변경하여 사실상 1인의 회사로 경영하였다. 그 후 1981년 1월 21일에 Y_1은 위 회사를 그의 처제인 Y_2에게 양도하고, 동일에 Y_2가 대표이사로 취임하여 경영을 전담하였으며, 또 대표이사직에서 물러난 Y_1은 동일에 위 회사의 감사로 취임하였다. Y_1이 위 회사의 대표이사직을 사임하고 감사로 취임할 때에 이미 회사의 재무상태가 좋지 아니하였고, 새로 대표이사로 취임한 Y_2는 회사 또는 그 개인명의의 약속어음을 발행하여 회사의 운영자금을 조달하여 왔으며 또 자기는 부산에 거주하고 있으면서 회사의 자금조달과 관리를 B에게 일임하여 그 실상을 제대로 파악하지 못하고 있었다. B는 위 회사의 자금조달의 책임을 맡고 있는 것을 기화로, Y_1이 대표이사로 있던 1980년 가을부터 Y_1명의의 명판 및 미신고의 직인으로 대표이사 Y_1 또는 대표이사 Y_2를 발행인으로 하는 약속어음을 발행하고, 또 이들 어음의 신용을 높이기 위하여 위 회사에 보관중인 Y_1 및 Y_2의 실인을 도용하여 대표이사 Y_1으로 발행한 어음에는 B와 Y_2의 배서를 하고, 대표이사 Y_2로 발행한 어음에는 B와 Y_1의 배서를 하였다.

B는 이렇게 변칙적으로 발행한 약속어음을 사채시장에서 월 4푼으로 할인하여 그 일부는 위 회사의 운영자금으로 사용하고 나머지는 자기의 개인적 용도에 소비하였다. 이와 같이 변칙적으로 발행된 약속어음은 무려 500여 매에 달하였고, 그 중 286매 액면 합계금 약 10억원은 은행에서 결제되었다. 그러나 X 등이 그 취득한 약속어음들을 각각 그 지급기일에 지급제시하였으나, 무거래 또는 예금부족 등의 이유로 모두 지급거절되었다. Y_1은 1981년 2월 5일 A회사의 감사로 취임한 때로부터 A회사가 도산할 때까지 8개월 동안 단 한번도 회계조사를 한 적이 없이 수수방관하였다. 이에 X들은 A회사의 감사인 Y_1에 대하여 손해배상을 청구하였다.

이에 대하여 원심은 X의 청구를 인정하여 Y_1은 감사로서의 중대한 과실로 인하여 임무를 게을리한 것이 되므로 손해배상책임이 있다고 판시하였다. 이에 Y_1이 상고하게 된 것이다.

[판결요지]

회사의 감사가 회사의 사정에 비추어 회계감사 등의 필요성이 있음을 충분히 인식하고 있었고 또 경리업무 담당자의 부정행위의 수법이 교묘하게 저질러진 것이 아닌 것이어서 어음용지의 수량과 발행매수를 조사하거나 은행의 어음결제량을 확인하는 정도의 조사만이라도 했다면 위 경리업무 담당자의 부정행위를 쉽게 발견할 수 있었을 것인데도 아무런 조사도 하지 아니하였다면, 이는 감사로서의 중대한 과실로 인하여 그 임무를 게을리한 것이 되므로 위 경리업무 담당자의 부정행위로 발행된 어음을 취득함으로써 손해를 입은 어음소지인들에 대하여 위 감사는 상법 제414조 제 2 항 · 제 3 항에 의해 손해를 배상할 책임이 있다.

따라서 원심이 위와 같은 사실관계에서 Y_1에게 상법 제414조 제 2 항 · 제 3 항에 의한 책임을 인정한 것은 정당하므로, 논지는 이유 없다[이 판결에 찬성하는 취지의 평석으로는 강위두, 「법률신문」, 제1842호(1989. 5. 8.), 11면 참조].

B. 이론요약

(1) 감사와 회사와의 관계는 위임관계이므로(商 415조, 382조 2항), 감사가 수임인으로서 그 임무를 게을리하였을 때에는 그 감사는 연대하여 회사에 대하여 손해배상의 책임을 진다(商 414조 1항). 또한 감사가 악의 또는 중대한 과실로 인하여 그 임무를 게을리한 때에는 그 감사는 제 3 자에 대하여 연대하여 손해를 배상할 책임을 진다(商 414조 2항).

위의 경우 이사 · 집행임원도 책임을 져야 할 때에는 그 감사와 이사 · 집행임원은 연대하여 배상할 책임이 있다(商 408조의 8 3항, 414조 3항). 이러한 감사의 책임은 상근감사이든 비상근감사이든 동일하다.

(2) 감사의 회사에 대한 책임면제 · 감경의 요건과 책임추궁을 위한 소주주주의 대표소송에 관하여는 이사의 경우와 같다(商 415조, 400조, 403조~406조).

(3) 감사가 이와 같이 그 책임을 추궁받는 경우에는 대표이사 · 대표집행임원

이 회사를 대표하여 소송을 제기할 수 있는데, (대표)이사 · (대표)집행임원도 감사와 연대하여 책임을 지는 때에는, 집행임원 비설치회사의 경우에는 대표이사가 법원에 회사를 대표할 자를 선임하여 줄 것을 청구하여야 할 것이고(商 394조 2항 유추적용), 집행임원 설치회사의 경우에는 이사회가 회사를 대표할 자를 선임하여야 할 것이다(商 408조의 2 3항 3호).

C. 관련판례

(1) 대판 2008. 9. 11, 2006 다 68636(감사가 필요한 회계감사를 제대로 실시하지 않았다면, 악의 또는 중대한 과실을 인정할 수 있어 제 3 자에 대한 책임이 있다고 한 경우).

(2) 대판 2008. 2. 14, 2006 다 82601(분식결산이 회사의 다른 임직원들에 의하여 조직적으로 교묘하게 이루어진 것이어서 감사가 쉽게 발견할 수 없었던 때에는 분식결산을 발견하지 못하였다는 사정만으로 중대한 과실이 있다고 할 수는 없고, 따라서 감사에게 분식결산으로 인하여 제 3 자가 입은 손해에 대한 배상책임을 인정할 수 없다고 한 경우).

(3) 대판 2007. 12. 13, 2007 다 60080(비상임감사도 감사로서의 선관주의의무 위반에 따른 책임을 진다고 한 경우).

(4) 대판 2003. 10. 9, 2001 다 66727(判商 [379])(사후에 대출의 적법여부를 감사하는 것에 그치는 감사로서는 불법대출의 의심이 든다는 점만으로는 바로 관계 서류의 제출요구 등의 조치를 취할 것을 기대하기는 어렵기 때문에, 감사에게 회사에 대한 임무를 게을리함으로 인한 손해배상책임을 인정할 수 없다고 한 경우).

D. 관련논점

(1) 감사의 책임과 이사 · 집행임원의 책임의 차이점

(2) 감사의 책임을 추궁하는 경우 누가 회사를 대표하는가?

(3) 감사위원회 위원(이사)의 이사회 구성원으로서의 책임과 감사위원회 구성원으로서의 책임에 차이가 있는가?

제2 감사위원회

제3 검 사 인

제4 준법지원인

제 5 절 자본금의 증감

제 1 관 자본금의 증가(신주발행)

제 1 보통의 신주발행

1. 신주인수권(이사회결의 없는 주주의 신주인수권 양도의 효력)

A. 기본판례

▣ 대판 1995. 5. 23, 94 다 36421(判商 [383])[이사회결의 없는 신주인수권의 양도를 인정한 경우]

[사실관계]

Y_1주식회사(피고)는 1982. 8. 26.경 설립된 회사로서 1992. 3. 13. 현재 자본금이 110,000,000원으로 액면 금 5,000원의 기명식 보통주식 22,000주를 발행하였다. Y_1회사의 발행주식 중 1,100주는 동 회사의 대표이사인 A가, 4,400주는 B가, 2,200주는 C가, 2,200주는 D가, 5,500주는 X(원고)가, 6,600주는 Y_2(피고)가 각각 보유하고 있었다. Y_1회사는 1992. 3. 14. 그 자본금을 100% 증자하기로 하여 이사회의 결의를 거쳐 발행가액 금 5,000원의 기명식 보통주식 22,000주를 새로 발행하기로 하면서 위 주주들의 위 주식 보유비율에 따라 위 신주 22,000주를 배정하기로 하고 그 납입기일을 동년 4. 2.로 정하고, X는 동년 3. 25. 위 D로부터 그가 보유하고 있던 종전주식 2,200주 및 새로 배정된 신주 2,200주에 대한 신주인수권을 금 81,400,000원에 양도받기로 하는 내용의 계약을 체결하고 그 날 계약금으로 금 11,000,000원을 지급하였다. 이 때 그 계약에 입회하였던 그 당시 Y_1회사의 대표이사인 A는 위 D가 Y_1회사의 주식 2,200주를 보유하고 있음을 확인하고, 기타 내용은 X와 D 사이에 체결된 위 계약과 상위 없음을 확인하며, 만약 이와 관련하여 제반문제가 발생시 모든 법적 책임을 지겠다는 내용의 확인서

(이에 대하여는 동년 3. 26.에 공증인의 확정일자를 받았음)를 작성하여 X에게 교부함으로써 위 주식 및 신주인수권의 양도에 대하여 승낙하였다. 이에 X는 위 D에게 동년 3. 27. 중도금 23,000,000원, 동년 4. 2. 잔금 47,400,000원을 각각 지급하고, 동년 3. 30. 위 신주 2,200주에 대한 인수대금 11,000,000원을 지급하여 그가 동년 3. 31.에 이를 Y_1회사에 납입하였다. 한편 Y_2는 동년 3. 27.에 D로부터 X가 매수한 위 주식 2,200주를 금 92,400,000원에 다시 매수하였고, 이에 Y_1회사는 동년 3. 29.경 Y_1회사에 비치되어 있는 주주명부상 D의 주식 2,200주에 대한 주주명의를 위 D에서 Y_2로 변경하였고, 동년 4. 2.로 위 신주에 대한 납입기일이 지나자 그 다음 날인 동년 4. 3. 위 D에게 배정된 신주 2,200주에 대한 명의를 역시 Y_2로 등재하였다. Y_1회사는 현재까지 그 발행주식에 대하여 주권을 발행하지 아니하였고, Y_1회사의 정관에는 신주의 발행시 주주가 가지는 신주인수권을 양도할 수 있는 것에 관하여 아무런 규정이 없는데도 Y_1회사의 이사회는 1992. 3. 12. 위 신주발행을 결의하면서 이에 관한 결정을 하지 아니하였다. 이에 X는 D가 Y_2에게 이중으로 양도한 신주 및 신주인수권의 양도는 무효라고 주장하여, 그러한 주식 및 신주의 발행회사인 Y_1과 동 주식 및 신주의 양수인인 Y_2를 상대로 이 사건의 소를 제기하게 된 것이다.

이에 대하여 원심(서울민사지방법원)은 「D의 종전주식 2,200주의 양도는 주권 발행 전의 양도에 해당한다고 할 것이나, Y_1회사는 회사가 성립된 1982. 8. 26.로부터 6개월이 이미 경과한 현재까지도 주권을 발행하지 아니하고 있으므로, 상법 제335조 제 2 항(1995년 개정상법에 의하면 제 3 항)에 의하여 Y_1회사에 대하여 효력이 있다고 할 것이고, 한편 상법 제416조 제 5 호의 규정에 의하면 주식회사가 그 성립 후에 주식을 발행하는 경우 회사의 정관에 '주주가 가지는 신주인수권을 양도할 수 있는 것에 관한 사항'에 관하여 아무런 규정이 없으면 이사회가 이를 결정한다고 규정되어 있으나, 회사의 정관이나 이사회의 결의로 신주인수권의 양도에 관한 사항에 관하여 정하지 아니하였다고 하여 곧바로 신주인수권의 양도가 전혀 허용되지 아니한다고 볼 수는 없고, 주주는 회사의 승낙을 얻어 그 신주인수권을 유효하게 양도할 수 있다고 봄이 상당하므로, 위 신주인수권의 양도도 Y_1회사의 승낙을 받은 이상 Y_1회사에 대하여 그 효력이 있다고 할 것이다」고 판시하였다. 또한 원심은 X가 D로부터 신주인수권증서를 교부받지 아니하였으므로 이 신주인수권의 양도는 무효라는 Y_2 등의 주장에 대하여, 「신주인수권의 양도는 신주인수권증서의 교부에 의하여만 이를 행한다는 상법 제420조의 3의 규정은 주식회사의 정관에 신주인수권의 양도에 관한 사항이 규정되어 있거나 이사회가 신주발행을 결의하면서 이에 관한 결정을 한 경우에만 적용되는 규정이라고 할 것이고, 이 사건과 같이 Y_1회사의 정관이나 이사회의 결의에서 이에 관한 아무런 정함이 없는 경우에는 적용될 수 없다고 할 것이다」고 판시하였다.

이러한 원심에 대하여 Y_2 등은 다음과 같은 이유로 대법원에 상고하게 된 것이다. (i) Y_1회사의 대표이사이던 A가 D의 X에 대한 종전 주식 및 신주인수권의 양도를 승낙하였다는 점에 대하여는 D가 Y_1회사의 기명식 보통주 2,200주를 보유하였다는 점과 D와 X간에 체결한 주식매매계약서의 내용은 이상이 없다는 점을 확인함에 불과하고, Y_1회사가 위 주식양도와 신주인수권양도를 승인하였다는 내용이 없으므로, 원심판결은 의사표시해석에 있어서 오류가 있었다. (ii) 주권발행 전의 주식양도의 대항요건에 대하여는, 주식은 단순한 물권이나 채권이 아니라 주주가 회사에 대하여 가지는 권리와 의무의 총체로 파악되는 사원의 지위이기 때문에 지명채권과는 그 성질을 달리하는 것이어서 그 양도의 대항요건을 지명채권양도와 동일시할 수 없고, 또한 상법이 기명주식의 대항요건에 대하여 주주명부의 명의개서를 규정하고 있는 점(商 337조 1항)에 비추어 지명채권양도의 대항요건을 적용(내지 준용)할 수는 없으므로, 원심판결은 주권발행 전의 주식양도의 대항요건에 관한 법리를 오해하였다. (iii) 주권발행 전의 주식양수인의 지위에 대하여는, 회사에 대하여 주주로 인정받아 주주로서의 권리를 주장할 수 있다는 뜻이 아니고 적법한 양수인임을 주장하고 주주명부상의 명의개서를 청구할 수 있음을 뜻하므로, 양수인은 회사에 대하여 주주로서 인정받을 수 없으므로 원심판결은 X를 Y_1회사의 주주라고 확인한 오류가 있다. (iv) 신주인수권의 양도에 대하여는, 신주인수권은 정관 또는 이사회의 결의로 양도할 수 있음을 정한 경우에만 그 양도가 인정되고, 또한 신주인수권은 신주인수권증서의 교부에 의하여만 양도될 수 있으므로, 원심판결이 본건에서 이러한 신주인수권의 양도요건을 갖추지 못한 신주인수권의 양도를 적법하다고 인정한 것은 신주인수권의 양도에 관한 법리를 오해한 것이다. (v) 원심이 Y_1회사는 Y_2로부터 X에게 위 주식에 관하여 명의개서절차를 다시 이행하라고 판시한 점에 대하여는, D는 종전의 주식과 신주인수권을 모두 Y_2에게 양도하고 Y_2가 그 대금을 지급하고 또한 신주인수가액을 납입하여 Y_1회사의 이사회를 거쳐 주주명부상 D로부터 Y_2명의로 명의개서되어 Y_2는 적법한 주주로 추정되므로 D명의에서 X명의로의 명의개서는 이해불능하며, 명의개서의 청구가 경합되었을 때에는 누가 먼저 그 청구를 하였는가 또는 누가 먼저 보전처분절차를 밟았는가에 따라서 그 우열을 가려야 합리적이다.

[판결요지]

(1) 상법 제416조 제 5 호에 의하면, 회사의 정관 또는 이사회의 결의로 주주가 가지는 신주인수권을 양도할 수 있는 것에 관한 사항을 결정하도록 되어 있는바, 신주인수권의 양도성을 제한할 필요성은 주로 회사측의 신주발행사무의 편의를 위한 것에서 비롯된 것으로 볼 수 있고, 또 상법이 주권발행 전 주식의 양도는 회사에 대하여 효력이 없다고 엄격하게 규정한 것과는 달리 신주인수권의 양도에 대하여는 정관이나 이사회의 결의를 통하여 자유롭게 결정할 수 있도록 한 점에 비추어 보면, 회사가 정관이나 이사회의 결의로 신주인수권의 양도에 관한 사항을 결정하지 아니하였다 하여 신주인수권의 양도가 전혀 허용되지 아니하는 것은 아니고, 회사가 그와 같은 양도를 승낙한 경우에는 회사에 대하여도 그 효력이 있다고 할 것이므로, 같은 취지로 판단한 원심판결은 정당하고, 논지는 이유가 없다.

(2) 주권발행 전의 주식의 양도는 지명채권양도의 일반원칙에 따른다 함은 앞서 본 바와 같고, 신주인수권증서가 발행되지 아니한 신주인수권의 양도 또한 주권발행 전의 주식양도에 준하여 지명채권양도의 일반원칙에 따른다고 보아야 하므로, 주권발행 전의 주식양도나 신주인수권증서가 발행되지 아니한 신주인수권 양도의 제 3 자에 대한 대항요건으로는 지명채권의 양도와 마찬가지로 확정일자 있는 증서에 의한 양도통지 또는 회사의 승낙이라고 보는 것이 상당하고, 주주명부상의 명의개서는 주식 또는 신주인수권의 양수인들 상호간의 대항요건이 아니라 적법한 양수인이 회사에 대한 관계에서 주주의 권리를 행사하기 위한 대항요건에 지나지 아니한다고 볼 것이다.

따라서 원심이 확정일자 있는 증서에 의하여 Y_1회사의 승낙을 받은 X를 적법한 주식 및 신주인수권의 양수인이라고 판단한 것은 정당하다 할 것이고, 논지는 이유가 없다[이 판결에 찬성하는 취지의 평석으로는 최준선, “이사회의 결의가 없는 신주인수권의 양도방법,” 「법률신문」, 제2452호(1995. 11. 6.), 14면을 참조하고, 반대하는 취지의 평석으로는 정찬형, “주권발행 전의 주식양도 및 이사회의 결의 없는 신주인수권 양도의 회사에 대한 효력,” 「판례월보」, 제304호(1996. 1.), 23~30면을 참조].

B. 이론요약

(1) 우리 상법상 자본금은 액면주식의 경우 「발행주식의 액면총액」이므로(商 451조 1항), 자본금을 증가하기 위하여는 액면가액을 높이든가 또는 발행주식수를 늘리는 방법이 있다. 그런데 액면가액을 높이는 것은 모든 주주에게 추가납입의무를 발생시키는 것으로서 이는 주주유한책임의 원칙에 반하므로 실제상 불가능하다. 따라서 증자의 방법으로는 발행주식을 늘리는 방법인 신주발행의 방법밖에 없다. 회사가 무액면주식을 발행한 경우에도 주식은 자본금의 구성단위이므로(商 451조 2항 1문) 자본금을 증가하기 위하여는 발행주식수를 늘리는 방법밖에 없다.

신주발행에는 회사가 자금조달을 직접적인 목적으로 하여 신주를 발행하는 경우로서 반드시 회사의 재산이 증가하는 「보통의(통상의) 신주발행」과, 회사의 경리정책상 신주를 발행하는 경우로서 원칙적으로 회사의 재산에 변동이 없는 「특수한 신주발행」이 있다.

(2) 보통의 신주발행이란 「회사성립 후 회사의 자금조달을 직접적인 목적으로 수권주식총수의 범위 내에서 미발행주식을 발행하는 것」을 말한다(商 416조 이하).

우리 상법은 회사의 자금조달의 편의를 위하여 수권자본제도를 도입하여 (보통의) 신주발행은 원칙적으로 이사회에서 자유롭게 결정하여 할 수 있도록 하였다(商 416조).

상법은 이와 함께 이사회의 권한남용을 방지하고 주주의 이익을 위하여, (i) 이사회는 수권주식총수의 범위 내에서만 신주를 발행할 수 있도록 제한하고(商 289조 1항 3호, 416조), (ii) 주주에게 원칙적으로 신주인수권을 부여하였으며(商 418조 1항), (iii) 이사회의 불공정한 신주발행을 사전에 예방하기 위하여 각 주주에게 신주발행유지청구권을 인정하였다(商 424조).

(3) 신주인수권이란 「회사의 성립 후 신주를 발행하는 경우에 다른 사람에 우선하여 신주를 인수할 수 있는 권리」를 말하는데, 이것에는 주주의 신주인수권

(商 418조 1항)과 제 3 자의 신주인수권(商 418조 2항, 516조의 2 4항)이 있다.

(4) 주주의 신주인수권이란 「주주가 종래 가지고 있던 주식의 수에 비례하여 우선적으로 신주의 배정을 받을 수 있는 권리」를 말하는데(商 418조 1항), 이는 법률의 규정에 의하여 주주에게 당연히 생기는 권리이다. 이러한 주주의 신주인수권은 주주권(자익권)의 내용의 하나인 추상적 신주인수권과, 이를 기초로 하여 이사회의 신주발행의 결의에 의하여 구체화된 권리인 구체적 신주인수권으로 구별된다. 추상적 신주인수권은 주주권의 내용을 이루고 있으므로 주식과 분리하여 이를 양도 · 처분 등을 할 수 없으나(주식불가분의 원칙), 구체적 신주인수권은 주주권과는 별개의 구체화된 채권적 권리이므로 주식과 독립하여 이를 양도 · 처분 등을 할 수 있다.

(5) 구체적 신주인수권은 이사회의 결의로 정하여진 배정일 현재의 주주명부상의 주주에게 귀속되는데(商 418조 3항 본문 참조), 이러한 주주에게 발행가액에 상당하는 자금이 없거나 부족한 경우에는 그 주주는 신주인수권을 양도할 수 있다.

주주의 신주인수권은 정관 또는 이사회결의로 이를 양도할 수 있음을 정한 경우에만, 회사에 대한 관계에서 유효하게 양도할 수 있다(商 416조 5호). 또한 회사는 이러한 사항의 정함이 있는 때에는 그 내용을 주주에게 통지하여야 한다(商 419조 1항 2문).

정관 또는 이사회결의로 신주인수권의 양도를 정하지 않은 경우에 주주는 이를 양도할 수 있는지 여부에 대하여 이 때에도 채권양도의 방법과 효력으로써 이를 양도할 수 있다고 보는 견해도 있으나(소수설), 이와 같이 보면 상법 제416조 제 5 호가 무의미하게 되고 또 신주인수권의 양도방법을 정한 상법 제420조의 3은 강행규정으로 보아야 하므로 이 경우 신주인수권의 양도는 회사에 대하여는 효력이 없다고 보아야 할 것이다(다수설).

위 기본판례에서는 D가 Y_1회사의 주권발행 전의 주식과 신주인수권을 이중으로 양도하여 X는 먼저 이를 양수하였으나 명의개서를 하지 아니하였고, Y_2는 그 후에 이를 양수하였으나 주주명부에 명의개서를 한 경우인데, 이에 대하여 대법원은 X가 Y_1에 대하여 (신주인수권을 포함하여) 주주권을 행사할 수 있다고 판시한 것이다. 이 판결은 주권발행 전의 주식양도와 이사회의 결의 없는 신주인수권의 양도의 회사에 대한 효력의 문제가 얽혀 있는데, 주권발행 전의 주식양도에 관하여는 판지에 찬성하나, 신주인수권의 양도에 관하여는 위에서 본 바와 같은 이유로 판지에 찬성하지 않는다.

(6) 주주의 신주인수권은 신주인수권증서의 교부에 의하여서만 할 수 있는데(商 420조의 3 1항), 이러한 신주인수권증서는 「주주의 신주인수권을 표창하는 유가증권」이다. 이러한 신주인수권증서는 주주에게 발행되는 것으로서, 신주인수권부사채권자에게 발행되는 신주인수권증권(商 516조의 5)과 구별된다. 이러한 신주인수권증서는 원칙적으로 청약기일 전 약 2주간 동안만 유통될 수 있는 단명의 유가증권이다.

신주인수권증서는 정관 또는 이사회결의(또는 주주총회결의)로 신주인수권을 양도할 수 있다는 것을 정한 경우(商 416조 5호)에 한하여 발행될 수 있는데(商 420조의 2 1항 전단), 이는 주주의 청구에 의하여 발행되는 경우와 주주의 청구가 없는 경우 모든 주주에게 발행되는 경우가 있다(商 420조의 2 1항 후단).

신주인수권증서의 유통성을 강화하기 위하여 이에 권리추정력과 선의취득이 인정되고 있다(商 420조의 3 2항).

신주인수권증서를 발행한 경우에는 신주인수권증서에 의하여 주식인수의 청약을 한다(商 420조의 4 1항 전단). 신주인수권증서를 상실한 자는 주식청약서에 의하여 주식의 청약을 할 수 있는데(商 420조의 4 2항 본문), 상실된 신주인수권증서에 의한 주식인수의 청약이 있으면 신주인수권증서에 의한 청약이 우선하고 주식청약서에 의한 청약은 그 효력을 잃는다(商 420조의 4 2항 단서).

(7) 참고로 제 3 자의 신주인수권이란 「주주 이외의 제 3 자가 우선적으로 신주를 배정받을 수 있는 권리」를 말하는데, 이는 주주의 이익을 보호하기 위하여 법률(商 516조의 2 4항, 자본시장과 금융투자업에 관한 법률 165조의 7 1항 등) 또는 정관(商 418조 2항)에 의하여 일정한 사유가 있는 경우에 한하여 부여된다.

제 3 자의 신주인수권을 양도할 수 있는지 여부에 관하여는, 법률에 의하여 부여되는 경우에는 그 입법취지에 따라서 허용여부를 판단하여야 하고, 정관에 의하여 부여되는 경우는 특별히 정관에 반하지 않는 한 그의 양도를 인정하여야 할 것으로 본다.

회사가 제 3 자의 신주인수권을 무시하고 신주발행을 한 경우에는, 회사는 채무불이행을 한 것이므로 제 3 자에 대하여 손해배상책임을 지나(民 390조), 그 신주발행은 무효가 아니라고 본다(통설).

C. 관련판례

(1) 대결 2008. 5. 9, 2007 그 127(정관에 규정된 수권자본금 한도 내에서 정리법원의 허가하에 향후 제 3 자배정방식의 신주발행을 계획한 정리계획조항은 유효하므로, 제 3 자배정방식의 신주발행을 위하여 정리계획 변경절차를 거칠 필요가 없다고 한 경우).

(2) 대판 2007. 2. 22, 2005 다 73020(주식회사가 타인으로부터 돈을 빌리는 소비대차계약을 체결하면서 「채권자는 만기까지 대여금액의 일부 또는 전부를 회사주식으로 액면가액에 따라 언제든지 전환할 수 있는 권한을 갖는다」는 내용의 계약조항은, 상법이 정한 방법과 절차에 의하지 아니한 신주발행 내지는 주식으로의 전환을 예정하는 것이어서 효력이 없다고 한 경우).

(3) 대판 1989. 12. 22, 88 누 7255(세무회계상 다른 법인 발행의 신주인수는 투자자산의 매입에 해당하므로 신주발행 당시 발행회사의 자산상태 등의 평가에 의한 신주의 정당한 평가가액과 신주인수가액과의 차액을 비교하여 고가매입 여부를 따져 보아야 할 것이라고 하고, 그 신주인수가액과 평가액의 차액에 관하여는 과세하지 아니한다는 이른바 비과세관행이 있다는 원심을 파기환송한 경우).

(4) 대판 1989. 3. 14, 88 누 889(判商 [383] 참고판례)(현물출자자에 대하여 발행하는 신주에 대하여는 일반주주의 신주인수권이 미치지 아니하므로, 일반주주들에게 신주인수권이 있음을 전제로 증여세부과처분을 한 것은 위법하다고 한 경우).

(5) 대판 1980. 2. 12, 79 다 509(判商 [387])(현물출자에 관하여 검사절차를 거치지 않았더라도 신주발행이나 이로 인한 변경등기가 무효가 되는 것은 아니라고 한 경우).

(6) 대판 1977. 8. 23, 77 느 109(判商 [383] 참고판례)(경제의 안정과 성장에 관한 긴급명령에 의하여 조정사채액을 출자로 전환한 것에 대하여는 기존주주의 신주인수권이 미치지 않으므로, 주식소유비율을 초과하여 인수한 신주에 대하여 증여세를 부과한 것은 타당하지 않다고 한 경우).

(7) 대판 1960. 11. 24, 4292 민상 874(주금납입에 있어 단순한 현금수수의 수고를 생략하는 의미의 대물변제나 상계는 회사측이 이에 합의한 이상 이를 절대로

무효로 할 이유는 없다고 한 경우).

D. 관련논점

(1) 주주에게 신주인수권을 인정하는 입법례의 타당성 여부

(2) 우리 상법상 정관의 규정에 의하여 주주의 신주인수권을 완전히 박탈할 수 있는가?

(3) 실기주(협의) · 실권주 및 단주의 처리문제

(4) 신주의 할인발행

(5) 신주의 모집방법

2. 신주발행의 절차

3. 이사의 책임

4. 신주의 할인발행(액면미달발행)

5. 신주의 위법 · 불공정발행에 대한 조치(신주발행의 무효)

A. 기본판례

▣ 대판 2003. 2. 26, 2000 다 42786(判商 [384])[신주발행이 선량한 풍속 기타 사회질서에 반하여 현저히 불공정한 방법으로 이루어진 것으로서 무효라고 본 경우]

[사실관계]

(1) Y회사는 1996. 8. 31. 현금자산 300억원으로 러시아의 루시아 석유회사(RUSIA PETROLEUM)의 유상증자에 참여하여 12,375,000주(루시아 석유회사의 총주식의 27.5%)를 미화 25,121,000$에 매수하고, 향후 투자담보예치금으로 러시아 수출입은행에 미화 14,490,000$를 예치하는 등 총미화 39,611,000$를 러시아 이르쿠츠크 지역 천연가스전개발사업에 투자하였다.

(2) 1997년 초 Y회사가 소속된 그룹의 부도가 발생하고 Y회사의 경영권 등이 위 그룹의 채권단으로 넘어가게 될 상황이 되자, 위 그룹 부회장이면서 Y회사를 실질적으로 경영하던 B는 Y회사의 대표이사 A, 기획부장 C 등과 함께 위 루시아 석유회사 주식을 처분하여 Y회사의 재산을 빼돌리고 이를 이용하여 Y회사

의 경영권을 유지하는 방안을 공모하였다.

(3) 이에 따라 B는 A, C를 통하여 1997. 11. 중순경 Y회사가 보유하고 있던 루시아 석유회사 주식 12,375,000주 중에서 9,000,000주(총발행주식의 20%)를 러시아에 있는 시단코 사에 미화 5,790만$에 매각하기로 하였으나, 비자금을 마련하기 위하여 마치 540만주를 머스틸 엔터프라이즈에게 15,120,000$에, 나머지 360만주를 보이드 엔터프라이즈에게 10,080,000$에 매각한 것처럼 허위의 계약서를 작성하고, 위 실제매각대금 중 2,680만$를 정부에 신고하지 아니하고 해외에 은닉하였다.

(4) 위 은닉 자금 2,680만$는 1997. 11. 15. 스위스 은행인 취리히 소재 히포스위스 은행에 윌카스 사 명의로 예치되었다가, 1998. 3. 17. B의 지시에 따라 그 중 2,230만$가 싱가포르에 있는 디비에스 은행의 예금주 미주 인터내셔널 피티이 계좌로 송금되었다.

(5) 1998. 4.경 말레이시아 라부안 지역의 자유무역지대에 사우스 아시아 걸프 코퍼레이션(South Asia Gulf Corporation)이 Y회사에의 투자목적으로 자본금 1$에 설립되었고, 위 회사는 Y회사의 말레이시아 현지법인 이에이지씨 인터내셔널 엘티디(EAGC International Ltd.)와 그 본점소재지가 동일하다.

(6) 이에이지씨 인터내셔널 엘티디에는 실제로 근무하는 사람이 없고, 사우스 아시아 걸프 코퍼레이션이 Y회사에 거액을 투자한다면서도 Y회사 내부에는 사우스 아시아 걸프 코퍼레이션과의 투자관련 업무를 담당하는 직원이 없었다.

(7) 사우스 아시아 걸프 코퍼레이션은 1998. 4. 21. 아시아 엠 앤드 에이 주식회사를 대리인으로 하여 Y회사에 금 300억 5천원을 투자하는 내용의 외국인투자신고서를 시티은행 서울지점에 제출하고, 같은 해 5. 13. 2,100만$를 시티은행 서울지점에 개설된 사우스 아시아 걸프 코퍼레이션 구좌로 송금하였다.

(8) 1998. 5. 15. 사우스 아시아 걸프 코퍼레이션은 Y회사가 새로 발행한 신주 600만 1주(액면 총액 300억 5천원)를 전부 인수하였고, 이 과정에서 Y회사 주식 전부를 보유하고 있던 D를 비롯한 주주들은 증자분에 대한 신주인수권을 모두 포기하였다.

(9) Y회사는 시티은행 서울지점의 사우스 아시아 걸프 코퍼레이션 계좌에서 300억 5,000원을 신주납입대금으로 수령하였으며, 그 금원은 일부는 등기비용으

로 사용하고, 일부는 Y회사의 채무변제에 사용하거나 정기예금이나 증권사에 예탁하는 등의 수익활동에 쓰여졌는데 이 과정에서 사우스 아시아 걸프 코퍼레이션과의 접촉이나 협의는 없었다.

(10) 이에 Y회사 그룹의 대출금융기관이며 D · B 등이 보유한 Y회사의 주식에 대하여 질권설정을 요구한 X은행은 Y회사에 대하여 신주발행무효확인을 청구하였다.

이에 대하여 원심은 X의 청구를 인정하여, Y가 대법원에 상고하게 된 것이다.

[판결요지]

Y회사가 루시아 석유회사의 지분을 매도하고 해외에 은닉한 자금의 규모가 위 신주발행자금과 거의 비슷한 점, 위 은닉자금의 마지막 송금처는 싱가포르이었는데 이 사건 신주를 인수한 사우스 아시아 걸프 코퍼레이션의 신주인수대금은 싱가포르에 가까운 말레이시아에서 납입된 점, 위 신주발행 당시 Y회사는 위 그룹의 부도로 인하여 매우 어려운 사정에 처해 있어 Y회사에 대하여 신규로 300억원 이상의 자금을 투자할 만한 외국회사가 있다고 보기 어려운 점, 사우스 아시아 걸프 코퍼레이션이 신주인수과정에서 Y회사에 대한 경영실사 등을 하지 아니하였으며 신주인수대금의 집행과정에도 참여하지 아니한 점, 위 신주발행으로 인하여 사우스 아시아 걸프 코퍼레이션이 Y회사의 과반수 이상의 주식을 취득한 대주주가 되었는데 외국인이나 외국투자가에게 이러한 경영권의 양도까지 가능하게 하는 신주인수는 통상 이루어지기 어려운 점, 위와 같은 경위로 발행된 이 사건 신주는 위 D일가가 설립한 유령회사인 사우스 아시아 걸프 코퍼레이션이 전부 인수하여 보유하고 있으므로 이 사건 신주발행이 무효가 되더라도 거래의 안전을 해할 염려가 없는 점 등 모든 사정을 종합하여 보면, 이 사건 신주발행은 1997년 초에 발생한 이른바 한보사태로 위 그룹의 대출금상환 또는 국세납부 능력이 의심스러워졌고 이에 위 그룹에 대한 대출금융기관인 X은행이 대출금에 대한 담보제공을 요구하자 위 D, B 등은 그들이 보유하고 있던 Y회사의 주식 200만주에 질권을 설정하여 주고, 나머지 400만주는 위 그룹의 체납 국세에 대한 담보로 국세청에 압류당하여 장차 위 주식들에 대한 질권이나 체납처분이 실행될 경우 Y회사에 대한 지배권을 상실할 염려가 있었으므로 이러한 경우에도 Y회

사에 대한 지배권을 계속 보유하기 위한 수단으로 Y회사의 해외 자산을 처분한 다음 당국에 외환관리법에 따른 신고를 이행하지 아니하고 자산매각대금을 횡령한 후 유령회사인 사우스 아시아 걸프 코퍼레이션을 설립하고 위와 같은 은닉자금을 이용하여 위 회사 명의로 Y회사의 신주를 인수한 것으로 보이므로, 이 사건 신주발행은 D일가의 범죄행위를 수단으로 하여 행하여진, 선량한 풍속 기타 사회질서에 반하는 현저히 불공정한 방법으로 이루어진 신주발행으로서 무효로 보아야 한다.

B. 이론요약

(1) 이사회의 위법 · 불공정한 신주발행에 의하여 회사 · 주주 또는 회사채권자의 이익을 해할 우려가 있으므로, 상법은 세 가지의 구제방법을 규정하고 있다. 즉, (i) 그러한 불공정한 신주발행으로 인하여 불이익을 받을 염려가 있는 각 주주는 회사에 대하여 신주발행유지청구권을 행사할 수 있고(회사에 대한 사전의 예방조치)(商 424조), (ii) 이사 · 집행임원과 통모하여 현저하게 불공정한 발행가액으로 주식을 인수한 자에 대하여 소수주주는 회사에게 공정한 발행가액과의 차액에 상당한 금액을 지급하도록 대표소송을 제기할 수 있으며(제 3 자에 대한 사후의 구체조치)(商 424조의 2 2항), (iii) 주주는 신주를 발행한 날로부터 6월 내에 회사를 상대로 하여 신주발행무효의 소를 제기할 수 있다(회사에 대한 사후의 구제조치)(商 429조~432조).

(2) 회사가 법령 · 정관에 위반하거나 또는 현저하게 불공정한 방법에 의하여 신주를 발행함으로써, 이로 인하여 주주가 불이익을 받을 염려가 있는 경우에는, 그 주주는 회사에 대하여 신주발행을 留止할 것을 청구할 수 있다(商 424조).

청구권자는 불이익을 받을 염려가 있는 주주(단독주주권)인데, 신주인수권의 유무 또는 의결권의 유무를 묻지 않는다. 피청구권자는 회사이다.

주주는 회사에 대하여 직접 이 청구를 할 수도 있지만(의사표시), 신주발행유지의 소를 제기할 수도 있다(民訴 300조 이하). 이를 소에 의하는 경우에는 대표소송에 관한 규정(商 403조~406조)을 유추적용한다.

신주발행유지청구는 사전조치이므로 신주발행의 효력이 생기는 「납입기일의 다음날(商 423조 1항) 이전」에(즉, 납입기일까지) 행사하여야 한다.

신주발행유지의 소가 제기되어 이에 기한 유지의 판결이나 가처분이 있음에도 불구하고 이에 위반하여 한 신주발행은 무효이나(통설), 신주발행유지청구를 소 이외의 방법(의사표시)으로 한 경우에 이를 무시하고 한 신주발행은 무효원인이 되지 않고 다만 이사 · 집행임원의 책임(商 401조, 408조의 8 2항)이 생길 뿐이다.

(3) 신주의 발행가액이 현저하게 불공정하고 또 이사 · 집행임원과 주식인수인이 그 점에 관하여 통모를 한 경우에는, 소수주주는 회사의 자본금 충실을 기하고 또한 기존주주의 이익을 보호하기 위하여 주식인수인에게 공정한 가액과 발행가액과의 차액을 직접 회사에 지급할 것을 청구할 수 있다(商 424조의 2, 542조의 6 6항). 이는 제 3 자배정에 의한 신주발행 및 모집에 의한 신주발행의 경우에 적용될 것이다.

통모인수인의 위와 같은 책임은 법률적으로는 회사에 대한 불법행위에 기한 손해배상책임의 일종이라고 할 수 있으나, 책임의 내용은 실질적으로 회사의 자본충실을 위한 추가출자의무의 성질을 갖고 있는 것으로서 주주유한책임의 원칙(商 331조)의 예외가 된다고 볼 수 있다.

통모인수인의 이 책임은 신주를 인수한 때 생기며, 후에 그 주식을 양도하더라도 그 책임이 당연히 양수인에게 이전하지 않는다. 통모인수인의 이 의무의 소멸시효기간은 10년이고, 납입기일의 다음날부터 지연손해금이 가산된다.

(4) 신주발행이 법령이나 정관에 위반한 하자가 있는 경우에 주주 · 이사 또는 감사는 신주를 발행한 날로부터 6월 내에 소만으로 신주발행의 무효를 주장할 수 있다(商 429조).

신주발행의 무효원인에 관하여는 상법에 규정이 없으나, 주식회사의 본질에 반하는 중대한 위법행위만을 신주발행의 무효원인으로 보아야 할 것이다.

위 기본판례에서 나타난 바와 같이 범죄수단으로 유령회사를 설립한 후 이 회사가 Y회사의 신주를 인수한 것처럼 가장한 Y회사의 신주발행은 공서양속에 반하는 신주발행으로 무효로 보아야 할 것이다. 원심 및 대법원판결에 찬성한다.

신주발행무효의 소의 법적 성질은 형성의 소이므로 소로써만 주장할 수 있고(商 429조), 판결의 효력에 대세적 효력이 있으며 소급효는 제한된다(商 430조, 190조 본문, 431조).

상법은 신주발행무효판결 후의 처리에 대하여 규정하고 있다(商 431조 2항, 432조).

신주발행의 실체가 전혀 없고 다만 신주발행의 변경등기만 있는 경우에는 신주발행의 부존재가 있게 되어, 누구나 언제든지 또 어떠한 방법으로도 그 무효를 주장할 수 있다.

C. 관련판례

(1) 대판 1995. 2. 28, 94 다 34579(判商 [385])(주주와 회사의 대표이사 사이에 경영권에 관하여 분쟁이 있었고, 그 주주가 자기소유 주식을 그 대표이사에게 양도하고 회사의 경영에서 탈퇴하려고 하였지만 그 양도대금에 관한 합의가 이루어지지 않은 상태에서 발행주식총수를 현저하게 증가시키는 신주발행이 이루어졌다면, 이는 그 신주발행이 현저하게 불공정한 방법에 의한 것으로서 무효라고 볼 수 없다고 한 경우).

(2) 대판 1989. 7. 25, 87 다카 2316(判商 [386])(주주 아닌 자들이 모여서 개최한 임시주주총회에서 발행예정주식총수에 관한 정관변경결의와 이사선임결의를 하고 이와 같이 선임된 이사들이 모인 이사회에서 신주발행결의를 하였다면, 그러한 신주발행은 절차적 및 실체적 하자가 극히 중대하여 신주발행이 존재하지 않는다고 볼 수밖에 없으므로 회사의 주주는 상법 제429조 소정의 신주발행무효의 소에 의하지 않고 부존재확인의 소를 제기할 수 있다고 한 경우).

(3) 대판 1975. 7. 8, 74 누 270(경제의 안정과 성장에 관한 긴급명령에 의하여 채무가 소멸한 사채를 회사가 출자로 전환하여 신주를 발행한 경우에도, 그 신주발행일로부터 6월 내에 소로써 신주발행의 무효를 주장하지 않는 한 그 무효를 주장할 수 없으나, 사채권자는 부당이득반환의무가 있고 회사는 사채소멸로 인하여 이득을 한 것이므로 회사에게 법인세 등 부과처분을 한 것은 적법하다고 한 경우).

D. 관련논점

(1) 대표이사 · 대표집행임원이 이사회(또는 주주총회)의 결의 없이 신주를 발행한 경우, 동 신주발행의 효력

(2) 주주의 신주발행에 대한 유지청구권과 이사 · 집행임원의 위법행위에 대한 유지청구권의 차이점

(3) 실권주를 신주발행공고에 따라 특정한 자에게 시가보다 (현저하게) 낮은 가액으로 인수시킨 경우, 그 효력 및 통모인수인에 대한 책임을 물을 수 있는지 여부

제 2 특수한 신주발행

1. 준비금의 자본금 전입에 의한 신주발행

A. 기본판례

▣ 대판 1988. 6. 14, 87 다카 2599 · 2600(判商 [394])[준비금의 자본금 전입에 따른 무상신주의 인수권은 배정기준일 현재 주주명부상의 명의주주에게 귀속된다고 본 경우]

[사실관계]

1978. 11. 30. A공업주식회사는 B주정판매주식회사의 주식에 대한 명의개서를 마치고 소유자가 되었다. A는 대전세무서로부터 주세징수유예를 받기 위한 담보를 목적으로 Y보증보험주식회사와 1979. 10. 6. 납세보증보험계약을 체결하였다. 당해 계약을 체결시 A는 유예받은 세금을 납부하지 못하여 Y가 대신 보험금을 지급하는 경우에 Y에 대하여 부담할 구상채무에 대한 양도담보로 자기소유의 B회사의 주식을 양수인란을 백지로 하여 배서양도함과 동시에 그 주권을 교부하였고, Y가 현실로 보험금을 지급하면 그 구상채무액에 해당하는 그 주식을 Y의 소유로 귀속시키기로 약정하였다.

그 후 A는 유예받은 세금을 납부하지 아니하여 Y가 1980. 4. 25. 보험금을 대전세무서에 지급함으로써 위 주식은 확정적으로 Y 소유로 귀속되었으나, Y는 자기 앞으로 명의개서를 하지 않았기 때문에 B회사의 주주명부상에는 A가 여전히 주주로 기재되어 있었다. 그런데 1984. 12. 3. B회사의 이사회는 자산재평가적립금을 자본금으로 전입하여 무상신주를 발행하되 같은 해 12. 20. 현재 주주명부상의 주주에게 1주당 1주씩 배당하기로 결의하였다. B회사는 주주명부상 그 주식의 주주가 A로 되어 있었기 때문에 A에 배당된 신주를 찾아갈 것을 통지하였으나 그 통지가 송달불능으로 그 신주를 계속 보관하였다.

한편 X는 1985. 5. 8. A에 대한 승소판결에 기하여 B회사가 보관중인 A명의의 신주를 압류하여 한국상업은행에 보관하였다. 이어서 X는 서울민사지방법원에 추심에 갈음할 양도명령을 신청하였는바, 법원은 1985. 7. 16. 압류중인 신주를 C에게 양도한다는 양도명령을 하고 채무자인 A와 제 3 채무자인 B회사에게 송달을 마쳤다. Y는 1985. 7. 26. 대전지방법원으로부터 같은 신주에 대한 주식

압류명령을 얻어 상업은행으로부터 신주를 인도받아 압류한 후 다시 상업은행에 보관시켰다. X는 그 신주가 자기의 소유임을 확인한다는 판결과 Y가 1985. 7. 26. 그 신주에 대하여 행한 강제집행은 이를 불허한다는 판결을 구하며 소를 제기하였고, Y는 이와 반대취지의 반소를 제기하였다.

이에 대하여 원심은 기명주식의 명의개서를 하지 아니하여 B회사의 주주명부에 A가 주주로 기재되어 있었다면 B회사에 대한 관계에서는 이 사건 신주의 주주는 A라고 할 것이므로, 이 사건 신주에 대하여 X가 한 주식압류를 무효라 할 수 없다고 판시하였다. 따라서 Y가 상고하게 된 것이다.

[판결요지]

상법 제461조에 의하여 주식회사가 이사회의 결의로 준비금을 자본금에 전입하여 주식을 발행할 경우에는 회사에 대한 관계에서는 이사회의 결의로 정한 일정한 날에 주주명부에 주주로 기재된 자만이 신주의 주주가 된다고 할 것이므로, Y가 B주식회사의 기명주식을 실질적으로 취득하였으나 B주식회사의 이사회가 신주를 발행하면서 정한 기준일 현재 Y가 기명주식의 명의개서를 하지 아니하여 A가 그 주주로 기재되어 있었다면 B주식회사에 대한 관계에서는 신주의 주주는 A라 할 것이다.

따라서 원심이 이와 같은 견해에서 X의 이 사건 주식압류가 무효라는 Y의 주장을 배척한 조치는 정당하고, 명의개서를 하지 않은 주식의 양도인과 양수인 사이에서 신주인수권은 양수인에게 귀속하여야 한다는 견해를 내세워 원심에 신주인수권과 소위 실념주 내지 실기주에 관한 법리오해의 위법이 있다는 주장은 받아들일 수 없다. 그러므로 논지는 이유 없다[이 판결은 법이론상으로 보거나 주주명부상의 명의에 대한 이제까지의 법원의 태도에 비추어 보거나 타당하지 않다는 취지의 평석으로는 김건식, 「판례일보」, 제223호, 66~74면 참조].

B. 이론요약

(1) 준비금의 자본금 전입에 의한 신주발행이란 「회사의 계산상 법정준비금계정으로 되어 있는 금액의 전부 또는 일부를 자본금계정으로 이체하고 신주배정일(주주총회결의시) 현재의 주주에게 무상신주를 발행하는 것」을 말한다.

상법은 법정준비금을 원칙적으로 자본금의 결손에 충당하는 경우 외에는 사용하지 못하는 것으로 하고 있지만(商 460조), 예외적으로 이를 자본금 전입에 사용할 수 있게 하고 있다(商 461조 1항).

(2) 자본금 전입의 대상이 되는 준비금은 법정준비금(자본준비금 및 이익준비금)만을 의미한다(통설).

(3) 준비금의 자본금 전입의 결의기관은 원칙적으로 이사회인데(商 461조 1항 본문), 이 때 이사회는 신주배정일을 정하고 회사는 이를 공고하여야 한다(商 461조 3항). 신주배정일 현재 주주명부에 기재된 주주가 무상신주의 주주가 되고, 회사가 위의 공고 없이 한 무상신주의 교부는 신주발행유지청구 또는 신주발행무효의 소의 원인이 된다.

정관으로 준비금의 자본금 전입을 주주총회에서 결정하도록 정할 수 있는데(商 461조 1항 단서), 이 경우 주주총회의 자본금 전입에 관한 결의에서 다른 정함이 없는 한 주주총회결의시부터 신주발행의 효력이 생기고 주주는 그 때부터 배정받은 무상신주의 주주가 된다(商 461조 4항). 그런데 이 경우 주주총회는 무상신주를 배정받을 주주를 확정하기 위하여 배정일(사실상의 배정일)을 정하는 것이 보통인데, 이 배정일은 준비금의 자본금 전입을 결의하는 날의 이후일 수도 있고 이전일 수도 있다. 이후의 날을 배정일로 정한 경우에는 기한부결의가 되어 그 기한이 도래하여야 주주총회결의의 효력이 발생하고, 이전의 날을 배정일로 정하는 경우에는 이러한 배정일 현재 주주명부상에 기재된 주주가 무상신주의 주주가 되는데 다만 그 효력은 주주총회결의일에 발생한다.

(4) 회사는 준비금의 자본금 전입에 따라 증가하는 자본금에 관하여 신주배정일(또는 주주총회결의시) 현재 주주명부상 주주가 가지는 주식의 수에 따라 신주를 발행하여(商 461조 2항 1문), 주주에게 그 배정비율에 따라 무상으로 교부하여야 한다. 이 때 단주(端株)가 발생하는 경우 상법은 그 처리방법에 대하여 규정하고 있다(商 461조 2항 2문, 443조 1항).

준비금의 자본금 전입에 의한 신주발행의 효력이 발생한 때에는 회사는 그 효력이 발생한 날로부터 6월 이내에 주권을 발행하여야 한다(商 355조, 335조 3항 단서 참조).

(5) 신주의 발행한도는 정관에서 정한 수권주식총수 중 미발행주식의 범위 내이어야 하고, 정관에서 종류주식이 규정된 경우에는 그 종류의 미발행주식의

범위 내이어야 한다(商 344조~346조).

준비금의 자본금 전입에 의하여 발행되는 신주는 무상으로 주주에게 교부되는 것이므로, 신주의 발행가액은 액면가액이어야 한다.

(6) 준비금의 자본금 전입에 관한 이사회 또는 주주총회의 결의가 있어 신주의 주주가 확정되면, 대표이사 · 대표집행임원은 지체 없이 신주의 효력발생일(신주배정일 또는 주주총회일)의 주주명부상의 주주와 등록질권자에 대하여 그 주주가 받을 주식의 종류와 수를 통지하고, 무기명주권을 발행한 경우에는 그 결의의 내용을 공고하여야 한다(商 461조 5항).

준비금의 자본금 전입에 의하여 발행되는 신주는 실질적으로 종전의 주식의 분할에 의하여 생긴 것과 같으므로, 종전의 주식이 입질된 경우에는 그 주주가 받은 무상신주 및 단주의 처분에 의하여 받은 대금 위에 물상대위의 효력이 생긴다(商 461조 7항, 339조).

(7) 준비금을 자본금 전입하면 자본금이 증가하고 또 발행주식수도 증가하므로, 이에 관하여 변경등기를 하여야 한다(商 317조 2항 2호 · 3호, 4항, 183조).

C. 관련판례

대판 1974. 6. 25, 74 다 164(判商 [395])(소유권유보부 주식매매에 있어서는 매수인이 주식매매대금을 완납하지 않고 있는 사이에 준비금의 자본금 전입에 의하여 생긴 무상주는 당연히 매도인에게 귀속된다고 한 경우).

D. 관련논점

(1) 준비금의 자본금 전입에 의한 신주발행과 주식분할의 차이점

(2) 준비금의 자본금 전입이 필요한 경우

(3) 실기주주의 권리

2. 주식배당에 의한 신주발행

3. 전환주식 또는 전환사채의 전환에 의한 신주발행

4. 신주인수권부사채의 신주인수권의 행사에 의한 신주발행

5. 회사의 흡수합병 또는 분할합병으로 인한 신주발행
6. 주식의 포괄적 교환으로 인한 신주발행
7. 주식의 병합 또는 분할에 의한 신주발행

제2관 자본금의 감소(감자)

제 6 절　정관의 변경

제 1　정관변경의 절차

1. 주주총회의 특별결의

2. 종류주주총회의 결의

A. 기본판례

▣ 대판 2006. 1. 27, 2004 다 44575 · 44582(判商 [388])[우선주주의 종류주주총회의 결의를 요한다고 보고 이러한 종류주주총회의 결의가 없는 정관변경의 효력에 관한 판례]

[사실관계]

(1) X는 Y회사가 1997. 2. 28.자 정관변경 이전에 발행한 비누적적이고 의결권이 없는 Y회사의 우선주식 40,000주를 보유한 우선주주이다.

(2) 1997. 2. 28.자 Y회사의 정관변경 전의 정관 제 8 조는 다음과 같았다.

제 8 조 ① 본 회사가 발행할 주식의 종류는 기명식 보통주식과 기명식 우선주식으로 한다.

② 본 회사가 발행할 우선주식은 비누적적이며 의결권이 없는 것으로 하고, 그 수는 75,000,000주로 한다.

③ 우선주식에 대하여는 보통주식의 배당보다 액면금액을 기준으로 하여 연 1%를 금전으로 더 배당한다.

④ 제 3 항의 우선주식에 대한 배당은 보통주식에 대한 배당을 하지 아니하는 경우에는 우선주식에 대하여도 배당을 아니할 수 있다.

⑤ 본 회사가 유상증자 · 무상증자 · 주식배당을 실시하는 경우, 보통주식에 대하여는 보통주식을, 우선주식에 대하여는 동일한 조건의 우선주식을 각 소유

주식 비율에 따라 발행하는 것을 원칙으로 한다. 다만 회사는 필요에 따라서 유상증자나 주식배당시 한 가지 종류의 주식만을 발행할 수도 있으며, 이 경우 모든 주주는 그 발행되는 주식에 대하여 배정 또는 배당을 받을 권리를 갖는다.

⑥ 본 회사의 주권은 일주권, 오주권, 일십주권, 오십주권, 일백주권, 오백주권, 오만주권의 8종으로 한다.

(3) Y회사는 1995. 12. 29. 상법개정으로 우선주의 최저배당률을 정하여야 하게 되자, 1997. 2. 28.자 주주총회에서 정관 제 8 조 제 2 항 내지 제 4 항을 다음과 같이 변경함과 아울러 제 5 항을 신설하고, 기존의 제 5 항과 제 6 항은 각각 제 6 항과 제 7 항으로 변경하는 내용의 정관변경(제 1 정관변경)을 하였다. 즉,

제 8 조 ② 본 회사가 발행할 우선주식은 비누적적이며 의결권이 없는 것으로 하고, 그 수는 100,000,000주로 한다.

③ 우선주식에 대하여는 발행시 이사회의 결의로 액면금액을 기준으로 하여 연 9% 이상으로 우선배당률을 정한다.

④ 보통주식이 우선주식의 배당률을 초과하는 경우에는 그 초과분에 대하여 보통주식과 동일한 비율로 참가시켜 배당한다.

⑤ 우선주식의 존속기간은 발행일로부터 10년으로 하고, 이 기간만료와 동시에 보통주식으로 전환된다. 그러나 위 기간중 소정의 배당을 하지 못한 경우에는 소정의 배당을 완료할 때까지 그 기간을 연장한다. 이 경우 전환으로 인하여 발행하는 주식에 대한 이익의 배당에 관하여는 제 8 조의 2의 규정을 준용한다.

그리고 부칙 제 5 조 제 2 항으로 「본 정관개정 및 시행일(1997. 2. 28.) 이전에 발행된 비누적적 · 의결권이 없는 우선주에 대하여는 보통주식에 대한 배당보다 액면금액을 기준으로 연 1%를 금전을 더 배당하고, 보통주식에 대한 배당을 하지 아니하는 경우에는 동 우선주에 대하여도 배당을 하지 아니할 수 있다. 동 우선주에 대하여 무상증자 등에 의하여 우선 주식을 발행하는 경우에는 제 8 조의 규정에 의한 우선주식을 배정한다」고 규정하였다.

(4) Y회사는 2002. 2. 28. 정기주주총회를 개최하여 정관 제 8 조 제 5 항을 삭제하는 것을 내용으로 하는 정관변경(제 2 정관변경)에 관한 결의를 하였는데, 위 결의를 함에 있어서 우선주주들로 구성된 종류주주총회의 결의를 거치지 아니하였다.

(5) 위와 같은 사실관계하에서 X는 선택적으로 (i) Y회사의 2002. 2. 28.자 위 제 2 정관변경에 관한 주주총회의 불발효확인 또는 (ii) 2002. 2. 28.자 제 2 정관변경에 관한 주주총회결의의 무효확인 또는 (iii) 2002. 2. 28.자 주주총회결의에 따른 위 제 2 정관변경의 무효확인을 구하는 소를 제기하였다.

이에 대하여 Y는 본안전 항변으로 상법 제435조 제 1 항에 따라 정관변경을 위하여 종류주주총회결의가 필요함에도 불구하고 이를 거치지 아니한 흠결은 주주총회결의가 효력을 발생하기 위한 절차적 요건을 결한 경우로서 주주총회결의의 취소사유에 불과하다고 보아야 할 것인데, X의 이 사건 본소는 이 사건 2002. 2. 28.자 주주총회의 결의의 날로부터 2월이 지나서 제기된 것이므로 상법 제376조 제 1 항 소정의 제소기간 도과로 인하여 부적법하다고 주장하면서 이 사건 소의 각하를 구하였다. Y는 나아가서 위 제 2 정관변경은 X 등 우선주주에게 손해를 미치지 않는다고 주장하면서 본소청구의 기각을 구하는 동시에, 예비적 반소로서 만일 제 2 정관변경이 우선주주에게 불리한 것이라고 판단된다면 제 1 정관변경도 우선주주에게 불리한 내용으로서 우선주주의 종류주주총회의 결의가 필요한데 이를 결하였으니, 제 1 정관변경결의도 불발효 내지 무효라고 보아야 한다고 하면서 그 확인을 구하여 왔다.

이에 대하여 원심(서울고판 2004. 7. 9, 2003 나 55037 · 55044)은 X의 본소청구는 인용하고 Y의 예비적 반소는 각하하였다. 따라서 Y가 대법원에 상고하게 된 것이다.

[판결요지]

(1) 정관변경에 관한 종류주주총회결의의 필요 여부

1) (2011년 4월 개정전) 상법 제435조 제 1 항은 「회사가 수 종의 주식을 발행한 경우에 정관을 변경함으로써 어느 종류의 주주에게 손해를 미치게 될 때에는 주주총회의 결의 외에 그 종류의 주주의 총회의 결의가 있어야 한다」고 규정하고 있는바, 위 규정의 취지는 주식회사가 보통주 이외의 수 종의 주식을 발행하고 있는 경우에 보통주를 가진 다수의 주주들이 일방적으로 어느 종류의 주식을 가진 소수주주들에게 손해를 미치는 내용으로 정관을 변경할 수 있게 할 경우에 그 종류의 주식을 가진 소수주주들이 부당한 불이익을 받게 되는 결과를 방지하기 위한 것이므로, 여기서의 「어느 종류의 주주에게 손해를 미치게 될 때」라 함에는,

어느 종류의 주주에게 직접적으로 불이익을 가져오는 경우는 물론이고, 외견상 형식적으로는 평등한 것이라고 하더라도 실질적으로는 불이익한 결과를 가져오는 경우도 포함되며, 나아가 어느 종류의 주주의 지위가 정관의 변경에 따라 유리한 면이 있으면서 불이익한 면을 수반하는 경우도 이에 해당된다고 할 것이다.

2) 원심은, 이와 같은 취지에서, 이 사건 정관의 두 차례에 걸친 변경 내용을 비교하여 보면, 원심 판시 제 2 정관변경으로 인하여, 기존의 우선주주들이 무상증자 등에 의하여 향후 새로 배정받게 될 우선주의 내용에만 차이가 생기는 것일 뿐이고 그 외에는 아무런 차이가 없는데, 차이가 생기는 부분인 향후 배정받게 될 우선주의 내용은 구 우선주와 달리 10년 후에도 보통주로 전환할 수 없는 것이므로, 보통주로의 전환에 의한 의결권의 취득을 바라고 있던 우선주주의 지위에서는 제 2 정관변경이 불리한 반면, 의결권의 취득에는 관심이 적고 그보다는 이익배당에 더 관심이 있던 우선주주의 지위에서는 특정 비율 이상의 이익배당권이 10년의 제한을 받지 아니하고 언제까지나 보장되는 것이어서 유리하다고 한 다음, 정관을 변경함으로써 우선주주 각자의 입장에 따라 유리한 점과 불리한 점이 공존하고 있을 경우에는 우선주주들로 구성된 종류주주총회의 결의가 필요하다고 판단하였는바, 원심의 이러한 판단은 정당한 것으로 수긍할 수 있고, 거기에 상고이유에서 주장하는 상법 제435조 소정의 「어느 종류의 주주에게 손해를 미치게 될 때」에 관한 법리를 오해한 위법이 없다.

(2) 종류주주총회의 결의가 이루어지지 않은 경우 확인청구의 대상인 법률관계

1) 앞에서 본 상법 제435조 제 1 항의 문언에 비추어 보면, 어느 종류주주에게 손해를 미치는 내용으로 정관을 변경함에 있어서 그 정관변경에 관한 주주총회의 결의 외에 추가로 요구되는 종류주주총회의 결의는 정관변경이라는 법률효과가 발생하기 위한 하나의 특별요건이라고 할 것이므로, 그와 같은 내용의 정관변경에 관하여 종류주주총회의 결의가 아직 이루어지지 않았다면 그러한 정관변경의 효력이 아직 발생하지 않는 데에 그칠 뿐이고, 그러한 정관변경을 결의한 주주총회결의 자체의 효력에는 아무런 하자가 없다고 할 것이다.

따라서 원심이 Y(반소원고)의 본안전 항변에 관한 주장, 즉 종류주주총회의 결의가 이루어지지 않은 경우에는 그 정관변경을 결의한 주주총회결의 자체에 절차상의 위법이 있는 때에 해당하는 만큼 상법에 규정된 주주총회결의 취소의

소에 의하여 그 하자를 다투어야 하는데 그 결의취소의 소의 법정 제기기간이 이미 도과되었으므로 X의 청구가 부적법하다는 주장을 배척하고 본안 판단에 나아간 것은 옳다.

2) 그러나 정관의 변경결의의 내용이 어느 종류의 주주에게 손해를 미치게 될 때에 해당하는지 여부에 관하여 다툼이 있는 관계로 회사가 종류주주총회의 개최를 명시적으로 거부하고 있는 경우에, 그 종류의 주주가 회사를 상대로 일반 민사소송상의 확인의 소를 제기함에 있어서는, 정관변경에 필요한 특별요건이 구비되지 않았음을 이유로 하여 정면으로 그 정관변경이 무효라는 확인을 구하면 족한 것이지, 그 정관변경을 내용으로 하는 주주총회의 결의 자체가 아직 효력을 발생하지 않고 있는 상태(이른바 불발효 상태)라는 관념을 애써 만들어서 그 주주총회결의가 그러한 「불발효 상태」에 있다는 것의 확인을 구할 필요는 없다. 특정 외국의 학설이나 판례가 그 나라의 법체계와 법규정에 근거하여 설정하거나 발전시켜 온 이론을, 그와 다른 법체계하에 있는 우리나라의 소송사건에 원용하거나 응용하는 것은, 꼭 그렇게 하여야 할 이유가 있는 경우에 한하여 필요한 범위 안에서 신중하게 하여야 할 것이다.

원심이, 이와 달리 종류주주총회의 결의는 주주총회결의 자체의 효력을 발생시키기 위한 추가적인 요건이라는 전제하에, 주주총회의 결의 외에 종류주주총회의 결의를 요하는 경우에 그 종류주주총회의 결의가 없는 동안에는 주주총회결의 자체가 불발효 상태에 있다고 판단한 것은, 일단 종류주주총회결의의 효력에 관한 법리를 오해한 위법에 해당한다고 아니할 수 없다.

다만, 이 사건의 경우, X는 원심 판시 제 2 정관변경의 효력이 아직 발생하지 않았다는 의미에서 제 2 정관변경이 무효라는 확인을 구함과 아울러, 제 2 정관변경을 내용으로 하는 주주총회결의의 효력이 불발효 상태라는 확인도 그 순위를 정하지 아니한 채 선택적으로 병합하여 구하고 있는바, 주주총회결의의 효력이 발생하지 아니하면 그 결의가 내용으로 하고 있는 제 2 정관변경도 효력을 발생하지 않게 될 것이므로 이른바 주주총회결의 불발효확인 청구란 정관변경 무효확인 청구와 그 실질적인 내용에 있어서는 차이가 없거나 도리어 그보다 약한 효력을 내용으로 하는 청구라고 볼 수 있고, 이 사건의 실질적인 쟁점은 원심 판시 제 2 정관변경이 종류주주총회의 결의를 요하는 것인지 여부라고 할 것인데, 원심이 제 2 정관변경은 종류주주총회의 결의를 요한다고 판단하여 전자의 주주총회결의 불발효확인 청구를 인용하였고 이에 대하여 X는 불복하지 아니하고 Y만이 불복·상고하고 있는 이상 앞서 본 바와 같은 법리오해를 이유로 삼아 Y의 상고를 받아들일 수는 없는 것이다. 따라서 원심의 앞서 본 잘못은 판결의 결과에 영향을 미치지 않는 것이라고 볼 수 있어 결국 상고이유의 주장은 이유 없음으로 돌아간다.

(3) 제 1 정관변경의 무효 여부

원심이 확정한 사실에 의하면, 원심 판시 제 1 정관변경 역시 제 2 정관변경과 마찬가지로 기존의 우선주주들이 무상증자 등에 의하여 향후 배정받게 될 우선주의 내용에 있어서 유리한 점과 불리한 점(제 2 정관변경과는 반대로 의결권의 취득을 바라는 우선주주의 지위에서는 유리한 반면, 의결권에는 관심이 없고 이익배당에 관심이 있던 우선주주의 지위에서는 불리하다)이 동시에 존재하고 있는 경우에 해당하므로 원심 판시 제 1 정관변경의 효력이 발생하기 위하여는 우선주주들로 구성된 종류주주총회의 결의가 필요하다고 할 것이다.

한편, Y는 원심 판시 제 1 정관변경이 유효함을 전제로, 제 1 정관변경에 의하여 변경된 정관 제 8 조 중 그 일부인 제 5 항을 삭제하는 내용으로 원심 판시 제 2 정관변경을 함으로써 우선주주들로 하여금 제 1 정관변경이 유효하다는 신뢰를 갖게 하였을 뿐만 아니라, 제 1 정관변경에 관하여도 종류주주총회의 결의가 있어야 한다고 본다면 스스로 우선주주들로 구성된 종류주주총회를 소집하여 제 1 정관변경의 효력을 확정지음으로써 그에 관한 법적 지위의 불안이나 위험을 해소할 수 있는 지위에 있다고 할 것인데, 이러한 지위에 있는 Y가 종류주주총회의 결의가 없었음을 내세워 뒤늦게 원심 판시 제 1 정관변경의 무효확인을 구하는 것은, 회사의 법률관계에서 요구되는 신의성실의 원칙에 반하는 것일 뿐만 아니라, 제 1 정관변경과 관련된 Y의 법률적 지위에 현존하는 위험과 불안을 제거하는 방법으로서 유효하고 적절한 수단이라고 할 수도 없으므로 확인의 이익이 없다고 하여야 한다.

이 사건 예비적 반소 중 제 2 정관변경 무효확인 청구 및 제 1 주주총회결의 불발효확인 청구에 대한 원심의 설시는 다소 부적절한 점이 있지만, 위 각 확인의 소를 각하한 결론에 있어서는 정당하고 거기에 상고이유에서 주장하는 이유모순 등의 위법이 없다.

B. 이론요약

(1) 정관변경이란 「회사의 조직과 활동에 관한 근본규칙인 정관(실질적 의미의 정관)을 변경하는 것」을 의미하는데, 이러한 정관을 변경하기 위하여는 주주총회의 특별결의가 있어야 한다(商 433조 1항, 434조).

(2) 정관의 변경이 어느 종류주식의 주주에게 손해를 미치게 될 때에는(예컨대, 우선주의 배당률을 낮추거나, 우선주의 주주권을 제한하는 경우 등) 다시 그 종류주식의 주주총회의 결의가 있어야 한다(商 435조 1항). 이러한 종류주주총회의 결의를 요하는 경우는, 위와 같은 경우 외에도 종류주식 사이에 신주의 인수, 주식의 병합·분할·소각 또는 회사의 합병·분할로 인한 주식의 배정에 관하여 특수한 정함을 하는 경우에 어느 종류주식의 주주에게 손해를 미치게 될 때와(예컨대, 우선주에 대하여 보통주보다 신주배정의 비율을 낮게 하는 경우 등)(商 436조, 344조 3항), 회사의 분할 또는 분할합병·주식교환·주식이전 및 회사의 합병으로 인하여 어느 종류주식의 주주에게 손해를 미치게 될 때이다(예컨대, 회사의 합병의 경우 소멸회사의 우선주에 대하여 보통주보다 존속회사의 주식을 적게 배정하는 경우 등)(商 436조).

(3) 종류주주총회에는 주주총회에 관한 규정이 원칙적으로 전부 준용되는데(商 435조 3항), 예외적으로 종류주주총회의 결의방법에 대하여 특칙을 두고 있고(商 435조 2항) 또한 의결권이 없는 종류주식을 가진 주주도 종류주주총회에서는 의결권을 행사할 수 있도록 하였다(商 435조 3항).

(4) 주주총회의 결의 외에 종류주주총회를 요하는 경우에 종류주주총회의 결의가 없거나 또는 그 결의가 무효 또는 취소된 경우에 주주총회의 결의의 효력이 어떠한지가 문제된다. 이에 대하여 (i) 주주총회결의의 효력을 무효로 보는 무효설과 (ii) 주주총회결의는 취소사유가 된다는 취소사유설(또는 유효설)도 있으나, 주주총회결의에는 하자가 없으므로 이러한 견해는 타당하지 않고 주주총회결의의 효력은 무효도 아니고 취소할 수 있는 것도 아닌 부동적(浮動的)인 상태에 있다가(주주총회결의의 불발효 또는 불완전) 후에 종류주주총회의 결의를 얻으면 확정적으로 유효가 되고 이를 얻지 못하면 확정적으로 무효가 된다고 보아야 할 것이다(부동적 무효설 또는 결의불발효설). 이 경우에는 주주총회결의의 하자에 관한

상법상의 규정이 유추적용되지 않고 민사소송법의 규정에 따라 주주총회결의 불발효확인의 소를 제기할 수 있다.

(5) (i) 위 기본판례에서 상법 제435조 제 1 항의「어느 종류주식의 주주에게 손해를 미치게 될 때」의 의미는 어느 종류주식의 주주의 지위가 정관의 변경에 따라 유리한 면이 있으면서 불이익한 면을 수반하는 경우도 포함되므로, 이 사건에서 전환형 우선주에 관한 규정을 정관에 신설하거나 삭제하는 경우에는 주주총회의 결의 외에 종류주주총회의 결의를 요한다고 본다. 따라서 이 점에서 대법원판결에 찬성한다.

(ii) 위 (i)에서 본 바와 같이 종류주주총회의 결의를 요하는 경우에 이러한 종류주주총회의 결의가 없는 주주총회의 결의의 효력은 주주총회결의 자체에는 아무런 하자가 없으므로 주주총회결의의 취소 또는 무효사유로 보는 것은 타당하지 않고, 주주총회의 결의는 무효도 아니고 취소할 수 있는 것도 아닌 부동적인 상태에 있다가 후에 종류주주총회의 결의를 얻으면 확정적으로 유효로 되고 이를 얻지 못하면 확정적으로 무효로 된다고 보아야 할 것이다(부동적 무효설). 이러한 점에서 대법원판결의 결론에 찬성한다.

(iii) 위 (ii)와 같은 경우 민사소송법상의 일반원칙에 따라 주주총회결의 불발효확인의 소(부동적으로 무효임의 확인을 구하는 소)를 제기할 수 있다고 본다. 이는 주주총회결의 내용 또는 결의 자체의 무효확인을 구하는 것과 다르므로, 대법원판결이「불발효 상태」에 있다는 것의 확인을 구할 필요가 없고 주주총회결의 내용이 무효(즉, 정관변경이 무효)라는 확인을 구하면 족하다고 하는 판지에 대하여는 반대한다.

(iv) 종류주주총회의 결의가 없어 주주총회결의의 불발효확인의 소(또는 정관변경무효확인의 소)의 원고는 손해를 입는 어느 종류주식의 주주(법률상 이해관계인)이고 피고는 회사이므로, 회사가 종류주주총회의 결의 없는 주주총회의 결의가 불발효(또는 정관변경이 무효)라는 주장을 할 수 없다고 본다. 따라서 이 점에서 이와 같은 취지에서 판시한 대법원판결의 결론에 찬성한다[이에 관한 상세는 정찬형, "종류주주총회의 결의가 없는 주주총회결의의 효력,"「고려법학」(고려대 법학연구원), 제46호(2006), 141~167면 참조].

C. 관련판례

대판 2007. 6. 28, 2006 다 62362(정관변경은 주주총회의 특별결의가 있으면 그 때 유효하게 정관변경이 이루어진다고 한 경우).

동지: 대판 1978. 12. 26, 78 누 167(앞의 판결과 동일한 내용임).

D. 관련논점

(1) 종류주주총회의 결의가 없는 경우, 주주총회결의의 불발효확인의 소를 제기할 실익이 없는가?

(2) 상법 제435조 제 1 항에서 규정하고 있는(상법 제436조와도 관련하여) 「어느 종류주식의 주주에게 손해를 미치게 될 때」의 의미는 무엇인가?

3. 등　　기

제 2　정관변경의 효력

제 3　정관변경에서의 특수한 문제

제 7 절 회사의 회계

제 1 회계절차

제 2 재무제표의 기재사항

제 3 이익배당

1. 협의의 이익배당(기준)

A. 기본판례

▣ 대판 1980. 8. 26, 80 다 1263(判商 [397])[이익배당의 기준으로 주주평등의 원칙에 반하지 않는다고 본 경우]

[사실관계]

주주총회에서 대주주에게는 30%, 일반주주에게는 33%의 이익배당을 하기로 결의한 경우, 이것이 주주평등의 원칙에 반하는지 여부가 문제되었다.

[판결요지]

대주주가 참석하여 당해 사업연도 잉여이익 중 자기들이 배당받을 몫의 일부를 스스로 떼내어 소액주주들에게 고루 나눠 주기로 한 것이니, 이는 주주가 스스로 그 배당받을 권리를 포기하거나 양도하는 것과 마찬가지로서 상법 제464조의 규정에 위반된다고 할 수 없다(즉, 주식평등의 원칙에 위반되지 않는다: 저자 주).

B. 이론요약

(1) 이익배당이란 광의로는 「주식회사가 그 영업에 의하여 얻은 이익을 주주에게 분배하는 것」을 의미한다. 이러한 (광의의) 이익배당의 방법에는 현금배당(금전배당)·재산배당 및 주식배당이 있는데, 우리 상법은 이들 모두를 인정하고 있다(이 중 현금배당을 협의의 이익배당이라고 한다). 우리 상법은 이러한 이익배당 외에 중간배당(商 462조의 3)을 인정하고 있다.

(2) 이익배당은 회사의 대차대조표상 순자산액으로부터 자본금의 액·그 결산기까지 적립된 법정준비금·그 결산기에 적립하여야 할 이익준비금 및 대통령령으로 정하는 미실현이익을 공제한 액(배당가능이익)을 한도로 한다(商 462조 1항).

(3) 이익배당의 결정은 원칙적으로 주주총회의 결의사항이고(商 462조 2항 본문). 일정한 경우에는 예외적으로 이사회의 결의사항이다(商 462조 2항 단서). 이와 같이 주주총회 또는 이사회의 재무제표의 승인이 있으면 회사의 이익배당은 확정되고, 주주는 회사에 대하여 구체적인 이익배당청구권을 취득한다.

(4) 이익배당은 원칙적으로 주주평등의 원칙에 의하여 각 주주가 가진 주식의 수에 따라 지급하여야 한다(商 464조 본문). 이 때 대주주는 무배당 또는 5%, 일반주주는 10%라는 등으로 차등배당을 결의하는 것은 대주주가 자기의 이익배당청구권의 전부 또는 일부를 포기한 것이라고 볼 수 있으므로 가능하나, 반대의 경우는 주주평등의 원칙에 반하므로 무효이다. 위 기본판례에서도 대법원은 이와 같은 취지로 판시하고 있다.

이익배당에서 상법상 주주평등의 원칙에 대한 예외는 종류주식을 발행한 경우에 인정하고 있다. 즉, 회사가 정관의 규정에 따라 우선주·후배주 등 이익배당에 관하여 내용이 다른 종류주식을 발행한 경우에는(商 344조 1항), 이러한 정관의 규정에 따라 회사는 종류주식 사이에 차등배당을 할 수 있다(商 464조 단서). 그러나 이 경우에도 같은 종류주식 사이에는 주주평등의 원칙에 따라 배당되어야 한다.

영업연도의 중간에 신주가 발행된 경우 회사는 정관의 규정에 의하여 동액배당을 할 수 있으므로(商 423조 1항 2문, 461조 6항), 이 때 회사가 동액배당을 할 것인가 또는 일할배당을 할 것인가는 임의적이라고 볼 수 있다(일할배당 임의설).

(5) 회사는 주주총회 또는 이사회에서 이익배당의 지급시기를 따로 정한 경우 외에는 주주총회 또는 이사회에 의한 재무제표의 승인(商 449조 1항, 449조의 2)이 있은 날로

부터 1월 내에 이익배당금을 지급하여야 한다(商 464조의 2 1항).

주주의 회사에 대한 이익배당청구권(구체적 권리)의 시효기간은 5년이다(商 464조의 2 2항).

(6) 배당가능이익이 없음에도 배당하거나 배당가능이익을 초과하여 이익배당을 하는 위법배당은 당연무효이다. 따라서 위법배당을 받은 주주는 배당받은 이익을 부당이득으로 회사에 반환할 의무를 부담한다(民 741조, 748조). 이 때 주주가 스스로 반환하지 않거나 또는 회사에서 반환청구를 하지 않으면, 회사채권자가 직접 주주에 대하여 위법배당액을 회사에 반환할 것을 청구할 수 있다(商 462조 3항).

위법배당을 결의한 주주총회 또는 이사회의 결의는 무효확인의 소의 대상이 되는데, 이 소의 성질을 확인소송으로 보면 회사채권자는 주주총회 또는 이사회의 결의 무효확인판결 이전에도 위법배당액의 반환청구를 할 수 있다.

위법배당안을 이사회에서 찬성하고(商 447조) 이를 정기주주총회에 제출하거나 이사회에서 결의한 이사 등은 회사에 대하여 연대하여 손해배상책임을 부담하고(商 399조, 408조의 8 1항), 또한 이러한 이사 등에 고의 또는 중과실이 있는 경우에는 그는 회사채권자 및 주주 등에 대하여도 손해배상책임을 부담한다(商 401조, 408조의 8 2항). 감사 또는 감사위원회는 임무를 게을리함으로 인하여 회사 또는 제 3 자에 대하여 연대하여 손해배상책임을 부담한다(商 414조, 415조의 2 7항).

C. 관련판례

대판 1983. 3. 22, 81 다 343(判商 [396])(유한회사의 임원이 이익배당안을 사원총회에 제출하지 않고 사내에 유보한 경우, 사원에게 〈구체적〉 이익배당청구권을 인정하지 않은 경우).

D. 관련논점

(1) 이익배당안(또는 재무제표)의 확정권한을 정관에 의하여 이사회에 부여하는 경우 주주의 이익과 관련하여 문제점은 없는가?

(2) 회사에 이익이 많이 발생하였음에도 불구하고 대표이사·대표집행임원이 이익배당안을 주주총회 또는 이사회에 제출하지 않은 경우, 주주(특히 소수주주)는 회사에 대하여 이익배당청구소송을 제기할 수 있는가?

(3) 상법 제462조 제 1 항의 배당가능이익은 적정한가?

2. 현물배당

3. 주식배당

4. 중간배당

제 4 주주의 경리감독

1. 재무제표 등의 열람권(단독주주권)

2. 회계장부열람권(소수주주권)

A. 기본판례

▣ 대판 1999. 12. 21, 99 다 137(判商 [400])[상법 제466조 제 1 항 소정의 소수주주의 회계장부열람·등사청구권을 피보전권리로 하여 당해 장부 등의 열람·등사를 명하는 가처분을 허용한 경우]

[사실관계]

Y회사는 1971. 6. 17. 콘크리트제조판매업 등을 목적으로 X, Y회사의 현재 대표이사인 S, B 등 3인이 공동 출자하여 설립한 회사인데, 지금은 X와 위 S만이 Y회사의 실질적인 주주로서 그 주식의 50%씩을 각 소유하고 있다. 그런데 X가 1990. 3. 5. Y회사 주주총회의 승인도 없이 Y회사와 사업목적이 동일한 H주식회사를 설립하고 위 회사의 이사 겸 대표이사로 취임(X는 그 후 1개월 만에 사임하였고, 위 H회사는 현재 휴면회사로 되어 있음)하자, 위 S는 X의 그러한 행위가 상법상 경업금지의무 위반임을 들어 법원에 X에 대한 이사 등 직무집행정지 가처분신청과 이사 해임청구의 소를 제기하였고, 위 가처분신청에 관하여 1991. 1. 14. 서울고등법원 90 라 129호로 X의 이사 및 대표이사로서의 직무집행을 정지한다는 결정이 내려짐에 따라 그 무렵부터 X의 Y회사에 대한 이사 및 대표이사로서의 직무집행이 정지되었다. 위 이사해임 청구소송에 관하여도 1993. 4. 9. 대법원에서 X를 Y회사의 이사직에서 해임한다는 판결이 확정됨으로써 그 때부터 X는 Y회사의 경영에서 완전히 배제되고 위 S가 현재까지 Y회사의 대표이사로서 단독으로 그 경영을 담당하고 있었다. 위와 같이 위 S가 X를 상대로 위 가처분신청과 이사해임 청구소송을 제기할 무렵부터 X와 위 S의 관계는 악화되어 그 후 X와 위 S

사이에서는 Y회사의 주식 소유 및 경영권과 관련하여 여러 차례에 걸친 법적 분쟁이 있었고, 한편 Y회사는 처음 설립된 1971년경부터 X와 위 S 사이에 분쟁이 발생한 1990년경까지는 형식주주들에게 소집통지를 하여 주주총회를 개최한 사실이 없고 X와 위 S가 필요한 경우 합의한 내용으로 주주총회결의서를 작성하여 주주총회 개최에 갈음하여 왔었는데, 주주명부상 형식주주에 불과한 주주들을 의결에 참가시켜 이사 등 임원을 선임한 1994. 3. 30.자 주주총회(위 주주총회의 결의는 Y회사의 임원진을 위 S의 측근으로 교체하고 X의 주식보유비율을 감소시키는 내용이었는바, 이 사건 원심판결 선고 후에 대법원에서 위 주주총회결의는 취소되는 것으로 확정되었음)가 개최된 이후에는 현재까지 주주총회가 개최되지 않고 있고, 단 한 번도 주주에 대한 이익배당이 실시된 바도 없으며, 1994. 1. 31.경 Y회사가 생산한 콘크리트 제품을 운반하는 데 사용되던 레미콘 트럭 50대를 주주총회의 특별결의 없이 D주식회사 명의로 소유권이전등록을 하였다. 이에 X가 Y회사에 대하여 경영실태에 관한 조사에 필요하다는 이유로 회계장부 등의 열람 및 등사를 요청하여 왔는데, Y회사는 현재까지 이를 거부하였다. 이에 X는 Y회사를 상대로 상법 제466조에 의한 주주의 회계장부열람권을 청구하였다.

이에 대하여 원심은 X와 위 S 사이에서 그 동안 여러 차례 법적 분쟁을 거쳐 오면서 두 사람의 갈등이 심화되어 있는 사정만으로는 X의 회계의 장부와 서류의 열람 및 등사청구가 회사의 경영에 부당하게 관여하여 Y회사를 파탄으로 몰고 가려는 의도에 따른 것이라고 단정하기에는 부족하고 달리 이를 인정할 만한 증거가 없다고 판단하였다. 따라서 Y가 대법원에 상고하게 된 것이다.

[판결요지]

(1) 주주의 회계장부열람·등사청구권을 피보전권리로 하여 당해 장부 등의 열람·등사를 명하는 가처분이 실질적으로 본안소송의 목적을 달성하여 버리는 면이 있다고 할지라도, 나중에 본안소송에서 패소가 확정되면 손해배상청구권이 인정되는 등으로 법률적으로는 여전히 잠정적인 면을 가지고 있기 때문에 임시적인 조치로서 이러한 회계장부열람·등사청구권을 피보전권리로 하는 가처분도 허용된다고 볼 것이고, 이러한 가처분을 허용함에 있어서는 Y회사에 대하여 직접 열람·등사를 허용하라는 명령을 내리는 방법뿐만 아니라, 열람·등사의 대상

장부 등에 관하여 훼손, 폐기, 은닉, 개찬이 행하여질 위험이 있는 때에는 이를 방지하기 위하여 그 장부 등을 집행관에게 이전 · 보관시키는 가처분을 허용할 수도 있을 것이다.

원심은 Y회사가 X의 이 사건 장부와 서류의 열람 및 등사청구권의 존부를 다투고 있고, X와 Y회사의 대표이사인 위 S 사이에서 여러 차례 법적 분쟁이 있어 왔을 뿐만 아니라 현재까지 계속되고 있어 Y회사가 이 사건 장부 및 서류를 훼손, 폐기, 은닉, 개찬 등을 할 가능성을 배제할 수 없어 그 현상의 변경을 방지하기 위한 가처분(이른바 보전적 가처분)의 필요성이 있으며, 주주의 회계장부 등의 열람 및 등사청구권은 대표소송 등을 통하여 주주로서의 권리를 확보하기 위한 수단으로 이용되는 것으로 적기에 시행되지 아니하면 그 실효성을 잃게 될 염려가 있어 그 긴급성도 인정된다 할 것이어서 이 사건 회계장부서류의 열람 및 등사를 허용하는 가처분의 필요성이 있다고 판단하였는바, 원심의 이러한 판단은 위와 같은 법리에 따른 것으로서 정당하고 거기에 상고이유로 주장하는 바와 같이 회계장부열람 · 등사청구권이나 이를 피보전권리로 하는 가처분에 관한 법리를 오해한 위법이 있다고 할 수 없다. 이 부분 상고이유의 주장도 이유 없다.

(2) 주식회사 소수주주가 상법 제466조 제 1 항의 규정에 따라 회사에 대하여 회계의 장부와 서류의 열람 또는 등사를 청구하기 위하여는 이유를 붙인 서면으로 하여야 하는바, 회계의 장부와 서류를 열람 또는 등사시키는 것은 회계운영상 중대한 일이므로 그 절차를 신중하게 함과 동시에 상대방인 회사에게 열람 및 등사에 응하여야 할 의무의 존부 또는 열람 및 등사를 허용하지 않으면 안 될 회계의 장부 및 서류의 범위 등의 판단을 손쉽게 하기 위하여 그 이유는 구체적으로 기재하여야 할 것이다.

원심은, X는 이 사건 가처분신청을 하면서 Y회사의 대표이사의 위 S가 Y회사에 대한 경영권을 독점한 이후 자신의 측근들만으로 임원진을 구성한 채 상법과 정관을 위반하여 7~8년간 제대로 주주총회를 개최하지 않고 있고, 1990년 이래 단 한차례도 이익배당을 실시하지 않고 있으며, Y회사의 중요 자산인 레미콘 트럭을 임의로 처분하는 등 자의적이고 방만한 운영을 하고 있어 회사의 경영실태를 파악하고 이를 조사 · 감독하기 위하여 이 사건 각 장부 및 서류의 열람 및 등사를 청구하였으나 Y회사가 이를 거부하였으므로, 회사의 경영실태를 파악하여 정관이나 법령에 위반되는 사실이나 방만한 경영 흔적을 밝혀 이사의 책임을 추궁하는 등 주주로서의 법적 권리를 행사하기 위하여 위와 같은 장부 및 서류들의 열람 및 등사를 청구하는 것이라고 이 사건 신청서 및 준비서면 등의 서면에 의하여 그 이유를 밝히고 있음은 기록상 명백하므로 X의 위 장부 및 서류들에 대한 이 사건 가처분신청은 상법 제466조 제1항의 요건을 갖춘 것이라고 판단하였는바, 앞서 본 바와 같은 법리에 비추어 보면 원심의 위와 같은 판단은 정당한 것으로 수긍이 되고, 한편 주주의 회계장부 및 서류의 열람·등사청구권이 인정되는 이상 그 열람·등사청구권은 그 권리행사에 필요한 범위 내에서 허용되어야 할 것이지, 열람 및 등사의 횟수가 Y회사의 주장과 같이 1회에 국한되는 등으로 사전에 제한될 성질의 것은 아니라 할 것이므로 같은 취지에서 30일간의 열람 및 등사기간을 허용한 원심판결은 정당하고, 거기에 Y회사가 주장하는 바와 같은 주주의 회계장부 및 서류의 열람·등사청구권에 관한 법리오해의 위법이 있다고 할 수 없다. 이 부분 상고이유의 주장도 이유 없다.

B. 이론요약

(1) 상법은 일정한 경우 주주가 직접 이사·집행임원에 대한 감독권(이사의 해임청구권, 이사·집행임원의 위법행위유지청구권, 이사·집행임원 등에 대한 대표소송제기권 등)을 행사하도록 하고 있는데, 주주의 이러한 감독권의 효율적 행사를 위하여 상법은 주주에게 경리검사권을 부여하고 있다. 즉, 주주는 재무제표 등의 열람권을 갖고(단독주주권)(商448조), 이에 의하여 그 내용을 충분히 알 수 없는 경우에는 그 원시기록인 회계의 장부와 서류에 대한 회계장부열람권을 가지며(소수주주권)(商466조), 또 전문가인 법원이 선임한 검사인을 통한 회사의 업무·재산상태조사권(소수주주권)(商467조)이 있다.

(2) 소수주주는 이유를 붙인 서면으로 회계의 장부와 서류의 열람 또는 등사를 청구할 수 있는 권리를 갖는데, 이것이 주주의 회계장부열람권이다(商466조 1항). 이때 「회계의 장부」란 재무제표와 그 부속명세서의 작성의 기초가 되는 장부로서(商29조 참조) 회계에 관한 모든 장부를 말하고(예컨대, 원장·전표 등), 「회계의 서류」란 회계장부의 기재의 원재료가 되는 서류를 말한다(예컨대, 계약서·영수증·납품서 등). 이러한 회계의 장부 및 서류에는 자회사의 회계장부도 포함된다.

주주의 회계장부 및 서류의 열람·등사청구권이 인정되는 이상 그 열람·등사청구권은 그 권리의 행사에 필요한 범위 내에서 허용되는 것이지 1회에 국한되는 등으로 사전에 제한될 성질의 것은 아니다. 이러한 점에서 위 기본판례가 사실관계에서 나타난 사정하에서 소수주주의 회계장부열람·등사청구권을 인정하고 또 이를 피보전권리로 하여 이의 열람·등사를 명하는 가처분을 허용하고 또한 이러한 권리는 그 권리행사에 필요한 범위 내에서 허용되는 것이지 1회에 한하지 않는다고 본 것은 타당하다고 본다.

(3) 소수주주의 위와 같은 회계장부의 열람청구가 있는 경우, 회사는 그러한 주주의 청구가 부당함을 증명하지 않으면 이를 거부하지 못한다(商 466조 2항). 만일 회사가 정당한 이유 없이 소수주주의 이러한 청구를 거절한 경우에는, 주주는 열람청구의 소를 제기하고 또 필요한 경우(은닉·변경할 우려 등이 있는 경우)에는 장부서류보전의 가처분의 신청을 할 수도 있다. 이 때 관계이사는 500만원 이하의 과태료의 제재를 받는다(商 635조 1항 4호).

C. 관련판례

(1) 대결 2004. 12. 24, 2003 마 1575(判商 [398])(주주의 회계장부열람·등사권의 행사가 회사업무의 운영 또는 주주 공동의 이익을 해치거나, 주주가 회사의 경쟁자로서 그 취득한 정보를 경업에 이용할 우려가 있거나, 또는 회사에 지나치게 불리한 시기를 택하여 행사하는 경우 등에는 상법 제466조 제 2 항의 주주의 청구가 부당함에 해당한다고 하여, 원심이 재항고인의 이 사건 열람·등사청구는 정당한 목적을 결한 것이라고 본 것은 타당하다고 한 경우).

(2) 대판 2001. 10. 26, 99 다 58051(判商 [399])(상법 제466조 제 1 항의 회계의 장부 및 서류에는 자회사의 회계장부도 포함된다고 하여, 원심이 신청인의 청구를 받아들인 것은 타당하다고 한 경우).

D. 관련논점

(1) 상법 제466조 제 2 항의 소수주주의 청구가 부당한 경우의 구체적 사례

(2) 재무제표와 그 부속명세서·영업보고서 및 감사보고서의 열람권을 (단독)주주권으로 인정한 실익과 이용상황은?

3. 검사인을 통한 회사의 업무 · 재산상태조사권

A. 기본판례

▣ 대결 1996. 7. 3, 95 마 1335(判商 [401])[검사인의 선임청구사유]

[사실관계]

상법 제467조 제 1 항이 규정하고 있는 검사인 선임청구사유인 「회사의 업무집행에 관하여 부정행위 또는 법령이나 정관에 위반한 중대한 사실이 있음을 의심할 사유가 있는 때」가 무엇인지에 대하여 문제되었다.

[결정요지]

상법 제467조 제 1 항이 규정하고 있는 검사인 선임청구사유인 「회사의 업무집행에 관하여 부정행위 또는 법령이나 정관에 위반한 중대한 사실이 있음을 의심할 사유가 있는 때」에 대하여는, 그 내용을 구체적으로 명확히 적시하여 입증하여야 하고 단순히 일반적으로 그러한 의심이 간다는 정도의 막연한 것만으로는 그 사유로 삼을 수 없는 것이다(대결 1985. 7. 31, 85 마 214 참조).

기록에 의하여 검토하여 보면 원심의 증거취사와 사실인정은 모두 정당하고, 또 사실관계가 그 판시와 같다면, X(재항고인)의 주장사실에 대한 입증이 부족하여 그 주장은 결국 Y회사(이 사건 본인)에 부정행위 또는 법령이나 정관에 위반한 사실이 있을 것이라는 막연한 추측에 불과한 것으로 본 원심의 판단은 정당한 것으로 수긍이 되며, 거기에 소론과 같이 심리미진 · 이유불비 · 채증법칙 위반으로 인한 사실오인의 위법이 있다고 할 수 없다. 논지는 이유가 없다.

B. 이론요약

(1) 주주의 경리검사권은 그 대상이 회계에 관한 서류 · 장부에 한정되고 또한 그 방법도 열람 등에 그치므로(商 448조 2항, 466조), 회사의 업무집행에 관하여 불법 · 부정이 있음을 의심할 만한 사유가 있는 경우에 소수주주에게 법원이 선임한 검사인을 통하여 회사의 업무와 재산상태를 조사할 수 있는 권리를 인정하고 있다(商 467조 1항).

(2) 법원에 검사인의 선임을 청구할 수 있는 주주는 소수주주이다(商 467조 1항, 542조의 6 1항).

검사인으로 선임될 수 있는 자는 이사 · 집행임원 · 감사 · 지배인 · 기타 상업

사용인을 제외하고는 특별한 제한이 없다.

검사인의 선임을 청구할 수 있는 사유는 「회사의 업무집행에 관하여 부정행위 또는 법령이나 정관에 위반한 중대한 사실이 있음을 의심할 사유가 있는 때」인데(商 467조 1항), 이러한 사유는 구체적이고 명시적인 것이어야 하고 막연한 내용만으로는 검사인의 선임청구사유가 되지 않는다. 위 기본판례도 이와 같은 취지로 판시하고 있는데, 타당하다고 본다.

(3) 소수주주의 청구에 의하여 법원이 선임한 검사인은 단순히 회계의 장부와 서류뿐만 아니라, 회사의 업무와 재산상태를 조사하여 그 결과를 법원에 보고하여야 한다(商 467조 1항 · 2항).

법원은 검사인의 조사보고에 의하여 필요하다고 인정한 때에는 대표이사 · 대표집행임원에게 일정기간 내에 주주총회를 소집할 것을 명할 수 있다(商 467조 3항 1문, 408조의 5 2항).

주주총회가 소집되는 경우 검사인은 그 조사보고서를 주주총회에도 제출하여야 한다(商 467조 3항 2문, 310조 2항). 이 때 이사 · 집행임원과 감사는 지체 없이 검사인의 조사보고서의 정확여부를 조사하여 주주총회에 보고하여야 한다(商 467조 4항). 주주총회는 이 결과에 따라 이사의 해임 또는 손해배상책임의 추궁 등을 결정한다.

C. 관련판례

(1) 대결 1985. 7. 31, 85 마 214(判商 [402])(상법 제467조 제 1 항이 규정하고 있는 검사인 선임청구사유인 「업무집행에 관하여 부정행위 또는 법령이나 정관에 위반한 중대한 사실」에 대하여는, 그 내용을 구체적으로 명확히 적시하여야 하고 단순히 결산보고서의 내용이 실제의 재산상태와 일치하는지 여부에 의심이 간다는 정도의 막연한 것으로 그 사유를 삼을 수는 없는 것이므로, 회사가 사임한 이사에 대한 퇴임등기를 태만히 하고 후임자를 보선하지 않고 있다고 하여 상법 제467조 제 1 항이 규정하고 있는 「중대한 사실」에 해당하지 않는다고 한 경우).

(2) 대결 1960. 8. 18, 4293 민재항 167(判商 [403])(상법 제467조의 검사인 피선자격에 대하여는 이사 · 지배인 기타 사용인이나 감사가 검사인으로 피선될 수 없음은 검사인의 성질상 당연하다 할 것이나, 그 외에는 하등의 제한이 없으므로 상

대방의 대리인을 검사인에 선임하였다 하더라도 이를 위법이라 할 수 없다고 한 경우).

D. 관련논점

(1) 상법 제467조에 의한 검사인의 조사보고에 의하여 이사의 해임 또는 손해배상책임 추궁의 사례가 있는지 여부

(2) 상법 제467조의 검사인에 의한 검사와 감사(監事)에 의한 감사(監査)와의 관계

제 5 회사의 회계에 관한 기타 규정

제 8 절 사 채

제 1 관 일반사채

제 2 관 특수사채

제 1 전환사채

A. 기본판례

▣ 대판 2004. 6. 25, 2000 다 37326(判商 [405])[전환사채발행무효에 신주발행무효의 소에 관한 상법 제429조가 유추적용된다고 보면서, 이 사건에서는 무효원인에 해당하지 않는다고 본 경우]

[사실관계]

전환사채에도 신주발행무효의 소에 관한 상법 제429조가 유추적용되는지 여부, 정관에 전환의 조건 등에 대하여 기준을 정한 후 이에 기하여 구체적인 전환의 조건 등은 그 발행시마다 이사회에서 결정하도로 위임하는 것이 상법 제513조 제 3 항에 위반하는지 여부 등이 문제되었다.

[판결요지]

(1) 전환사채 발행 무효원인의 판단방법에 관한 법리오해 주장에 대하여

상법은 제516조 제 1 항에서 신주발행의 유지청구권에 관한 제424조 및 불공정한 가액으로 주식을 인수한 자의 책임에 관한 제424조의 2 등을 전환사채의 발행의 경우에 준용한다고 규정하면서도 신주발행무효의 소에 관한 제429조의 준용 여부에 대해서는 아무런 규정을 두고 있지 않으나, 전환사채는 전환권의 행사에 의하여 장차 주식으로 전환될 수 있는 권리가 부여된 사채로서, 이러한 전

환사채의 발행은 주식회사의 물적 기초와 기존 주주들의 이해관계에 영향을 미친다는 점에서 사실상 신주를 발행하는 것과 유사하므로, 전환사채의 발행의 경우에도 신주발행무효의 소에 관한 상법 제429조가 유추적용된다고 봄이 상당하다. 그리고 이 경우 당사자가 주장하는 개개의 공격방법으로서의 구체적인 무효원인은 각각 어느 정도 개별성을 가지고 판단할 수밖에 없는 것이기는 하지만, 전환사채의 발행에 무효원인이 있다는 것이 전체로서 하나의 청구원인이 된다는 점을 감안할 때 전환사채의 발행을 무효라고 볼 것인지 여부를 판단함에 있어서는 구체적인 무효원인에 개재된 여러 위법 요소가 종합적으로 고려되어야 한다는 것은 상고이유로 지적하는 바와 같다.

그런데 원심은, X가 이 사건 전환사채 발행의 무효원인으로 주장하는 구체적인 사유를 (i) 주주총회결의의 흠결, (ii) 신주인수권 및 주주평등권의 침해, (iii) 이사회결의의 절차상의 하자, (iv) 전환사채의 발행을 빙자한 회사 지배권 확보 목적의 발행, (v) 심히 부당한 방법에 의한 발행 등으로 개별적으로 나누어 판단하는 형식을 취하고 있기는 하지만, 더 나아가 위 각 사유에 관한 주장의 당부를 판단함에 있어서는 위에서 본 법리에 따라 이 사건 전환사채의 발행과 관련된 위법 요소를 종합적으로 고려하고 있음이 분명하므로, 원심판결에 상고이유로 주장하는 바와 같은 전환사채 발행 무효원인의 판단방법에 관한 법리오해의 위법이 있다고 할 수 없다.

(2) Y회사 정관의 효력 등에 관한 법리오해 주장에 대하여

구 상법(2001. 7. 24. 법률 제6488호로 개정되기 전의 것, 이하 「구 상법」이라 한다) 제513조 제 3 항은 주주 외의 자에 대하여 전환사채를 발행하는 경우에 그 발행할 수 있는 전환사채의 액, 전환의 조건, 전환으로 인하여 발행할 주식의 내용과 전환을 청구할 수 있는 기간에 관하여 정관의 규정이 없으면 상법 제434조의 결의로써 이를 정하여야 한다고 규정하고 있는바, 전환의 조건 등이 정관에 이미 규정되어 있어 주주총회의 특별결의를 다시 거칠 필요가 없다고 하기 위해서는 전환의 조건 등이 정관에 상당한 정도로 특정되어 있을 것이 요구된다고 하겠으나, 주식회사가 필요한 자금수요에 대응한 다양한 자금조달의 방법 중에서 주주 외의 자에게 전환사채를 발행하는 방법을 선택하여 자금을 조달함에 있어서는 전환가액 등 전환의 조건을 그때그때의 필요자금의 규모와 긴급성, 발행회사의

주가, 이자율과 시장상황 등 구체적인 경제사정에 즉응하여 신축적으로 결정할 수 있도록 하는 것이 바람직하다 할 것이고, 따라서 주주총회의 특별결의에 의해서만 변경이 가능한 정관에 전환의 조건 등을 미리 획일적으로 확정하여 규정하도록 요구할 것은 아니며, 정관에 일응의 기준을 정해 놓은 다음 이에 기하여 실제로 발행할 전환사채의 구체적인 전환의 조건 등은 그 발행시마다 정관에 벗어나지 않는 범위에서 이사회에서 결정하도록 위임하는 방법을 취하는 것도 허용된다고 보아야 할 것이다.

기록에 의하면, 이 사건 전환사채 발행 당시의 Y회사 정관 제16조는 전환사채의 발행에 관하여 필요한 사항을 규정하면서 제 3 항 후단으로 「전환가액은 주식의 액면금액 또는 그 이상의 가액으로 사채발행시 이사회가 정한다」라고 정하고 있는 사실을 알 수 있는바(위 규정은 상장회사 표준정관에 따른 것이다), 이는 구 상법 제513조 제 3 항에 정한 여러 사항을 정관에 규정하면서 전환의 조건 중의 하나인 전환가액에 관하여는 주식의 액면금액 이상이라는 일응의 기준을 정하되 구체적인 전환가액은 전환사채의 발행시마다 이사회에서 결정하도록 위임하고 있는 것이라고 할 것인데, 전환가액 등 전환의 조건의 결정방법과 관련하여 고려되어야 할 앞서 본 특수성을 감안할 때, 이러한 Y회사 정관의 규정은 구 상법 제513조 제 3 항이 요구하는 최소한도의 요건을 충족하고 있는 것이라고 봄이 상당하고, 그 기준 또는 위임방식이 지나치게 추상적이거나 포괄적이어서 무효라고 볼 수는 없다고 할 것이다.

같은 취지의 원심 판단은 정당하고, 거기에 Y회사 정관의 효력 또는 구 상법 제513조 제 3 항에 관한 법리오해의 위법이 없다.

(3) 이사회결의에 흠이 있는 전환사채 발행의 효력에 관한 법리오해 주장 등에 대하여

상법 제429조는 신주발행의 무효는 주주 · 이사 또는 감사에 한하여 신주를 발행한 날로부터 6월 내에 소만으로 이를 주장할 수 있다고 규정하고 있는바, 이는 신주발행에 수반되는 복잡한 법률관계를 조기에 확정하고자 하는 것이므로, 새로운 무효사유를 출소시간의 경과 후에도 주장할 수 있도록 하면 법률관계가 불안정하게 되어 위 규정의 취지가 몰각된다는 점에 비추어 위 규정은 무효사유의 주장시기도 제한하고 있는 것이라고 해석함이 상당하고, 한편 상법 제429조의 유추적용에 의하여 전환사채발행무효의 소가 인정됨은 앞서 본 바와 같으므로,

전환사채발행무효의 소에 있어서도 전환사채를 발행한 날로부터 6월의 출소기간이 경과한 후에는 새로운 무효사유를 추가하여 주장할 수 없다고 보아야 할 것이다.

기록에 의하면, X는 1997. 3. 24. 발행된 이 사건 전환사채에 관하여 같은 해 6.24. 이 사건 소를 제기한 후 1998. 4. 16.자 항소이유서에서 비로소 이 사건 전환사채의 발행을 위한 이사회결의에 흠이 있다는 주장을 새로 추가하였음이 분명한바, 이처럼 전환사채발행 무효의 소를 출소기간이 경과한 후에 새로운 무효사유를 추가하여 주장하는 것은 허용되지 않는다고 할 것이다.

원심은, 이와는 달리 전환사채발행무효의 소의 출소기간이 경과한 후에도 새로운 무효사유를 추가하여 주장하는 것이 허용된다는 전제에서, 이 사건 전환사채의 발행을 위한 이사회결의에 그 판시와 같은 의결정족수 미달의 흠이 있기는 하지만 그러한 사유만으로 이 사건 전환사채의 발행을 무효로 볼 수는 없다고 판단하여 X의 이 부분 주장을 배척하였는바, 이러한 원심의 판단은 새로운 무효사유의 추가에 관한 법리를 오해한 것이라고 하겠으나, X의 이 부분 주장을 배척한 조치는 결국 정당하고, 거기에 상고이유로 주장하는 바와 같은 이사회결의에 흠이 있는 전환사채 발행의 효력에 관한 법리를 오해하여 판결에 영향을 미친 위법이 있다고 할 수 없다.

그리고 원심이 전환사채 인수인 L을 증인으로 채택하여 조사하지 아니한 것을 다투는 상고이유의 주장은 원심의 가정적 판단에 관한 것일 뿐만 아니라, 이사회결의의 흠에 터잡은 무효사유의 추가 주장이 허용될 수 없는 것임이 분명한 이상, 이 부분 상고이유는 더 나아가 살펴볼 필요 없이 이유 없다.

(4) 대표이사의 전환사채 발행 사실에 관한 사실오인 주장에 대하여

이 사건 전환사채의 발행이 Y회사의 대표이사에 의하여 이루어진 것이 아니어서 무효라는 취지의 주장은 상고심에서 비로소 내세운 주장으로서 적법한 상고이유가 될 수 없을 뿐만 아니라, 전환사채발행무효의 소의 출소기간이 경과한 후에 새로운 무효사유를 추가하여 주장하는 것인 점에서도 더 나아가 살펴볼 필요 없이 받아들일 수 없다.

(5) 주주평등권 침해에 관한 법리오해 주장에 대하여

원심은, 구 상법 및 Y회사 정관의 규정에 의하면, 주주 외의 자에게 전환사채를 발행할 수 있는 금액 범위 내에서는 주주의 전환사채 인수권이 배제되는 것으로 해석되고, 이 사건 전환사채의 발행으로 Y회사 정관에 정한 위 수권한도액을 초과하게 되었다고 볼 자료가 없으므로, Y회사의 이사회는 이 사건 전환사채를 그 인수인이 주주인지 여부에 상관없이 배정할 수 있다 할 것이고, 따라서 이 사건 전환사채를 L 및 S주식회사에 배정하였다고 하여 주주평등권이 침해되었다고 볼 수는 없다고 판단하였다.

구 상법 및 Y회사 정관의 규정과 기록에 의하여 살펴보면, 위와 같은 원심의 판단은 정당한 것으로 수긍이 가고, 더 나아가 이 사건 전환사채의 인수인들이 Y회사의 대주주인 G와 특별한 관계에 있음은 기록상 분명하나, 전환조건에 차이가 없다면 그들 이외의 다른 제3자가 인수인이었을 경우와 비교하여 기존 주주들의 권리가 특별히 더 침해되는 것도 아니라고 할 것이므로, 원심의 판단은 이 점에서도 정당하며, 거기에 상고이유로 주장하는 바와 같은 주주평등권 침해에 관한 법리오해의 위법이 있다고 할 수 없다.

(6) 대표이사의 전환사채 발행권한의 일탈 · 남용, 지배권 취득의 목적, 전환가액의 부당성 등으로 인한 전환사채 발행의 효력에 관한 법리오해 내지 사실오인 주장에 대하여

(i) 원심은, 신주발행무효의 소의 법리에 의하여 전환사채의 발행을 무효라고 보기 위해서는 회사의 경영권 분쟁이 현재 계속중이거나 임박해 있는 등 오직 지배권의 변경을 초래하거나 이를 저지할 목적으로 전환사채를 발행하였음이 객관적으로 명백한 경우라야 한다고 전제한 다음, 이 사건 전환사채 발행 당시 Y회사에는 경영권의 분쟁이나 그러한 조짐이 전혀 없었고, Y회사의 규모와 지배주주인 G측의 지분비율에 비추어 볼 때 Y회사의 경영권은 안정되어 있었다고 보이며, Y회사는 이 사건 전환사채 외에도 수시로 회사채를 발행하여 자금을 조달하여 왔고, Y회사의 자본금 규모에 비하여 이 사건 전환사채 발행의 규모가 미미하다고 보이는 점 등을 종합하여 보면, 이 사건 전환사채의 발행에 지배권 강화의 목적이 전혀 없었다고 할 수는 없다 하더라도, 위에서 본 전환사채 발행 무효사유에 해당한다고 볼 수는 없다고 판단하였다.

이어서 원심은, 이 사건 전환사채 발행 당시 Y회사의 주가, 이 사건 전환사채의 조건, 비슷한 시기에 발행된 Y회사의 다른 전환사채의 전환가액 등에 비추어 볼 때, 이 사건 전환사채는 비교적 저렴한 가격으로 발행되었다고 보이지만, 이러한 사유는 주주가 전환사채의 발행 전에 회사에 대하여 그 발행의 유지를 청구하거나 전환사채의 발행 후에 이사 또는 전환사채 인수인에 대하여 손해의 배상이나 차액의 추가납입 등을 청구할 수 있는 사유가 될 수 있음은 별론으로 하고, 일단 전환사채가 발행된 이상 이를 무효로 하는 사유는 될 수 없다고 판단하였다.

(ii) 전환사채의 발행의 경우에도 신주발행무효의 소에 관한 상법 제429조가 유추적용될 수 있음은 앞서 본 바와 같은바, 나아가 전환사채 발행의 무효원인에 대하여 살피건대, 신주발행무효의 소에 관한 상법 제429조에도 무효원인이 규정되어 있지 않고, 다만 전환사채의 발행의 경우에도 준용되는 상법 제424조에 「법령이나 정관의 위반 또는 현저하게 불공정한 방법에 의한 주식의 발행」이 신주발행유지청구의 요건으로 규정되어 있으므로, 위와 같은 요건을 전환사채 발행의 무효원인으로 일응 고려할 수 있다고 하겠으나, 다른 한편 전환사채가 일단 발행되면 그 인수인의 이익을 고려할 필요가 있고 또 전환사채나 전환권의 행사에 의하여 발행된 주식은 유가증권으로서 유통되는 것이므로 거래의 안전을 보호하여야 할 필요가 크다고 할 것인데, 전환사채발행유지청구권은 위법한 발행에 대한 사전 구제수단임에 반하여, 전환사채발행무효의 소는 사후에 이를 무효로 함으로써 거래의 안전과 법적 안정성을 해칠 위험이 큰 점을 고려할 때, 그 무효원인은 가급적 엄격하게 해석하여야 하고, 따라서 법령이나 정관의 중대한 위반 또는 현저한 불공정이 있어 그것이 주식회사의 본질이나 회사법의 기본원칙에 반하거나 기존 주주들의 이익과 회사의 경영권 내지 지배권에 중대한 영향을 미치는 경우로서 전환사채와 관련된 거래의 안전, 주주 기타 이해관계인의 이익 등을 고려하더라도 도저히 묵과할 수 없는 정도라고 평가되는 경우에 한하여 전환사채의 발행 또는 그 전환권의 행사에 의한 주식의 발행을 무효로 할 수 있을 것이며, 그 무효원인을 원심이 판시하는 바와 같이 회사의 경영권 분쟁이 현재 계속중이거나 임박해 있는 등 오직 지배권의 변경을 초래하거나 이를 저지할 목적으로 전환사채를 발행하였음이 객관적으로 명백한 경우에 한정할 것은 아니다.

그리고 전환사채발행무효의 소에 있어서의 무효원인을 위와 같이 엄격하게 해석하여야 하는 이상 단지 전환사채의 인수인이 회사의 지배주주와 특별한 관계에 있는 자라거나 그 전환가액이 발행시점의 주가 등에 비추어 다소 낮은 가격이라는 것과 같은 사유는 일반적으로 전환사채발행유지청구의 원인이 될 수 있음은 별론으로 하고, 이미 발행된 전환사채 또는 그 전환권의 행사로 발행된 주식을 무효화할 만한 원인이 되지는 못한다 할 것이다.

(iii) 나아가 이 사건 전환사채 발행의 무효원인의 유무에 대하여 보건대, 우선 원심이 적법하게 확정한 사실관계 및 기록에 따르면, 이 사건 전환사채 발행 당시 Y회사에 경영권 분쟁이 진행중이었다거나 임박하였다는 조짐은 전혀 없었고, Y회사의 규모와 지배주주인 G측의 지분비율에 비추어 볼 때 Y회사의 경영권은 안정되어 있었다고 보이며, Y회사는 이 사건 전환사채 외에도 수시로 회사채를 발행하여 자금을 조달하여 왔는데 Y회사의 자본금 규모에 비하여 이 사건 전환사채 발행의 규모가 미미하였다고 보이고, 또한 이 사건 전환사채의 발행 당시 전환가액에 관하여 법령상의 근거를 가지고 규율하는 규정은 없었으나, 사채발행인수실무협의회에서 실무상의 준칙으로 정한「사채의 발행조건에 관한 기준」은 상장법인이 전환사채를 공모 방식으로 발행하는 경우 그 전환가액은 그 결정을 위한 이사회결의일 전일로부터 소급한 1개월 평균종가, 1주일 평균종가 및 최근일 종가를 산술 평균하여 산정한 가격과 최근일 종가 중 낮은 가격을「기준주가」로 하여 기준주가의 90% 이상으로 정하도록 하고 있었는데, 이 사건 전환사채의 전환가액 50,000원은 위「사채의 발행조건에 관한 기준」에 따른 기준주가 55,200원보다 약 9.42% 할인된 것으로서 사모방식으로 발행되었음에도 일응 공모방식에 적용되는 기준주가의 90% 이상이라는 요건도 충족하고 있었다는 것인바, 이러한 여러 사정들에다가 이 사건 전환사채는 전환권이 부여되는 대신 Y회사가 그 무렵 발행한 회사채의 이율인 연 11%보다 낮은 연 7%의 이율이 적용되었다는 사정까지 고려하여 볼 때, 비록 이 사건 전환사채의 전환가액이 Y회사의 주가나 비슷한 시기에 발행된 Y회사의 다른 전환사채의 전환가액 등에 비추어 다소 저렴하게 발행되었다고 볼 여지가 있다 하더라도, 그 정도에 비추어 이를 이유로 이미 발행된 전환사채 또는 전환권의 행사로 발행된 주식을 무효로 볼 수는 없다고 할 것이다.

X는 또, Y회사가 자금조달의 긴급한 필요가 없었는데도 Y회사 지배주주의 장남인 L 등에게 이 사건 전환사채를 배정한 것은 기존 주주들의 주식가치를 희석화시키는 한편, 편법적인 사전 상속 또는 증여에 의하여 Y회사의 경영권 내지 지배권을 이양하려는 목적이었음이 분명하다는 점도 이 사건 전환사채 발행의 무효원인의 하나로 주장하고 있는바, 기록상 당시 Y회사에 자금조달의 필요가 없었다고 단정하기 어려울 뿐만 아니라, 설령 이 점에 관하여 의심의 여지가 있다고 하더라도 그러한 사유만으로 전환사채의 발행을 무효로 볼 수는 없고, 기존 주주들의 주식가치가 희석될 수 있다는 것은 구 상법과 Y회사 정관이 주주 외의 자에 대한 전환사채의 발행을 허용한 데 따른 당연한 결과라고 할 것이며, 나아가 이 사건 전환사채의 발행이 편법적인 사전 상속 또는 증여에 의하여 Y회사의 경영권 내지 지배권을 이양하려는 목적 아래 이루어진 것이라는 주장은 우선 그 주장의 근거가 분명하지 않은데다가, 구 상법과 Y회사 정관이 위와 같이 주주 외의 자에 대한 전환사채의 발행을 허용하면서 Y회사의 지배주주와 특별한 관계에 있는 자를 그 인수인에서 제외하고 있지 않으므로, L 등에게 전환사채를 배정하였다는 사유만으로 이 사건 전환사채의 발행을 무효로 볼 수는 없고, 또한 이 사건 전환사채 발행에 있어 달리 앞서 본 법리에 의한 무효원인이 있다고 볼 만한 사정이 없다면, 설령 이 사건 전환사채의 발행이 사전 상속이나 증여 또는 회사 경영권 내지 지배권의 이양이라는 목적이나 의도 아래 이루어진 것이라고 의심할 여지가 있다고 하더라도, 그러한 사유만으로 전환사채의 발행을 무효로 볼 수는 없다고 할 것이다(한편, X는 이 사건 전환사채의 경우 그 전환권의 행사로 발행된 주식에 관하여 수원지방법원의 주권상장금지가처분결정이 내려져 있으므로 이 사건 전환사채 또는 그 전환권의 행사로 발행된 주식을 무효로 하더라도 거래의 안전을 해할 위험이 없다는 점을 그 무효의 근거 중 하나로 삼고 있으나, 상장금지가처분결정이 내려졌다고 하여 증권거래소가 아닌 장외에서의 거래가 금지되는 것은 아닐 뿐만 아니라, 위 상장금지가처분결정은 이 사건 본안재판에 앞서 일응 이 사건 전환사채 발행의 무효를 구할 권리에 대한 소명이 있다고 보아 이를 바탕으로 하여 내린 보전처분으로서, 본안재판을 함에 있어서 위와 같은 가처분결정이 있다는 사유를 거꾸로 이 사건 전환사채의 발행이 무효라고 판단하는 근거로 삼을 수는 없다).

더 나아가 전환사채발행무효의 소의 무효원인에 관한 앞서 본 법리에 의할 때, X가 주장하는 구체적인 무효원인과 관련된 여러 사정들을 종합적으로 고려하더라도 이 사건 전환사채의 발행에 무효원인이 있다고 볼 수는 없다.

(iv) 그렇다면 전환사채 발행의 무효원인에 관한 원심의 이유 설시에 일부 미흡한 점이 있기는 하나, 이 사건 전환사채의 발행에 있어 무효원인으로 볼 만한 사정이 인정되지 아니한다고 본 원심의 사실인정과 판단은 결국 정당하고, 거기에 상고이유로 주장하는 바와 같은 대표이사의 전환사채 발행권한의 일탈·남용, 지배권 취득 목적의 점에 관한 법리오해 내지 사실오인, 전환가액의 부당성으로 인한 전환사채발행의 효력 등에 관한 사실오인 또는 법리오해 등의 위법이 있다고 할 수 없다.

B. 이론요약

(1) 전환사채란 「기채회사의 주식으로 전환할 수 있는 권리(전환권)가 인정된 사채」이다. 이러한 전환사채는 사채의 안정적 성질과 주식의 투기적 성질을 함께 갖고 있어 보통의 사채보다 유리한 모집조건으로 사채를 모집할 수 있게 하여 회사의 자금조달을 용이하게 한다.

(2) 전환사채의 발행방법에는 주주배정·제 3 자배정 및 모집의 세 가지 방법이 있는데, 제 3 자배정 및 모집에 의한 전환사채의 발행을 상법은 「주주 외의 자에 대하여 전환사채를 발행하는 경우」로 규정하고 있다. 주주 외의 자에 대하여 전환사채를 발행하는 경우에는 정관에 규정이 없으면 전환의 조건 등에 대하여 주주총회의 특별결의를 받도록 하고 있는데(商 513조 3항 1문), 이 경우에는 신기술의 도입·재무구조의 개선 등 회사의 경영상 목적을 달성하기 위하여 필요한 경우에 한한다(商 513조 3항 2문, 418조 2항). 그런데 주주 외의 자에 대하여 전환사채를 발행하면서 전환조건 등에 대하여 정관에 일정한 기준을 정한 후 구체적인 사항은 전환사채의 발행시마다 이사회에서 결정하도록 위임할 수 있는지 여부의 문제가 있는데, 이에 대하여 위 기본판례는 가능한 것으로 판시하였다.

(3) 전환사채의 발행절차는 일반사채의 발행절차(商 469조 이하)와 거의 동일한데, 사채청약서·채권(債券)과 사채원부에 일정한 사항을 공시하도록 한 점(商 514조) 또한 등기하도록 한 점(商 514조의 2) 등은 일반사채의 경우와 다른 점이다.

(4) 불공정한 전환사채의 발행에 대하여 상법은 발행유지청구권(商 516조 1항, 424조)과

통모인수인의 책임(商 516조 1항, 424조의 2)에 대하여는 규정하고 있으나, 발행무효의 소에 대하여는 규정하고 있지 않다. 따라서 전환사채에 대하여 신주발행무효의 소에 관한 규정(商 429조)이 유추적용될 수 있는지 여부에 대하여 견해가 나뉘어 있는데, 위 기본판례에서는 유추적용될 수 있다고 보고 있다.

(5) 전환사채권자는 전환기간중 청구서 2통에 채권(債券)을 첨부하여 회사에 제출함으로써 전환을 청구한다(商 515조).

전환사채의 발행가액총액은 전환에 의하여 발행하는 주식의 발행가액총액으로 하여야 한다(商 516조 2항, 348조). 전환사채권자의 전환청구가 있으면 회사는 사채의 발행가액총액과 동액의 주식을 발행하여(즉, 발행하는 주식의 발행가액총액과 일치시켜) 전환가액(시가전환방식 또는 액면전환방식)으로 나눈 수의 주식을 전환사채권자에게 주어야 한다. 회사가 전환사채 발행 후 전환가액 이하로 신주를 발행하거나 또는 준비금의 자본금 전입 등에 의한 신주의 무상교부에 의하여 주식의 가치를 희석시키면 전환사채권자의 보호에 문제가 있다.

(6) 전환권은 형성권이므로 전환은 원칙적으로 전환사채권자가 전환을 청구한 때에 그 효력이 발생한다(商 516조 2항, 350조 1항 전단). 그러나 전환사채의 이자지급에 관하여는 전환을 청구한 때 또는 청구한 때가 속하는 영업연도 말에 전환된 것으로 보는데, 이 경우 정관이 정하는 바에 따라 그 청구를 한 때가 속하는 영업연도의 직전 영업연도 말에 전환된 것으로 할 수 있다(商 516조 2항, 350조 3항). 전환사채를 목적으로 하는 질권에는 전환으로 인하여 발행된 신주에 물상대위가 인정된다(商 516조 2항, 339조).

전환사채의 전환에 의하여 사채는 감소하고, 이에 상당하는 자본금이 증가한다.

전환사채의 전환이 있으면 전환을 청구한 날이 속하는 달의 말일부터 2주간 내에 본점소재지에서 변경등기를 하여야 한다(商 516조 2항, 351조).

C. 관련판례

(1) 대판 2004. 8. 16, 2003 다 9636(判商 [404])(전환사채 발행유지청구는 전환사채 발행의 효력이 생기기 전, 즉 전환사채의 납입기일까지 행사하여야 하고, 전환사채 발행의 실체가 없음에도 불구하고 전환사채 발행의 등기가 되어 있으면 전환사채발행 부존재확인의 소를 제기할 수 있는데, 이 때에는 상법 제429조 소정의

6월의 제소기간의 제한이 적용되지 아니한다고 한 경우).

(2) 대판 1999. 6. 25, 99 다 18435(주식회사의 정관에서 신주발행 및 인수에 관한 사항은 주주총회에서 결정하고 자본금의 증가 및 감소를 가져오는 때에는 주주총회의 특별결의를 받도록 규정하였다면, 전환사채의 발행에는 주주총회의 특별결의를 요한다고 한 경우).

D. 관련논점

(1) 전환사채와 신주인수권부사채의 차이점

(2) 실권한 전환사채를 제 3 자에게 배정하는 경우에도 상법 제513조 제 3 항이 적용되는가?

(3) 주주에게 전환사채인수권이 있는가?

(4) 전환사채 발행 후 기채회사의 주식의 시가가 전환가액 이하로 하락한 경우, 전환가액을 조정할 수 있는가?

제 2 신주인수권부사채

제 3 이익참가부사채

제 4 교환사채

제 5 상환사채

제 6 장 유한회사

제 1 절 설 립

제 2 절 사원의 지위

제 1 사원의 자격과 수

제 2 사원의 권리 · 의무

제 3 사원의 지분(양도)

A. 기본판례

▣ 대판 1997. 6. 27, 95 다 20140(判商 [413])[유한회사의 사원권에 관한 명의신탁 해지로 명의신탁자가 사원권을 회복하기 위하여는 사원총회의 특별결의가 필요한데, 명의수탁자들이 지분반환의무에 위반한 경우에는 신의칙상 사원총회의 특별결의가 있다고 본 경우]

[사실관계]

X(대한민국 재향군인회) 산하 전라남도지회가 A유한회사의 지분 중 70%를 회원들인 Y_1들에게 명의신탁하고, 30%는 X의 전라남도지회의 회원인 K가 위 전라남도지회와 공동출자를 하기로 하여 갖고 있다가 Y_2가 이를 양수하였다. X는 Y_1들에게 사원총회의 특별결의 없이 명의신탁을 해지하고 출자자 명의변경절차를 이행하도록 하였으나, Y_1들이 이를 거절하였다.

이에 대하여 원심은 사원총회의 특별결의를 거치지 않아 X는 A유한회사의 사원이 아니므로 그 확인을 구하는 X의 청구는 이유가 없다고 판단하였다. 따라서 X가 상고하게 된 것이다.

[판결요지]

상법 제556조 제 1 항이「사원은 제585조의 규정에 의한 사원총회의 결의가 있는 때에 한하여 그 지분의 전부 또는 일부를 타인에게 양도할 수 있다」고 규정하고 있는 취지는 소수의 사원으로 구성되고 사원의 개성이 중시되며 사원 상호간의 긴밀한 신뢰관계를 기초로 하는 유한회사에 있어서 사원이 그 지분을 자유롭게 양도할 수 있도록 허용하게 되면 회사에 우호적이지 않은 자가 사원이 될 수 있어 경영의 원활과 사원 상호간의 신뢰관계를 저해하게 되는 결과 유한회사가 가지는 폐쇄성 · 비공개성에 반하게 되므로 이를 방지하기 위한 것이라 할 것인바, 유한회사의 지분(사원권)에 관한 명의신탁 해지의 경우에도 사원의 변경을 가져오므로 위 규정을 유추적용하여 사원총회의 특별결의가 있어야 그 효력이 생긴다고 보는 것이 위와 같은 법의 취지에 비추어 상당하다고 할 것이고, 따라서 해지의 의사표시만에 의하여 수탁된 지분이 바로 명의신탁자에게 복귀하는 것은 아니라고 할 것이다.

같은 취지의 원심의 판단은 정당하고 거기에 소론과 같은 법리오해의 위법이 있다고 할 수 없다.

그러나 관계 법령과 기록에 의하여 살펴보면, Y_1들은 X의 A유한회사 지분에 대한 명의수탁자들로서 X의 명의신탁 해지에 따라 그 지분을 X에게 이전하여 줄 의무를 부담하는 자들인데도 명의신탁 사실을 부인하고 있고, A유한회사에는 Y_1들을 제외하고는 다른 사원이 없어 Y_1들이 사원총회를 개최하여 특별결의를 하여야 함에도 불구하고 가사 명의신탁이 인정되더라도 사원총회의 특별결의가 없는 이상 명의신탁 해지의 효력이 없다고 다투면서 손해배상만이 그 근본적인 해결방법이라고 주장하여 사원총회의 결의를 거부하고 있으며, X가 Y_1들이나 A유한회사에 대하여 사원총회의 특별결의를 요구할 아무런 법적인 수단도 마련되어 있지 않은 사정 등이 있음을 알 수 있는바, 이와 같은 특별한 사정이 있는 경우라면 실제로는 지분양도의 동의를 위한 사원총회의 특별결의를 거치지 않았다고 하더라도 신의성실의 원칙상 사원총회의 특별결의가 있는 것으로 보아 명의신탁 해지가 유효하다고 봄이 상당하다고 할 것이고, 명의신탁 해지가 유효한 이상 수탁된 지분은 바로 X에게 복귀하는 것이므로 X는 Y_1들을 상대로 사원권 확인의 소를 제기하여 그 판결을 받아 이를 A유한회사에 제출함으로써 사원명부상의 사원명의를 변경할 수 있으니 확인의 이익도 있다고 할 것이다.

그럼에도 불구하고 이 사건 명의신탁 해지에 관하여 실제로 사원총회의 특별결의를 거치지 않았다는 점만으로 X의 사원권 확인청구를 기각하고만 원심은 결국 상법 제556조 제 1 항의 사원총회 특별결의에 관한 법리를 오해하고 필요한 심리를 다하지 아니하여 판결의 결과에 영향을 미친 위법을 저질렀다고 할 것이므로, 이 점을 지적하는 취지의 논지는 이유가 있다.

B. 이론요약

(1) 유한회사의 사원의 지분은 합명회사의 그것과 같이 「출자자인 사원의 회사에 대한 법률상의 지위(즉, 사원이 회사에 대하여 갖고 있는 권리의무의 총체)」를 말하는데, 이는 주식회사에서 주주의 회사에 대한 권리의무(주주권)로서의 주식이라는 개념에 해당한다.

각 사원은 출자좌수에 따라 지분을 가지는데(지분복수주의)(商 554조), 이는 유한회사의 자본단체적 성격을 반영한 것으로서 주식회사의 주식과 같고 인적 회사의 지분과 다른 점이다.

유한회사는 소규모·폐쇄적 성격을 갖고 있으므로 지분의 유가증권화가 인정되지 않으므로, 유한회사는 사원의 지분에 관하여 지시식 또는 무기명식의 유가증권을 발행하지 못한다(商 555조).

(2) 2011년 개정상법 이전에는 유한회사 사원의 출자금 회수방법을 보장하면서 유한회사의 소규모·폐쇄적 성격을 반영하여 유한회사의 지분양도에 대하여 다음과 같이 규정하였다. 즉, 사원 상호간의 양도는 정관의 규정에 의하여 자유양도가 인정되나(2011년 개정전 商 556조 3항), 사원 이외의 자에 대한 양도는 사원총회의 특별결의가 있을 때에 한하여 그 지분의 전부 또는 일부를 양도할 수 있게 하였다(2011년 개정전 商 556조 1항 본문). 또한 사원 이외의 자에게 지분을 양도하는 경우, 그 결의의 요건을 가중할 수 있도록 하였다(2011년 개정전 商 556조 1항 단서).

위 기본판례에서 대법원은 위와 같은 상법에 기초하여 유한회사 사원의 명의신탁 해지로 인한 사원변경에도 사원총회의 특별결의를 요한다고 하면서, 명의수탁자 외에는 다른 사원이 없어 사실상 사원총회의 특별결의를 받을 수 없음에도 불구하고 명의수탁자가 사원총회의 특별결의가 없다고 하여 지분반환을 거부하는 것은 신의칙에 반하므로 이 때에는 사원총회의 특별결의가 있는 것으로 보아 명의신탁해지가 유효하다고 판시하여 원심을 파기환송하였다.

그런데 2011년 개정상법은 유한회사의 지분도 (주식회사의 주식과 같이) 정관으로 지분의 양도를 제한하지 않는 한 자유롭게 양도하거나 상속할 수 있도록 하였다(商 556조). 이러한 2011년 개정상법에 의하면 지분양도에 관하여 정관상 특별한 제한이 없는 한 사원총회의 특별결의를 논의할 필요 없이 X는 명의신탁의 해지에 의하여 당연히 사원의 지위를 회복한다고 볼 수 있다.

지분양도의 방법은 당사자간의 의사표시만으로 그 효력이 발생하는데, 양수인의 성명 등을 사원명부에 기재하는 것을 회사와 제 3 자에 대한 대항요건으로 하고 있다(商 557조).

(3) 유한회사의 사원의 지분은 재산적 가치가 있으므로 질권의 목적으로 할 수 있는데(商 559조 1항), 지분 입질의 요건 및 방법은 지분양도의 경우와 같다(商 559조 2항). 유한회사의 지분의 입질은 약식질은 인정되지 않고 등록질만이 인정된다(商 560조 1항, 339조, 340조 1항 · 2항).

(4) 유한회사에서 자기지분의 취득은 주식회사와는 달리 원칙적으로 제한되는데(商 560조 1항, 341조의 2), 질취의 제한과 지분의 소각은 주식회사의 주식의 경우와 대체로 유사하다(商 560조 1항, 341조의 3, 342조, 343조 1항).

C. 관련판례

D. 관련논점

(1) 유한회사의 지분과 주식회사의 주식과의 차이점

(2) 유한회사의 지분양도를 주식회사의 주식양도와 같이 정관상 제한이 없으면 자유롭게 한 점에 대한 입법론상 타당여부

제 3 절 회사의 관리

제 1 사원총회

A. 기본판례

▣ 대판(전) 1983. 3. 22, 82 다카 1810(判商 [415])[사원총회결의 부존재확인의 소의 원인 및 효력]

[사실관계]

Y유한회사의 이 사건 1981. 6. 1.자 임시사원총회는 Y유한회사의 정당한 사원이 아닌 A·B·C·D·E·F 등이 적법한 소집절차도 없이 모여 개최한 것으로서, 여기에서 A를 이사 및 대표이사로 B·C·D·E를 이사로 F를 감사로 각 선임하는 결의를 하였다. 이에 대하여 Y회사의 사원인 X는 위의 임시사원총회는 정당한 사원이 아닌 자들이 적법한 소집절차도 없이 개최한 것이라고 하여 위 결의가 무효임의 확인을 구하는 소를 제기하였다.

이에 대하여 원심은 이 사건 무효확인청구를 부존재확인청구의 의미로 해석하여 X의 청구를 받아들였다. 이에 Y회사가 상고하게 된 것이다.

[판결요지]

(1) 회사의 총회결의에 대한 부존재확인청구나 무효확인청구는 모두 법률상 유효한 결의의 효과가 현재 존재하지 아니함을 확인받고자 하는 점에서 동일한 것이므로, 사원총회가 적법한 소집권자에 의하여 소집되지 아니하였을 뿐만 아니라 정당한 사원이 아닌 자들이 모여서 개최한 집회에 불과한 법률상 부존재로 볼 수밖에 없는 총회결의에 대하여 X들이 그 결의의 무효확인을 청구하고 있다고 하여도 이는 부존재확인의 의미로 무효확인을 청구하는 취지라고 볼 것이다.

(2) 회사의 이사선임결의가 무효 또는 부존재함을 주장하여 그 결의의 무효 또는 부존재함을 구하는 소송에서 회사를 대표할 자는 현재 대표이사로 등기되어 그 직무를 행하는 자라고 할 것이고, 그 대표이사가 무효 또는 부존재확인청구의 대상이 된 결의에 의하여 선임된 이사라고 할지라도 그 소송에서 회사를 대표할 수 있는 자임에는 변함이 없다.

(3) 이사선임결의 무효확인 또는 결의부존재 확인청구의 소에서 결의무효확인 또는 부존재확인 판결이 확정되더라도 그 결의에 의하여 선임된 이사가 그 판결확정 전에 회사의 대표자로서 행한 소송행위에는 아무런 영향을 미치지 않는다(1995년 개정상법에 의하면 소급효가 인정되므로[商 578조, 380조] 이와 같은 결론으로 판시하고자 하면 표현책임의 법리에 의하여야 할 것임: 저자 주).

따라서 원심판결은 정당하고, 논지는 이유 없다[이 판결에 대하여 결의내용에 따라 구체적으로 무효판결의 효과를 검토해야 한다는 취지의 평석으로는 서정갑, 「법률신문」, 제1498호(1983. 6. 27.), 11면 참조].

B. 이론요약

(1) 유한회사의 기관에는 의사기관으로 사원총회와 업무집행기관으로 이사가 있고, 감사기관으로 감사(監事)는 임의기관이다.

유한회사에서 사원총회란 「사원에 의하여 구성되고 회사에 관한 모든 사항에 대하여 결의할 수 있는 최고·만능의 필요상설기관」이다. 주식회사의 주주총회는 상법 또는 정관이 정하는 사항에 한하여 결의할 수 있는데(商 361조), 유한회사의 사원총회에는 이러한 제한이 없기 때문에 사원총회는 유한회사의 만능기관이라고 할 수 있다.

(2) 유한회사의 사원총회는 원칙적으로 이사(이사가 수 인인 경우에는 각 이사)가 소집하는데(商 571조 1항 1문), 예외적으로 소수사원에게 소집청구권이 인정되며(商 572조 1항·3항) 또한 감사(監事)에게 임시총회소집권이 인정된다(商 571조 1항 2문).

(3) 유한회사의 사원총회의 소집절차는 주식회사의 그것에 비하여 매우 간단하다. 즉, 사원총회일로부터 1주간 전에 각 사원에게 서면으로 통지를 발송하거나 각 사원의 동의를 받아 전자문서로 통지서를 발송하여야 하는데(商 571조 2항), 이러한 소집절차를 밟지 않은 경우에도 총사원의 동의가 있으면 총회를 열 수 있다

(전원출석총회)(商 573조).

(4) 각 사원은 원칙적으로 출자 1좌에 대하여 1개의 의결권을 갖는데(1출자 1의결권)(商 575조 1문), 정관으로 이와 다른 정함을 할 수 있다(이 점은 주식회사의 경우와 다름)(商 575조 2문).

(5) 유한회사에도 보통결의·특별결의가 있는 점은 주식회사의 경우와 같으나, 그 결의요건은 주식회사의 그것과 다르다. 즉, 보통결의요건은 정관에 다른 정함이 없으면 총사원의 의결권의 과반수를 가진 사원이 출석하고 그 의결권의 과반수로써 하며(商 574조), 특별결의요건은 총사원(의결권을 행사할 수 없는 사원은 총사원의 수에 산입하지 아니함)의 반수 이상이며 총사원의 의결권(행사할 수 없는 의결권은 이를 의결권의 수에 산입하지 아니함)의 4분의 3 이상을 가지는 자의 동의로써 한다(商 585조).

(6) 유한회사는 사원총회의 결의를 하여야 할 경우에 총사원의 동의가 있는 때에는 서면에 의한 결의를 할 수 있고(商 577조 1항), 결의의 목적사항에 대하여 총사원이 서면으로 동의를 한 때에는 서면에 의한 결의가 있은 것으로 본다(商 577조 2항). 이러한 서면에 의한 결의는 총회의 결의와 동일한 효력이 있고(商 577조 3항), 총회에 관한 규정은 서면에 의한 결의에 준용한다(商 577조 4항).

(7) 유한회사의 사원총회결의의 하자에 관하여는 주주총회에 관한 규정이 그대로 준용된다(商 578조, 376조~381조).

위 기본판례에서 (1)은 원고(X)가 무효확인의 판결을 청구하였더라도 부존재확인의 판결을 할 수 있다는 것이고, (2)는 부존재확인의 소에서 Y회사를 대표하여 소송을 수행할 수 있는 자는 그 부존재확인청구의 대상인 결의에 의하여 선임된 이사라도 무방하다는 것이며, (3)은 부존재확인의 판결의 효력이 소급하지 않는다는 것이다. 그런데 (1)은 상법 제380조 및 민사소송법상 그 가능 여부가 검토되어야 할 사항이고, (2)는 주식회사의 경우에도 무효확인청구의 대상인 결의에 의하여 선임된 이사가 회사를 대표하여 그 소송을 수행할 수 있다는 대법원 판례(대판 1985. 12. 10, 84 다카 319)가 있는 점과 같으며, (3)의 경우는 1995년 개정상법에 의하면 그 판결의 효력이 소급하게 된다.

C. 관련판례

D. 관련논점

(1) 주식회사의 서면결의와 유한회사의 서면결의가 다른 점

(2) 주식회사에서 각 사원의 의결권과 유한회사에서 각 사원의 의결권이 다른 점

제 2 이 사

제 3 감사와 검사인

제 4 회사의 회계

제 4 절 정관의 변경(자본금의 증감)

판례색인

사항색인

저자 소개

서울대학교 법과대학(법학과) 졸업
서울대학교 대학원(법학석사)
법학박사(서울대학교)
미국 워싱턴대학교 Law School 및 듀크대학교 Law School에서 상법연구(Visiting Scholar)
독일 뮌스터대학교 법과대학에서 상법연구(Gastprofessor)
충북대학교 법학과 전임강사 및 국립경찰대학 법학과 조교수 · 부교수
사법시험위원 · 공인회계사시험위원, 대한상사중재원 중재인
법무부 법무자문위원회 위원
현 고려대학교 법학전문대학원 교수(상법 및 금융법 담당)

저 서

어음 · 수표선의취득연구(박영사)
사례연구 어음 · 수표법(법문사)
어음법 · 수표법(공저)(서울대출판부)
EC 회사법(박영사)
주석어음 · 수표법(Ⅰ)(Ⅱ)(Ⅲ)(공저)(한국사법행정학회)
주석 상법 Ⅴ(회사 4)(공저)(한국사법행정학회)
주석 상법 Ⅶ(보험)(공저)(한국사법행정학회)
회사법강의(제 3 판)(박영사)
어음 · 수표법강의(제 7 판)(박영사)
상법판례평석(홍문사)
상법개론(제13판)(법영사)
객관식 상법(제 3 판)(박영사)
판례상법(상) · (하)(제 2 판)(박영사)
상법강의(상)(제16판)(박영사)
상법강의(하)(제15판)(박영사)
상법사례연습(제 4 판)(박영사)
상법강의요론(제12판)(박영사)
영미어음 · 수표법(고려대출판부)
은행법(제 2 판)(공저)(박영사)
주석 금융법 Ⅰ(은행법) · Ⅱ(보험업법)(공저)(한국사법행정학회)
백산상사법논집(박영사)
로스쿨 금융법(공저)(박영사)
로스쿨 어음 · 수표법(박영사)
로스쿨 상법총칙 · 상행위법(공저)(박영사)

제 2 판
로스쿨 회사법

초판발행 2010년 3월 10일
제 2 판인쇄 2013년 2월 20일
제 2 판발행 2013년 2월 25일

지은이 정찬형
펴낸이 안종만

편 집 김선민 · 엄주양
표지디자인 최은정
기획/마케팅 조성호
제 작 우인도 · 고철민

펴낸곳 (주) 박영사
서울특별시 종로구 13-31번지
등록 1959. 3. 11. 제300-1959-1호(倫)
전 화 02)733-6771
f a x 02)736-4818
e-mail pys@pybook.co.kr
homepage www.pybook.co.kr
ISBN 978-89-6454-909-4 93360

정 가 29,000원